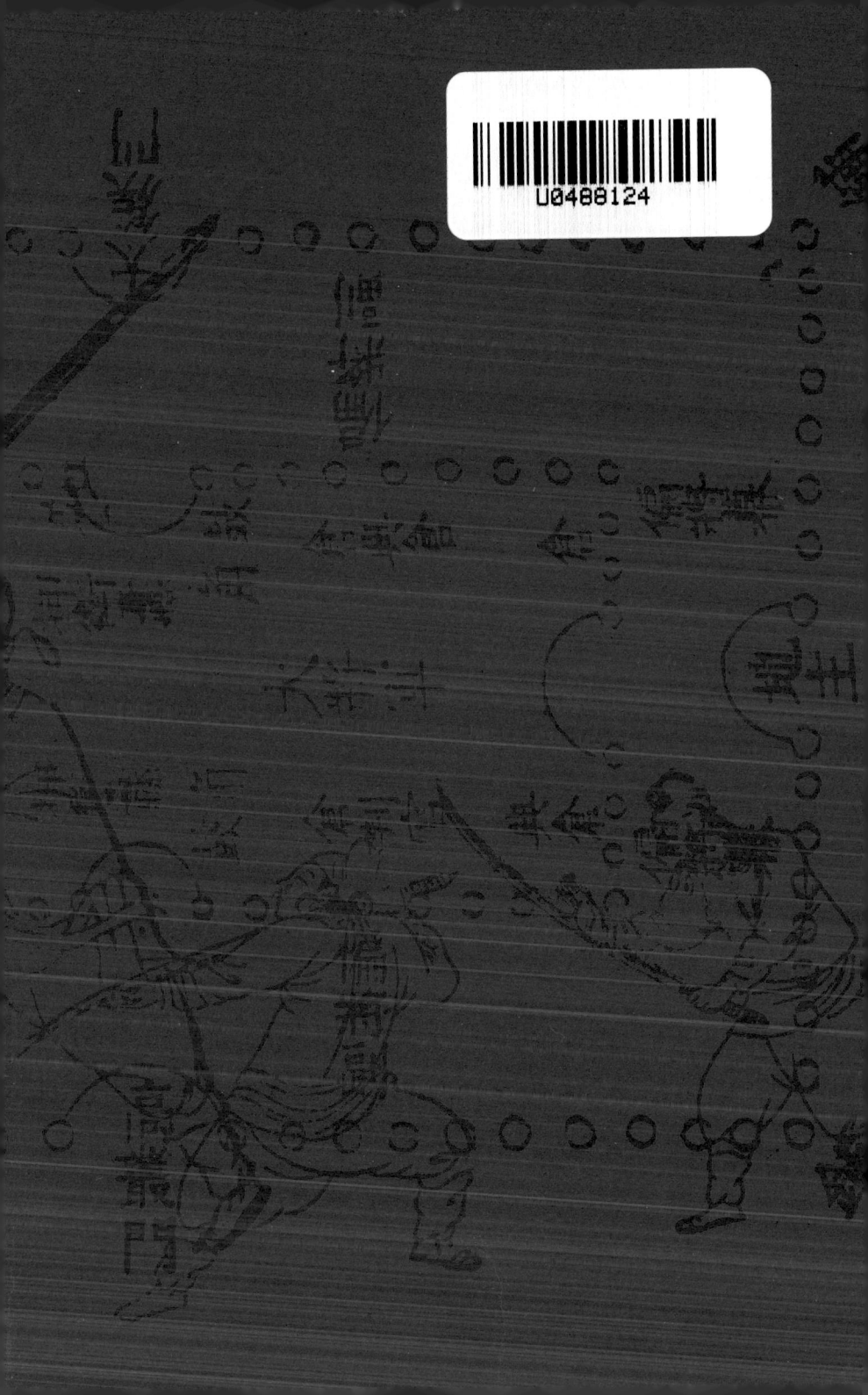

后浪

被统治的艺术

The Art of Being Governed

［加］朱怡明 著
［新加坡］钟逸明 译

Michael Szonyi

中国华侨出版社
北京

献给我的三位老师：

卜正民　科大卫　郑振满

正式制度在很大程度上总是寄生于非正规过程，虽然正式制度并不承认非正规过程的存在，但没有它们又无法生存；同时，没有正式制度，非正式制度也无法自我创造或保持。

——詹姆斯·斯科特（James Scott）

《国家的视角》

阳奉阴违（*Obedézcase, pero no se cumpla*）——卡斯蒂利亚人对王室命令的反应。

——露丝·麦凯（Ruth McKay）

《王权的限度：17世纪卡斯蒂尔王国的服从与反抗》

登场的家族

（括号内标注这些家族现身之章节）

卫所军户

福全千户所

陈氏家族：原籍福宁。明初被征入伍，派驻福全。与原籍亲族维持着良好的关系。（第二章）

蒋氏家族：原籍安徽。因在朱元璋手下立功，获封世袭千户，派驻福全。与走私者有瓜葛。（第三章）

福州右卫后所

蒲氏家族：始祖蒲妈奴，原籍晋江。明初被征入伍，参与郑和下西洋，因功受封世袭军官之职。（第一章）

高浦千户所

黄氏家族：原籍长乐。明初被征入伍，派驻梅花千户所，后调入高浦。（第一章）

金门千户所

倪氏家族：始祖倪五郎，原籍福州。明初被征入伍，派驻金门。（第一章）

铜山千户所

陈氏家族：原籍莆田。明初被征入伍，派驻莆禧千户所，后调入铜山。关永茂宗族成员。（第一、三、七章）

浙江都司

何氏家族：蒲岐千户所世袭千户。（第四章）

潘氏家族：金乡卫世袭千户。（第四章）

王氏家族：被征入伍，派驻蒲岐千户所。收养一名僧人代家族服役。（第一章）

达埔屯

林氏家族：原籍同安。明初被征入伍，派驻达埔屯。平定邓茂七之乱时从征，声称和林希元有亲族关系，与马家不合。（第六章）

马氏家族：明初被征入伍，派驻达埔屯，与林家不合。（第六章）

唐氏家族：屯军，派驻达埔屯。（第七章）

湖头屯

洋头颜氏家族：屯军，派驻湖头屯。（第六章）

洪氏家族：屯军，派驻湖头屯。（第六章）

郑氏家族：屯军，派驻湖头屯。（第六章）

竹山林氏家族：屯军，派驻湖头屯。（第六章）

永泰屯

麟阳鄢氏家族：始祖金华公，原籍江西。被征入伍，派驻延平卫永

泰屯。(第五章)

原籍军户　民户

福清县

郭氏家族：明初卷入一起谋杀案，没入军籍。正军派往陕西服役。倭寇侵袭之际，逃亡福州避难。(第一、二章)

叶氏家族：明初被征入伍，正军派往北疆服役。倭寇侵袭之际，遭受灭顶之灾。(第二章)

古田县

苏氏家族：民户，被指控逃避兵役。(第二章)

姚氏家族：明初被征入伍，正军派驻广东廉州卫。(第二章)

湖头镇

李氏家族：感化里的权势之家。家族成员涉嫌渎职之罪，没入军伍，被遣送西南地区服役。李光地即出身该族。(第一、六、七章)

胡氏家族：明初被征入伍，正军起先派驻南京，而后转往福全，最终调入南安屯。家族成员后来返归湖头老家。(第四、五、六、七章)

林氏家族：明初被征入伍，派驻南安屯。始祖林八郎，将"章公"带到湖头。(第六章)

泉州府

泉州颜氏家族：始祖颜观田，明初被征入伍，正军在云南服役。（导论）

郑氏家族：元末逃难至漳浦，明初被征入伍。（第一章）

朱氏家族：与泉州颜氏一同被征入伍，组成复合军户。（导论）

中文版序一

宋怡明教授《被统治的艺术》一书，讨论明到清军户的变化。但是，这样说，没有掌握到这本书的重要性。所以，让我换一个角度讨论这个问题。

假如明末清初已经使用电话，浙江萧山县某村某人有一天或许会收到如下的电话：

"喂，姓田的吗？"

"您找谁啊？"

"您是田应龙的家人吗？我这里是桃渚所军爷田宪荣那里打来的。"

"什么桃渚所啊？"

"我们不是跟您打过官司吗。你们每年要交1两4钱过来，我们找人去收。"

"我们早准备好啦。你们不来收不关我们事啊。"

"不是说好吗？您发个二维码过来，我派人凭二维码来收。"

"好，好，好。发个二维码给您。您找人带过来。"

收线。

明末清初当然没有电话，也没有二维码。这个故事是从《被统治的艺术》第七章的一个例子变化而来的。田氏家族在明朝占有两个户口，一个军户、一个匠户。他们家族有人是需要为勾到海门桃渚所的亲戚提供"军装、路费"的。万历年间也真正为这些费用打过官司，绍兴府知府做过审判。

事隔明清鼎革，仍有"桃渚所长官田宪荣"来追收。康熙十六年与田氏订了合同凭文卷交与收款人。事有凑巧，康熙二十年"田宪荣"掉了文卷……这又是怎么一回事？

我们读明史，讨论军户的种种研究，大多从"制度史"出发。要么是讨论军户制度的衰败，要么是讨论军户逃亡引起制度上的弥补。但是，这本书的"制度史"，不是皇朝怎样修订制度，而是普通人在不完善的制度下怎样生活。明清时代的普通人，懂得在不同的税收制度之间，通过不同身份的登记，牟取利益。本书所探讨的制度，是"制度史"之下的制度的实际运作。我们研究"制度史"的朋友，喜欢装扮法律专家去讨论"制度"的所以然。正如这本书一样，我提议研究普通人在"制度"下怎样生活是更有意义的研究。

科大卫

中文版序二

为此书写序，是一个偶然。

在高晓松联系我之前，我并不认识宋怡明教授，实话实说，也没有看过他的著作，当然，更不知道他是世界著名的汉学家，费正清研究中心主任。晓松同时告诉我，宋教授很喜欢我的书，所以希望我来为他的新书写序。

说实话，我有些惭愧。

俗话云：这年头，谁不知道谁。

我不知道谁，但知道我。

我不是学历史的，不是学写作的，不是专业学者，不是专业作家，不懂写作技巧，没有学术训练，不是中关村文理学院毕业，没进过五道口理工大学（记得高晓松在这待过），驾校除名，自学成才。

我也跟宋教授坦率地说，就学术修养而言，我不认为我有资格给他写序。

宋教授很实在，估计是在中国待的时间够久（他父亲是外籍专家，他十几岁就到过中国），认为这是中国人民的传统美德——谦虚。

所以我用了一段时间向他解释，中国人民除了谦虚外，还有一种美德，叫作诚实。

我跟宋教授只见过一面，他刚从厦门大学搞完田野调查到京，又应社科院的邀请去讲课，在讲课间隙见了一面。

中国有句老话，叫作文如其人。这句话用在宋教授身上，应该是比较贴切的。他的治学态度和这本著作很相似，严谨，缜密，一丝不苟。

更为难得的是，他的这本著作是一本很严肃的学术著作，却使用了非常生动的语言和讲故事的讲述方式，使得极其深刻的问题，能极其明了清楚。

我觉得，如果你有耐心能看到这里，应该就能把这本书看完。

我明白了找我写序的原因，所以我最终接受了这个任务——本着谦虚和诚实的态度。

一般说来，序写到这里就差不多了，按照套路，下面是列举书中细节，夸奖一番，勉励一番，感慨一番，总结一番，结束。

哈哈，否。

按照传统美德，以上所说，是谦虚。

以下所说，是诚实。

接触时间有限，宋教授没有对我说过他的思想体系和理论体系，但我对此有所认识——从他的书里。

我认为，从理论体系上，他的解读方法，应属于中层理论。这种理论首提者应该是默顿，该理论规避传统宏观理论与微观理论，根据具体问题及材料，提出理论假设，推导结论。

按我的理解，一句话描述——以有限知有限。

不去构建宏大体系，不去追究细枝末节，有多少材料，说多少话。

我个人认为，这是一种负责任的学说，也是负责任的态度。

宋教授应该很负责任，为了保证他所得到的材料的准确性，他都是自己亲自去农村搞田野调查。

"他去福建乡下的农村调研，在豆腐坊寄宿，做豆腐的夫妻俩人有三个孩子，可是家里只有两张床，条件相当艰苦，但他一住就是一年。"

我没有亲眼看见，以上是澎湃新闻的报道，原文抄录于上。在这一点上，我也遵守中层理论，有多少材料，说多少话。若确，感佩不已。

之前说过，中层理论是20世纪中叶，由美国社会学家默顿提出的，但有时候，我觉得中层理论，似乎也有中国的影子。

《道德经》云：以身观身，以家观家，以国观国，以天下观天下。

至于书中反映出的思想体系，我个人认为，应该偏向于大卫·休谟的经验主义。（个人观点，如有雷同，纯属雷同）

对大卫·休谟的理论，多说两句。我个人认为，他的理论并不像很多人所理解的那样，是根据以往的经验或者感知来推导世界，更不能因为他在某种程度上否认某些因果关系，就把他的理论推向不可知论。

在我看来，大卫·休谟的理论本质，是一种态度——谦恭的态度。

对自然的谦恭，对世界的谦恭，对未知的谦恭。一切从已知出发，实事求是。

同样，根据中层理论和经验主义，我们可以推导：这个只为获取可靠翔实的学术材料，肯在农村里一待好几年翻阅家谱的宋怡明教授，应该是一个谦恭的人。

从这本书中，还可以看出宋教授的实在：他所列举的材料，都是自己去农村乡镇一点一点收集到的，除了几句名人名言和少量引用，大部分都是他自己的第一手材料。

闲聊时我曾问他，对罗马帝国有何看法，这个话题只是随便聊聊，然而研究历史的宋教授考虑了一下，说这个问题超出他的研究范围，无法回答。我觉得，这个不回答远胜回答。

还有一个例子，可以说明宋教授的实在，见面时我带了一套我的书给他，九本厚皮精装，放下能压秤，拿起能防弹的那种。

把书交给他时，我准备了个袋子，说：你就这么提回家吧。

宋教授沉默了一秒钟。

考虑到他离家还有一万多公里，我接着说：要不，给你邮？

宋教授很快回答：你还是邮吧。

致敬谦恭与诚实。

最后，祝贺新书出版。

是为序。

当年明月

目 录

登场的家族　1
中文版序一　5
中文版序二　7

导　论
悲苛政一门入军户　叹凄凉三子死他乡
明代中国的日常政治
1

第一部分　在乡村

第一章
服兵役贤弟勇代兄　分家产幼子竟承嗣
征兵、军役与家庭策略
31

第二章
藏祸心恶少诬富族　喋蜚语军叔扬故亲
士兵与亲属的新社会关系
87

第二部分　在卫所

第三章
乱海疆倭寇混真假　犯走私官匪淆黑白
沿海卫所与海上走私

第四章
结连理戍兵入乡俗　办卫学军官传书香
卫所里的新社会关系

第三部分　在军屯

第五章
遭构陷家门逢厄运　诅书吏屯卒雪冤情
军屯内的制度套利

第六章
施巧计军户取民籍　联乡谊一庙奉二神
屯军与百姓社会关系之处理

第四部分 余 音

第七章
认同宗异姓成亲族　作始祖关帝显神威
明代军事制度的遗产
277

结　论 307

致　谢 339
参考文献 343
出版后记 367

导　论

悲苛政一门入军户　叹凄凉三子死他乡
明代中国的日常政治

> 如果"规训"(discipline)之网确实处处变得更加清晰、将更多人牢牢套住，那么对以下问题的求索便显得愈加迫切：整个社会是如何反抗堕入此规训之网的？众人是通过哪些惯用的（亦即日常而"微不足道"的）手段操纵规训的机制，以求在顺从中加以规避？最后，又是怎样的"运作方式"构成了组织社会经济秩序的缄默过程的对应之物？
>
> ——德塞尔托（Michel de Certeau）
> 《日常生活的实践》

凡是国家，必有军队，用以保卫国土、攘外安内。很遗憾，这一历史规律，古今中外概莫能外。[1]军事制度普遍存在，从这里入手做研究往往卓有成效。我们不仅能通过该制度了解国家如何运作、如何动员和分配资源，而且能以之探索国家与其人民如何互相作用、

---

[1] 持该立场的人喜欢引用韦伯的名言："国家者，就是一个在某固定疆域内（在事实上）肯定了自身对武力之正当使用的垄断权力的人类共同体。"("Politics as a Vocation", 78)

互相影响。这是因为，国家拥有军队，自然意味着拥有士兵。动员民众参军是国家不得不面对的最常见的挑战之一。在历史上的几乎每个国家中，都有一部分人或自愿、或不自愿地以当兵的方式为国家服务。如何动员民众参军？国家的抉择，对军队的方方面面——从指挥结构到军事战略，从筹措军费到后勤补给——均意义重大，[1]亦深刻地影响着在伍服役的士兵。

本书讨论的是：在明代（1368—1644）中国东南沿海地区，国家的军事动员决策所带来的影响。重点不在于相关决策造成的军事、后勤或财政后果，而是其社会影响，即军事制度如何形塑普通百姓的生活。我将在本书中讲述一个个明代平凡家庭与国家机构之间互动的故事，并考察这种互动如何作用于其他社会关系。明代百姓如何因应兵役之责？他们的行为引发了哪些更广泛的后果？这两个简单的问题，占据着本书的核心位置。

万历年间（16世纪晚期）生活于泉州近郊的颜魁槐，为我们留下了一段翔实的记述，从中可以看到他的家族是如何回答上述两个问题的。"伤哉！"他以哀叹开篇，接着写道：

> 勾伍之毒人也，猛于虎。我祖观田公六子，三死于是焉。弟故，兄代。兄终，弟及。在留守卫者一，毙于滇南者二。今

---

[1] 部分学者甚至认为，军事动员的手段形塑了现代国家形成的本质。如查尔斯·蒂利（Charles Tilly）所言："战争创造国家，国家发动战争。"*The Formation of National States in Western Europe*, 42；亦可参见 Roberts, *The Military Revolution 1560-1660*。Levi, "Conscription: The Price of Citizenship"是对国家征兵方式的类型学研究，但主要讨论的是现代国家。

朱家自嘉靖六年着役，抵今垂八十载，每回家取贴，万里崎岖，子姓待之若平(凭)空开骗局者。然曾不稍加怜恤，窃恐意叵测，我家未得晏然安寝也。故纪伍籍谱末，俾后人有所据，稽考从戎之繇、勾清之苦，与二姓合同均贴始末，得先事预为之备焉。

洪武九年抽军，本户颜师吉户内六丁，六都朱必茂户三丁，共合当南京留守卫军一名。先将正户颜丁应祖应役，乃观田公第四子，时年一十四岁，南京当军病故。勾次兄应安补役，逃回，称作病故。勾长兄应乾补役。洪武十四年，调征云南，拨守楚雄卫，百户袁纪下分屯种军。在卫二十八年卒，今有坟墩在。生子颜关、颜保。永乐八年勾军，推乾第五弟应崇起解补，在途不知日月病故。

至宣德三年，称作沉迷，将户丁颜良兴寄操泉州卫，至正统三年戊午故。勾朱必茂户丁细苟补操。至景泰三年，将细苟起解楚雄，本户贴盘缠银二十二两五钱、棉布三十四。细苟到卫逃回，册勾将朱末初起解，本户又贴银二十二两五钱、棉布九匹，到卫逃。册勾将朱真璇起解，又贴银一十两。至弘治间逃回，仍拘起解，又贴银十两。正德十一年，又逃。嘉靖六年，册勾逃军。本府清理，审将朱尚忠起解，颜继户内津贴盘费银三十八两。二家议立合同."颜家四丁当军百余年,俱各在伍身故。朱尚忠此去，务要在伍身故。发册清勾，颜家愿替朱家依例津贴盘费银两。"

至嘉靖廿一年，尚忠回籍取贴布匹银两，本家每丁科银一钱，计三十四两，余设酒呈戏，备银送行。至戊午，尚忠称伊行年六十有余，退军与长男，代我家当军焉。立合同，再年每丁约贴银三分。尚忠回卫，父子继殁。

至万历壬午，孙朱邦彬回籍取贴。计二十五年，每丁依原谣出银七钱五分，除贫乏、病故、新娶，实只有银四十二两。彬嫌少，欲告状退役，又欲勒借盘费。故会众与立合同，每丁年还银六分。癸巳，朱仰泉取贴，本族还银不上四十两。朱家以代我当军不理，除往来费用，所得无几。大约朱邦彬既长，子孙在卫，退役虽非本心，无利亦岂甘代我家？若一解顶，买军妻、备盘缠，所费难量。若再来取贴，处之以礼，待之以厚利，庶无后患。①

颜魁槐笔下的悲惨故事，要从颜家在明代户籍制度中的身份讲起。颜家被朝廷编为军户。在明代大部分时间里，人口中的这一特殊群体构成了军队的核心力量。后文将对军户制度进行更加深入的探讨。目前，我们只需要知道，军户必须世世代代为军队提供军人。并不是说军户中的每一个人——准确地说，每个男丁——都要当兵，而是说他们有义务为军队提供一定数目的人员。通常而言，每户一丁。颜家的情况有些复杂。他们和朱家——当地的另一个家族——共同承役。换句话说，两家须联合派出一名士兵，其中颜家负主要责任。颜朱两家组成了所谓的"正贴军户"。② 洪武九年（1376），颜朱两家被征入伍，颜氏家长颜观田率先出丁，以确保两家履行义务。他选择让第四子颜应祖服役。应祖当时不过是个十四岁的男孩，就被遣往远方的南京戍卫。他在伍时间很短，到京师后不久便因病

---

① "纪伍籍"，《颜氏族谱》，119页及其后。在可能的情况下，族谱的注释都会包括所引文章或段落的标题。
② 关于"正贴军户"的详情，请见本书第一章。

身故。颜家随后派出另一名幼子接替应祖。这个孩子也没服役多长时间，就当了逃兵，不知所终。颜观田别无选择，只得继续出丁。这次他态度一变，命令六个儿子中的老大应役。

洪武十四年（1381），颜家长子被调往千里迢遥的西南边疆，戍守云南楚雄卫。他在那里终身服役，再未回乡，于永乐八年（1410）去世。勾军官吏第四次登门。颜观田已是风烛残年，却不得不再择子顶补。新兵甚至连驻地都没见着，就在长途跋涉中不幸病故。颜观田去世时，他六个儿子中的四个服过兵役。三人入伍不久即离世或逃亡；唯一的"幸存者"，则远离家乡，在西南丛林卫所里度过余生（图1）。

之后的十多年，颜朱军户没有再派人当兵。这可能要感谢负责相关文书的书吏粗心大意，未及追查。到了宣德三年（1428），明军兵力严重短缺，朝廷重新清理军伍，勾补逃军，力图填满缺额。部分官员认为，士兵驻地远离本乡是军队失额的原因之一。有些新兵在漫漫长途中患病、死亡，颜观田的两个儿子就是如此；有些则如同颜家的另一个儿子，宁作逃兵，也不肯和家人天各一方、永难再见。军队的对策，可被称为"自首政策"：若负有补伍之责的男丁主动向官府自首，他将得到清勾官吏的保证，不会被送回本户原来服役的远方卫所，而是在家乡附近就地安排。[①]颜良兴，这名年轻的颜氏族人才是借机向朝廷自首，成功改编到不远的泉州卫服役。他于十年后去世。至此，颜家已经服了六十多年的兵役。

---

① 《明宣宗实录》卷二十六，宣德三年二月甲寅，892页。本书所引《明实录》，来自《汉籍全文资料库》。

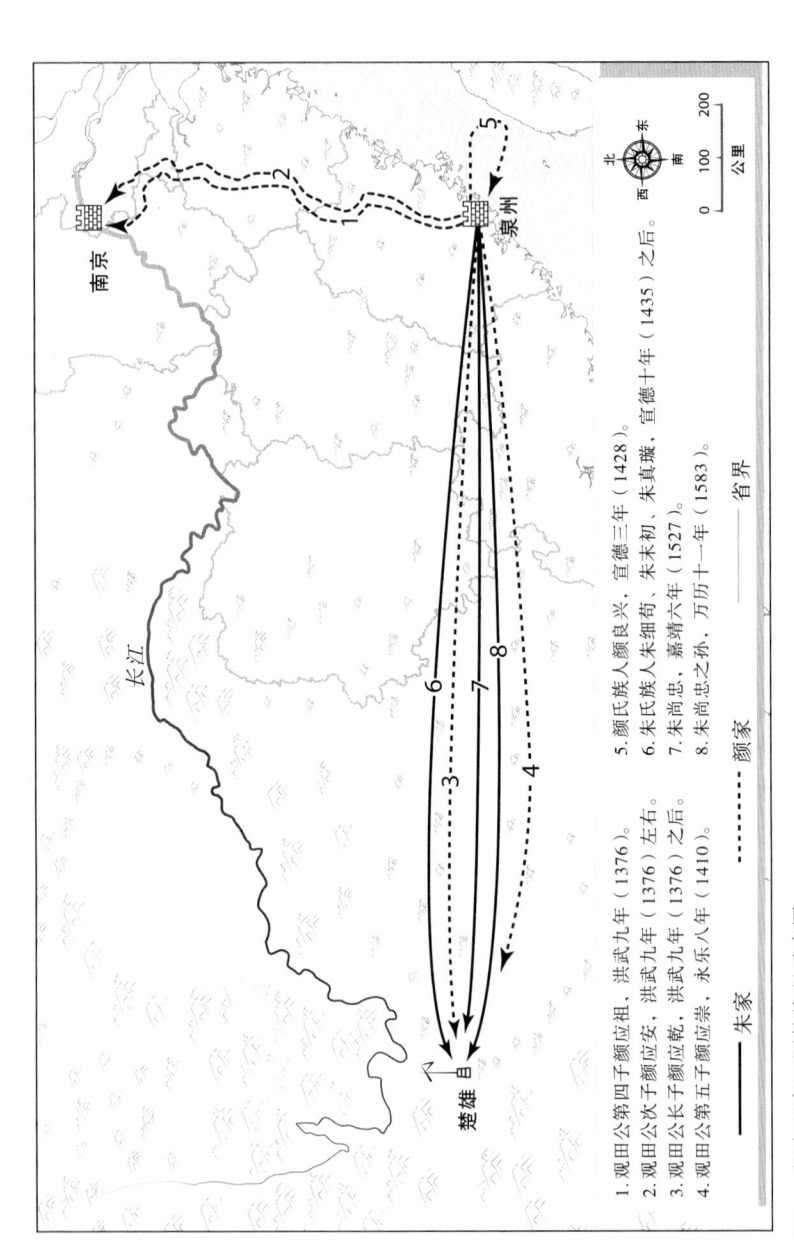

1. 观田公第四子颜应祖，洪武九年（1376）。
2. 观田公次子颜应安，洪武九年（1376）左右。
3. 观田公长子颜应乾，洪武九年（1376）之后。
4. 观田公第五子颜应崇，永乐八年（1410）。
5. 颜氏族人颜良兴，宣德三年（1428）。
6. 朱氏族人朱细苟，朱末初，宣德十年（1435）之后。
7. 朱尚忠，嘉靖六年（1527）。
8. 朱尚忠之孙，万历十一年（1583）。

—— 颜家
------ 朱家
—— 省界

图 1 颜朱两家正军的旅程示意图

颜良兴身故后，颜家再无役龄男丁。于是乎，替补军役的责任转移到了"正贴军户"的另一家人身上。在接下来的一个世纪里，朱家先后派出四名族人参军。

随着边防所需兵员有增无已，"自首政策"最终破产。朱家的第一名士兵又被遣回颜朱军户原本的驻地——西南丛林中的楚雄卫。两家人都十分希望他能恪尽职守。逃兵屡禁不止，是明朝军队的大问题。对军户而言也是个大麻烦，因为他们必须找人顶补。为了阻止本户士兵逃亡，颜朱两家精心安排，为每位新兵准备银两和棉布。表面上，这是"军装盘缠"；实际上，两家希望以此说服新兵留在军队。这个如意算盘落空了。在役士兵一次又一次地逃亡，官吏便一次又一次地上门，勾取两家的替役者。

时至嘉靖六年（1527），颜朱军户服役已超过一个半世纪，对其中的不确定性深恶痛绝，想要找到长远的解决方案。他们共同拟订了一份简明的合同，其内容迄今仍留在颜氏族谱之中。当时正在服役的朱氏族人是朱尚忠，他同意毕生服役。（合同赫然写道："务要在伍身故。"）颜家为求放心，同意替朱家支付朱尚忠的军装盘缠，以确保他坚持履行两家的共同义务。

事与愿违，该方案未能一劳永逸地解决问题。嘉靖三十七年（1558），朱尚忠自云南归来，提出一个新方案。他已经六十多岁了，想要退役，并希望达成一笔交易：朱尚忠承诺，自己的直系亲属和后代子孙会永世承担兵役，作为交换，两家人须定期支付银两。尚忠的儿子和孙子相继补伍，这将使颜家免于世代当兵，转而以金钱代役。只要持续付钱，颜家就再也不必担心会有官吏将颜氏族人推上战场。

颜朱两家起草的新合同比旧合同细致得多。其条文——同样被录入族谱——不仅包括两家的族际安排,还包括颜氏自家的内部协议,即如何筹钱给付朱尚忠及其后代。近两百年前,颜家被征入伍;而此时,颜观田的后代子孙很可能已有数百人之多。他们构成了所谓的"宗族"。合同明文规定,宗族中的每名男丁须逐年缴付一小笔款项,组成累积基金。准确地说,就是按丁摊派的人头费。而远在西南边疆的正军,将会定期收到来自本基金的报酬。

终于解决了一个旷日持久的难题,两家成员肯定如释重负。但故事尚未结束。新合同订立二十五年后,朱尚忠之孙回到家乡,抱怨酬劳太少,要求重修条款。颜家自度别无他法,不得不答应。他们提高了人头费,以应付新的、更多的军装开销。

颜魁槐的记述止于万历二十一年(1593),他呼吁族人凡事要通情达理,满足朱家后人的全部要求。如果正军回来索取更多盘缠,族人务必"处之以礼,待之以厚利,庶无后患"。颜氏族人也许没什么机会遵行颜魁槐的嘱咐,因为半个世纪后,明朝土崩瓦解。取而代之的清王朝,在军队动员问题上采取了截然不同的方针。

颜魁槐受过良好的教育,科举及第,仕途得意。[①]但是,他的记述不是站在学者或官僚的角度写下的。它既非哲学沉思,亦非政策分析,只是一份家族内部的文书,被录入族谱,主要供族人浏览(我们将在后文的讨论中发现,颜魁槐也意识到,有朝一日,这份内部文书可能会作为呈堂证供交由判官过目)。它阐明了颜家为满足朝廷要求而做出的各项安排,并证实着这些安排的合理性。它的时间

[①] 万历三十二年(1604),颜魁槐乡试中举,然后出任了一系列官职,最高者乃楚雄府同知。楚雄动荡不安,有军队驻扎。有趣的是,不少驻军来自泉州地区,是他的老乡。

跨度逾两百年，几乎与明王朝相始终。

军户与日常政治

像颜魁槐的记述这般，由家族成员出于自身动机撰写、继而被抄入族谱的文书，能够为本书的两个核心问题提供答案。这些文本，由普通民众写成，旨在处理、评论日常问题，或许是我们研究明代平民历史的最佳史料。在我们能找到的各种资料中，它们很可能最贴近百姓的心声。这些文本，不是从主导动员的国家的角度，而是从被动员的民众的角度，揭露了明代军事动员的方方面面。它们诉说着生活在明代的百姓，如何一方面苦苦应对来自国家的挑战，另一方面紧紧抓住国家提供的机会。我撰写本书的主要动力，就是要将百姓的巧思和创意告诉读者。我将努力论证，他们的策略、实践、话语构成了一套政治互动模式。这套模式，不仅见于士兵之中，而且遍布社会的方方面面；不独属于有明一代，亦曾显迹于中国历史上的其他时期。甚至在其他国家和地区，也可寻见其身影。

给这类互动贴上"国家与社会之关系"的标签，不见得错，但这是对历史的"后见之明"，有简化问题之嫌，而且将国家和社会人格化了。社会由社会行动者——个人或家庭——构成，但每个社会行动者都在做着自己的选择。大部分时候，他们既不代表社会，也不以社会公益为目的，他们甚至不会产生这类想法。相反，他们追求的是个人利益，是他们认为对自己有益的事物。国家也非有意的，乃至协调一致的行动者。国家并不与民众互动，或者更准确地说，民众极少感觉到国家在和自己互动。民众的互动对象是国家的代理人：官员和胥吏。民众照章办事，造册登记，缴粮纳赋。我们可以从自身经验得知，在这类互动中，人们可能会有不同的表现：我可以不折不扣地遵循政府官员的指示，一丝不苟、尽心尽责地登记各种文书簿册；我也可以拒绝服从这套程序，如果对方施压，我兴许会逃之夭夭，或者干脆揭竿而起。当然，民众和国家的绝大多数互动介于上述两个极端之间，对我们来说是这样，对古人来说也是这样。

此外，虽然有些政治活动没有涉及与国家制度或国家代理人的直接互动，但这并不是说国家对这些活动而言无关紧要。国家的影响力无远弗届，无论其代理人是否在场。国家的制度和管理结构，是世人生活背景的一部分。在颜魁槐的记述中，军队将领和征兵官吏均未现身。如果我们就此认为国家缺席了颜朱两家的族际交涉与内部磋商，那就未免太天真了。征兵制度是他们一切互动行为的背景。国家或许没有直接介入两家人的协商，但肯定是其中的利益相关者。这类协商很难被归入某一常见的政治行为范畴。可是，若无视其政治属性，将大错特错。

其实，很多政治行为往往只是一种平凡而日常的互动：介于被动服从和主动反抗之间，不直接牵涉国家或其代理人。在这个中间地带，百姓间接地而非直接地与国家机构、规管制度及国家代理人打交道，反客为主，移花接木，以求其得以任己摆布、为己所用。百姓为了应付与国家的互动，琢磨出许多策略，我们该如何描述这些策略呢？显然不能简单地按照官方文书的说法，给它们贴上"犯上作乱"或"行为不端"的标签。为了突破"顺从""反抗"二元对立的局限,我选择了"日常政治"(everyday politics)这个术语。① 正如本·柯尔克夫烈(Ben Kerkvliet)所言:"日常政治,即人众接受、顺从、适应、挑战那些事关资源的控制、生产或分配的规范和规则,并通过克制的、平凡的、微妙的表达和行为完成这一切。"②

日常政治的"策略",是一种本领和技巧,可以被掌握或传授;或者说,它是一种"被统治的艺术"。这一概念的灵感,显然来自福柯笔下的"统治的艺术"以及斯科特所说的"不被统治的艺术"。正如福柯对"统治的艺术"之重心变化的描述,本书希望刻画出"被统治的艺术"的历史。③ 本书与斯科特的大作在书名上仅一字之差,希望读者不要以为这只是在玩文字游戏。我想借此表明一个严肃的观点:明朝(及中国历朝历代)的百姓和斯科特笔下的高地居民(zomia)存在本质差异。前者的"被统治的艺术",不是一道简单的要么"被统治",要么"不被统治"的选择题,而是就以下问题进行决策:何时被统治,如何被"最恰当地"统治,如何让被统治的好处最大化、同时让其弊端最小化,等等。对明代百姓来说,日常政治意味着不计其数的权衡斟酌,包括掂量顺从或不顺从的

---

① 福柯试图用"反训导"(counter-conduct)这一术语处理类似的两难问题,但我认为该词难以令人满意,因为它依然过度强调反抗的一面。Security, Territory, Population, 260. 他在另一篇文章中有"不像那样和不付出那种代价而被统治的艺术"以及"不被统治到如此程度的艺术"等表述。出于同样的原因,这些表述方式也不够好。"What is Critique?", 45.
② Kerkvliet, "Everyday Politics in Peasant Societies (and Ours)," 232.
③ Foucault, "Governmentality"; Scott, *The Art of Not Being Governed*.

后果、评估各自的代价及潜在的益处。①强调这些权衡揣酌，并不意味着把百姓的所作所为简化为在理性选择驱使下的机械行事（相反，他们是目标明确、深思熟虑的行动主体，通过有意识的努力，追求自身利益最大化）；同时，也不意味着将他们的努力矮化为"操纵体制……把自身损失降到最低"②的一个实例。操纵体制的现象很可能普遍存在于人类社会之中，但是，百姓如何操纵体制，为何要这么做，为此动用了哪些资源，对体制的操纵如何重塑了他们的社会关系……这些都是历史研究中有意义的，乃至亟须探索的问题。要回答这些问题，就要承认百姓有能力知悉自己与国家的关系，并应付自如。换句话说，他们有能力创造自己的历史。

本书将通过军户的故事，考察明代的日常政治。我们会结识彰浦郑氏一家，他们通过修改族长遗嘱，解决了怎样在家族内部定夺参军人选的问题；福清叶氏一家，他们通过维持与戍边族人的联络，化解了地方恶徒的刁难；福全蒋氏一家，他们仗着自己在军中的地位，参与货品走私和海盗活动。此外，还有很多很多人家，以及他们精彩绝伦的故事。

---

① 继赫希曼（Albert O. Hirschman）之后，罗森塔尔（Jean-Laurent Rosenthal）和王国斌（R. Bin Wong）提出，生活在中华帝国晚期的百姓如果对现状实在感到不满，就会试着通过"退出"（exit）和"发声"（voice）等策略组合，重塑自身与国家之间的关系。我将在下文论述，这种对潜在策略的思考方式过于狭窄。对自身与国家之关系的重塑一直都存在。当百姓相信运用某些策略可以满足个人利益的需要时，他们就会毫不犹豫地去做。*Before and Beyond Divergence*, 211.
② Hobsbawm, "Peasants and Politics," 7.

表1 被统治的艺术：百姓与国家互动策略之类型

正式化的程度	被视为服从/反抗的程度	
	不被视为反抗	被视为反抗
正式	日常政治 (everyday politics)	叛乱/政变 (rebellion/coup)
随机	日常反抗 (everyday resistance)	兵变/逃逸 (mutiny/desertion)

上述家族应对国家的一系列策略，可分为四类，如表1所示。我已经提及从顺从到反抗这一光谱（"顺从"与"反抗"的措辞相反相成，实则皆是从国家角度而言的）；另一光谱则关于策略运思的程度：一端是随机应变的权宜之计，另一端则是蓄谋已久、井然有序的运筹帷幄。

军中的极端反抗行为的表现，莫过于逃兵和哗变。明军士兵不是未曾造反或逃跑，但本书不会对它们详加讨论，原因并非在于它们不属于明代日常政治的范畴，而是因为士兵很少留下相关的书面记录。明王朝深受逃兵之害，作为对策，朝廷越来越倚赖募兵。募兵带来沉重的财政负担，通常被视为压倒明王朝的最后一根稻草。① 然而，几乎没有任何史料是从士兵的角度讲述逃兵现象的。

军户肯定还有很多别的策略，因时制宜、灵活自如地应对挑战。"日常反抗行为"包括小偷小摸、故意拖延、冷嘲热讽、溜之大吉，等等。通过这么做，各地军户百姓竭力维护自身利益，对抗上司和朝廷的种种要求。② 人们一般也不会记下这类随机策略。要说从实

---

① 关于明代逃兵规模的估算，可参见许贤瑶：《明代的勾军》，139—140页。
② Scott, *Weapons of the Weak*; Sivaramakrishnan, "Some Intellectual Genealogies for the Concept of Everyday Resistance."

践者的角度理解它们,历史学家可比不上人类学家和民族志学者。因此,我也不会在这类策略上徒费笔墨。

最适合历史学方法大展拳脚的,乃是对"日常政治策略"的研究。所谓"日常政治策略",指那些合乎规矩且被朝廷视为服从(或至少不是反抗)的策略。实施者一般都会将其用白纸黑字记下来。其实,每每正是这样的记录,使策略得以奏效。本书着重探讨的就是这一领域的策略。

制度、解域化和社会遗产

军事体制将人员调往四面八方。为了发动进攻、组织防御、传递信号或其他目的,士兵从一地来到另一地。军队让士兵脱离熟悉的社会环境,切断原有的社会关系。这使士兵"脱离原境"(decontextualize),或借用德勒兹和瓜塔里的说法,士兵被"解域化"(deterritorialize,德勒兹和瓜塔里或许会将军队称为"解域化机器")。[①]然而,军事调度又催生出"再域化"(reterritorialization)的反作用力。一种流动性得到加强的同时,另一种流动性则受到削弱:军官既要提高队伍的机动性,又要限制士兵开小差。士兵自己也能产生"再域化"的反作用力。当他们带着家眷来到远离本乡的卫所,原有的社会网络已支离破碎。但是,他们很快就会着手跟周围的人——卫所中的同袍和卫所外的民户——建立起新的纽

---

① Deleuze and Guattari, *Anti-Oedipus*, 34–35; *Nomadology*, 65–68.

带。①由此可见，军队实际上还是一个催生社会关系的机构。这些由国家政策与民众对策无心插柳而成的新社会关系，正是本书的第二个主题。它们构成了又一类日常政治，虽然看起来不太像"策略"，但潜在的重要性不遑多让。

本书关注的制度——明代军户制——随着明王朝的覆灭走入历史。然而，我们将会看到，明代军事政策意外创造的社会关系在改朝换代之后依然存在。它们熬过了实行军户制的明王朝的灭亡（1644），熬过了帝制本身的倾覆（1911），甚至熬过了接替清朝的中华民国的溃败（1949）。制度似走马灯一般更替，其孕育的社会关系却生命力顽强。制度的历史可以洞烛迄今犹存的社会关系背后的历史进程。只要到福建省莆田市平海镇走一走，你就会明白我的意思。

平海镇位于泉州以北，前身是明代的平海卫。每逢农历新年，镇民都会举行盛大的节庆仪式。正月初九，他们抬出城隍，绕镇巡游。庆典热闹非凡，人们燃放炮竹，现场烟火弥漫。抬神之人在前，数百骑手在后，他们五颜六色的服饰在浓厚的香雾中时隐时现。妇女们一边念念有词、喃喃祈祷，一边为游神队伍清扫开道，从沉重的香炉中取走点燃的线香。平海卫的城墙早已毁弃，但游神队伍仍然仅在昔日城墙限定的范围内活动，不会进入周围的村庄。年复一年，

---

① 中国学者经常使用"地方化"或"本地化"指代我称之为"再域化"（reterritorialization）的过程。参见林昌丈：《明清东南沿海》。"解域化"（deterritorialization）的另一个主要含义——在当代全球化的条件下，诸如金融交易在内的多种互动行为并不在某个特定地点发生——和此处的用法不同。Scholte, *Globalization. A Critical Introduction*, 17, 75–78.

城隍巡游平海辖境，接受信众的供品，为新年赐福驱邪，在平海和周围村庄之间划下一道界线。卫所已消失了数百载，仪式却依然例行不辍。

中国很多地方的城隍无名无姓。没人知道他叫什么，也没人知道他何以成为本地的守护神。平海则有所不同，城隍的身份和事迹不仅家喻户晓，而且令人生畏。他曾是历史上一个真实人物，名叫周德兴，死后化身神明。作为明朝开国功勋，周德兴早年投奔了朱元璋，成为其亲信，最终受封江夏侯。当朱元璋需要一位可靠的将军，负责建设帝国东南地区的海防体系时，周德兴成为不二之选。洪武年间（14世纪70年代），周德兴率部经略福建，行垛集法，按籍抽丁，操练成兵，士兵家庭被编为军户。此举令福建数万男丁背井离乡，置身行伍，筑造城池，尔后留守其中。平海卫便是新城之一，建城之人即现今镇民的祖先。卫城始建，就有了一座城隍庙，供奉着城隍神。百余年后，镇民将周德兴追尊为城隍。如今平海人高抬城隍巡游，为来年祈福，并不只是传统习俗的简单重复，他们还在纪念一个历史性的时刻——数百年前本地社群的诞生。进入21世纪的游神，既讲述着地方认同的形成，又显示着历史传承的非凡。是历史造就了这项仪式。巡游的神明娓娓道出本地先祖和明代国家互动的往事，这正是游神活动所拥有的诸多意义之一。

关于明代历史

明朝开国皇帝朱元璋（1368—1398年在位），乃元末乱世崛起的一代枭雄。平定四方、一统天下后，他大展宏图，着手重建历经数十载外族统治和内部纷乱的中国社会。他与朝臣以元代之前的中原王朝为样板，革故鼎新，旨在与元朝划清界限。然而，明代制度实则广泛倚赖元朝旧制，包括世袭军户制度的某些部分。①

明王朝的第二个主要特点是，整个帝国深深烙上了朱元璋的个人印记。不同于中国历史上的其他开国皇帝，朱元璋执政伊始，便拟定了本朝的社会政策——一份"建立和维持社会秩序的宏伟计划"。②朱元璋的愿景不只是设立或恢复运行良好的政府体制。他还希望创建（或重建）一套乌托邦式的乡村秩序。在该秩序下，百姓生活在自给自足的村庄，过着安于现状的日子，亲属和邻居之间相互监督，无须朝廷官吏插手管理。

所有领袖都会担心自己的政策能否在身后继续实行，朱元璋也不例外。他下令，自己与大臣设计的治国纲领和原则（或许可称之为明代的"宪法"或"祖宗之法"）必须永远贯彻下去，后世不得违逆。历史学家通常将这份指示视为明朝的第三个特点，据此解读本朝何以无力应对外部世界的改变。可是，"宪法不可变"并非明代独有。③也许明人格外强调这一原则，但体制终归有能力通过各种方式适应时代的变迁。若非如此，大明国祚又怎能延绵近三个世纪之久？在国家的实际运行方面，大体上，明朝的制度惯性或路径依赖与其他政体并无本质差别，甚至近似于现代国家——当然，造成惯性的根本原因和制度结构大不相同。毋庸置疑，朱元璋的"祖宗之法"影

---

① Taylor, "Yuan Origins of the Wei-So System."
② Farmer, *Zhu Yuanzhang*, 10.
③ Farmer, *Zhu Yuanzhang*, 16–17; Tackett, "A Tang-Song Turning Point," 3; 邓小南：《祖宗之法》，第四章；关于该现象的影响，参见《祖宗之法》第六章。

响了明代历史,但我们不能仅从字面上理解这一"祖宗之法"的含义。

在朱元璋的乌托邦中,乡村社群将主要采取自治模式。然而,要实现他的愿景,实需同时落实高度干预的方针。若不考虑技术方面的能力,仅就其中的勃勃雄心而论,朱元璋政权和其他政权是一样的。20世纪以降,明朝被视为中国古代专制主义的顶峰,当代的部分学者依然这么认为。[①]但随着我们对明中期经济迅速增长、社会充满活力的事实有了更多了解,史学界的主流观点已发生改变。其时,全球对中国产品需求强劲,大量白银涌入中国,再加上农业生产力的高度发展,共同促成了明代经济的市场化,这对社会、文化和政治生活造成了翻天覆地的影响。现今很多学者指出,明末社会——尤其在富庶的城镇地区——基本不受朝廷控制。部分学者甚至将之描述为"自由社会"。[②]由此可见,明史的主导叙述模式已从以国家为中心转向以市场为中心。[③]

在这里,我将尝试提出一种全新的明史叙述模式。这种叙述模式的主体既不是国家,也不是市场;既不是皇帝,也不是白银。本书认为,无论是早先的"专制独裁论",还是与之对立的"自由社

[①] 譬如,有学者就认为:"明代建立的第二个相关意义是:在皇朝体制内,权力被进一步集中,形成'明代专制'。"参见Farmer, *Zhu Yuanzhang*, 100. 至于中国史学界的相关研究,参见范文澜、蔡美彪:《中国通史》,第八卷,尤其是第一章。

[②] 想了解学者关于该立场的学术背景的讨论,可以参见Struve, "Modern China's Liberal Muse: The Late Ming"。

[③] 这激起学界对国家与社会之关系的新兴趣:有些学者致力于在明末社会寻找中国本土的"公共领域"和"公民社会",却收效甚微;有些学者则致力于研究社会行动者与国家代理人之间的互动协商,譬如探索社会网络如"毛细管"一般影响国家的方式,或者追问社会领域"殖民化"国家制度的途径,相关研究进路成果颇丰。Brook, *The Chinese State in Ming Society*; Schneewind, *Community Schools and the State in Ming China*; 王汎森:《权力的毛细管作用》。

会论",都言过其实。明代国家与社会关系的历史,可以更好地从国家角色及其在场效果之变化的角度,而非国家退出和消失的角度讲述。

关于本书

图书管理员大概会把本书放到明代军事史类别的书架上,但军事并非我在这里着重探讨的内容。本书虽然和明代军队有关,但是没有描述任何战役,对战略、后勤或武器等军事史的经典主题亦鲜有涉及。相关研究成果浩如烟海,人多聚焦于明王朝建立或覆灭的历史。换句话说,军事史学家主要关心朱元璋如何打下江山,而他的子孙又如何将天下拱手让人。①对明王朝衰亡的叙述往往以明军战斗力低下——作为国运衰颓、本末倒置、党同伐异或财政崩溃的表征——为中心。②但是,部分研究明代军队的学者则超越了狭隘的军事课题,探索外交政策、战略文化、民族或暴力等议题。和他们一样,研究军事机构并非我的目的,只是我研究其他问题——明朝百姓的日常政治——的手段。③

---

① Dreyer, "Military Origins of Ming China";李华彦:《近三十年来明清鼎革之际军事史研究回顾》。想了解中国史学界的相关研究,可参见张金奎:《二十年来明代军制研究回顾》。想了解日本史学界的相关研究,可参见川越泰博:《明代军事史的研究状况》。
② 相关的大部分中文研究著作都带有浓厚的民族主义色彩,批评明代(尤其是明末)统治者重文轻武、军备不修、目光短浅。石康(Kenneth Swope)近年来以修正主义的进路挑战了这类强调明军衰弱的论述,指出16世纪末明朝对日作战的胜利表明,即便在王朝末年,明军也根本没有什么严重的问题,参见Swope, *A Dragon's Head and a Serpent's Tail*。
③ Johnston, *Cultural Realism*; Robinson, *Bandits, Eunuchs and the Son of Heaven*; Waldron, *The Great Wall of China*.

本书将讨论明代军队这个特定机构,但我的目的不在于阐述该机构的正式条规及其在不同时期的运作情况。本书建基于其他学者对军户制的研究成果之上。譬如张金奎,他是大陆学术界在该领域最权威的专家。但与之不同的是,我主要把军事机构放在社会史的领域进行研究。本书亦受益于于志嘉的著作,她是张金奎在台湾地区的同道。但与之不同的是,我尝试将研究课题放在特定的地方生态环境中开展考察(平心而论,我往往唯有借助她关于军户制的综合性研究,才能够了解地方案例。而且她的一些近作,也是围绕某个特定地区展开论述的)。① 我研究体制,根据的不是朝廷在设计体制时的种种构想——尽管这些构想是必不可少的背景知识——而是与体制互相作用、互相影响的百姓,看体制如何塑造人,又如何反过来为人所塑造;看百姓如何反客为主,操纵体制乃至扭曲体制。换句话说,本书致力于勾勒出制度的日常政治,以及在一般的日常政治中制度所扮演的角色。本书将探索百姓对制度的体验如何因时而变,探索制度在多大程度上是或不是在自我强化,而影响它自我强化程度的内在和外在因素又有哪些。

本书是一部区域史著作,但却不是某个地方的历史。确切地说,本书是在特定区域微生态的背景下探讨历史现象。克利福德·格尔

---

① 于志嘉:《卫所、军户与军役》,以及她的其他作品;张金奎:《明代卫所军户研究》。于氏的《卫所、军户与军役》虽然是以明清江西地区为中心的研究,但在我看来,该研究并没有真正立足于江西的地方生态。不少有关明代军队的著作选择将焦点集中在庞大体制的某一部分。对"开中法"的研究即一显例。在该制度下,朝廷给商人发放食盐运销许可凭证(盐引),作为交换,商人则需为边地驻军提供补给。黄仁宇:《16世纪明代中国之财政与税收》(第五章"盐的专卖");Puk, *The Rise and Fall of a Public Debt Market*, 13–18,评价了这方面的研究成果。

茨（Clifford Geertz）曾经写下"人类学家不研究村庄，而在村庄里做研究"的名言。① 同样地，本书不是中国某个地区的历史，而是利用来自一个地区的证据写成的中国日常政治史。我的"村庄"远离北部和西部边疆——它们是明朝重兵驻防的地区，也是此前大部分研究者的关注焦点。一个地区在战略上的重要性，并不必然意味着它会受到社会史研究者的青睐。我的"村庄"要比格尔茨所想的大一些：本书的地理范围——以福建沿海地区为主，并向北延伸到浙南，向南延伸到粤东北——与我的研究目的有关。我希望将制度放到它被体验的特定的政治、社会和生态背景下进行考察。②

海洋是东南沿海地区生态最突出的特征。对该地区的居民来说，海洋是生计的来源。他们出海捕鱼、在浅海养殖贝类，并在海上进行贸易和走私。他们乘风破浪，足迹遍及台湾岛、琉球、日本和东南亚。和其他边疆地区一样，情势危急时，百姓会选择逃离，而海洋则提供了逃生通道。沿海居民——包括士兵和平民——可以逃到台湾岛或某个离岸小岛。有时，他们的确是这么做的。

海洋既蕴藏危险，又带来机遇。该地区曾多次遭受来自海上的攻击，本书登场的军户家族的主要军事职责便是抵御这类攻击，确保海疆靖晏。但是，相比于帝国的其他边疆，沿海地区的局势要安宁平静得多。与北部和西北部的驻军不同，有明一代，沿海地区的军队从未长期面临严重而紧迫的军事威胁。既然东南沿海地区的防务不是帝国首要的军事问题，该地区的驻军也就没有受到朝廷的持

---

① Geertz, *The Interpretation of Cultures*, 22.
② 如果参考施坚雅（G. William Skinner）影响深远的中国大区概念，拙作的地理范围和东南沿海大区的核心地带几乎完全重合。

续重视。

该地区第二个值得关注的要素是沿海和内陆的关系。通过内河航运，内陆丘陵与滨海平原相连，丘陵地区成为沿海卫所的主要粮食供应地。远洋贸易推动的市场化渗入丘陵地区，使该处比深入腹地的其他州县更加繁荣，其经济的商业化程度也高得多。

其他学者已经讲述过该地区的地方史。[①]如同本书涉及制度方面的内容主要受益于制度史家对明代军队的研究，近几年如雨后春笋般涌现的地方史著作，极大地影响了本书对该区域的论述。我将制度史和地方史这两个领域的文献结合起来，撰写出这部区域制度史著作，揭示军事制度中的日常政治如何受到区域自然和社会微生态及其遗产的影响，又如何反过来对后者产生影响。

本书的大部分研究取材自福建沿海的二十多个明代卫所，但有时我也会将范围扩展至更北或更南的地区（图2）。在一些卫所的原址，我们还可以看到明代遗迹，虽然它们已被今人的居住区域完全包裹起来。举例来说，虽然明代永宁卫的遗址只占据欣欣向荣的石狮市的一个小角落，但其格局依然清晰可见，昔日卫城那铺满石子的长长的窄巷，连接着两座城门，蜿蜒近两公里。有些明代军事基地遗址，例如位于偏远半岛、坐落在悬崖峭壁之上的镇海卫，几乎没有受到近年来经济发展的影响。镇海卫的寺庙最近一次重建于清末，现在依然完好无损。

兼顾现实情况和学术考量，本书讨论的卫所大多位于农村地区。

---

① 例如：Clark, *Community, Trade and Networks*；Billy Kee-Long So, *Prosperity, Region and Institutions in Maritime China*；郑振满：《明清福建家族组织与社会变迁》。

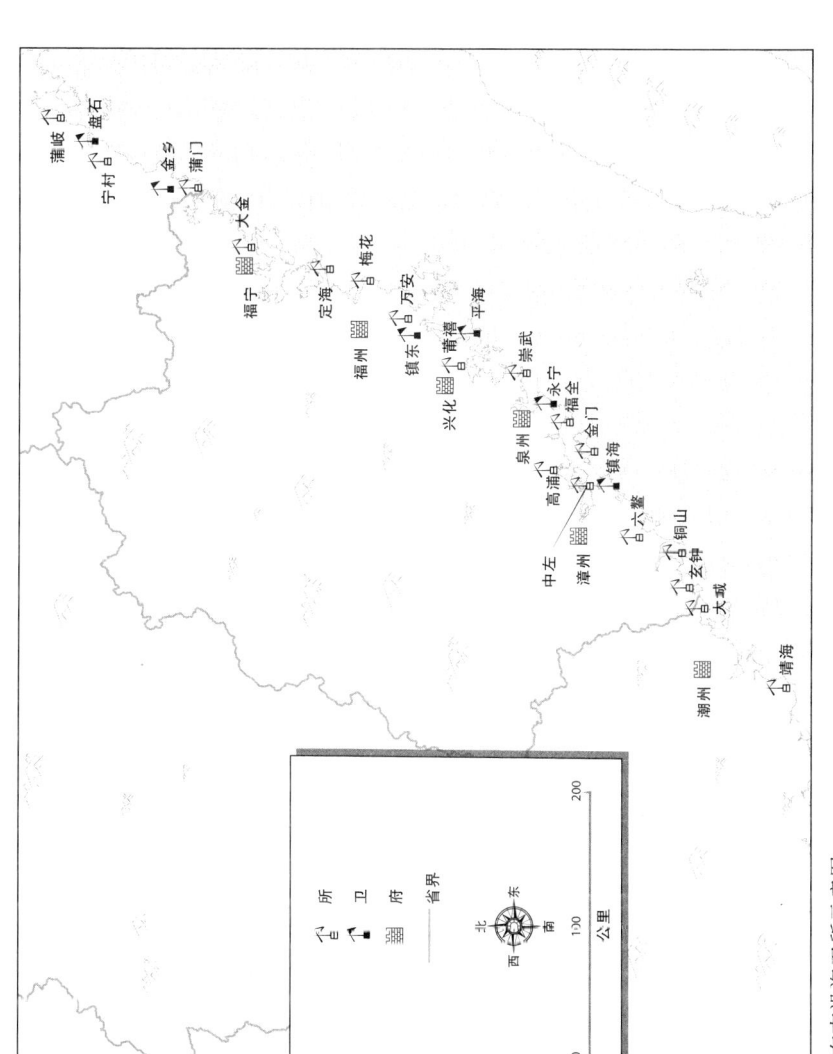

图 2 东南沿海卫所示意图

一些大城市（如福州）当然也有卫所分布，但受限于我所掌握的资料，此类卫所极少出现在本书中。我将在后文进一步说明，包括颜家在内的军户家族的族谱是本书运用的主要史料。走访曾经的卫所，寻找军户的后人，是搜集这些族谱的最佳方法。在许多曾是卫所的村镇，当地人口的相当一部分依然由明代士兵的后裔构成。在福建那些人口数百万的大城市里，这种方法不可能奏效。不仅如此，和位于农村地区的卫所不同，位于城市中心的卫所从未在当地社会、经济和政治生活中占据主导地位。（当然，这不是说卫所对城市社会一点影响都没有。）①因此，为了确保在不受其他因素干扰的情况下研究明代军事制度的影响，位于农村地区的卫所是我们的优先选择。如果我们将通过军户考察普通百姓如何与国家制度打交道视为一场自然科学实验，相较而言，远离城市喧嚣的卫所显然实验条件会更好一些。

本书之所以是一部区域史著作，原因在于它极其依赖于田野调查——不是指那种长期参与某一社群生活的人类学家式的田野调查，而是指使用从田野搜集到的史料，并在当地背景下予以解读。尽管中国历朝历代都致力于将全部历史档案收归国有，但这个目标从未真正实现。研究者只有花时间前往历史文本的创造、使用和流

---

① 研究城市卫所的一篇高水平作品是 Luo, "Soldiers and the City"。

传之地，才能获得数量巨大且独一无二的原始资料。①本书使用的大量史料并非来自图书馆或官方文献，而是从个人手中或资料所在地发现的。搜集这类史料是田野调查的最大乐趣：你要找到乐意分享自家历史的人（一般是上年纪的人）；多数情况下，你唯一需要付出的代价就是成为他们的座上宾。毫不夸张地说，我写作本书所需的历史档案，是由田野调查创建出来的。

其次，跑田野意味着我们要在当地背景下阅读新制作的档案，要格外关注生产这些档案的地方条件，同时尽量利用今人——通常是文献作者的后人——所拥有的与档案相关的地方知识。这可以很简单，譬如，去追查地契上罗列的田地的实际方位，好知道买田卖田的农民究竟都做了什么；或者，搞清楚税收记录中的方言土语，好理解老百姓的实际税负。此外，还有更多的事可以做，譬如，将乡村寺庙中的碑铭和当地族谱进行比对，从而明白寺庙施主之间的亲属关系；又或者，如第六章和第七章所示，我们可以跟着游神队伍一起绕境巡行，从而描绘出本地社群活动区域的界限范围。

本书研究范围较小，且着重探讨地方性经验，因此使用的方法在某些方面近似于罗伯特·达恩顿（Robert Darnton）、卡洛·金兹堡（Carlo Ginzburg）等人所实践的微观史学。微观史学的滥觞，挑战

---

① 现存文本当中，只有极小部分能在图书馆等公共资源库（其中上海市图书馆藏书量最大）找到。举例来说，收录家谱（族谱）最多的目录，即王鹤鸣主编的《中国家谱总目》列举出安溪县四十七部家谱，而上海市图书馆只藏有其中一部。我于2012年前往安溪县搜集史料，当时停留时间不算长，在该县二十四个乡镇当中的湖头镇，就拍摄了超过二十部家谱。这些家谱中，只有四部出现在王鹤鸣主编的总目里。附近的厦门大学民间历史文献研究中心已经从湖头镇搜集了一百多部家谱。既然连该研究中心的收藏都没能囊括所有现存家谱，这意味着家谱总数大约比总目记载的数量还多出两个数量级。

了效法社会科学、抹杀人的实践经验和主观能动性的史学研究进路。和微观史学家一样，我在这里的目标是，在"突破，但不推翻"大结构之局限的前提下研究人的作用，"在小地方问大问题"。①本书和西方微观史学作品的不同之处在于，虽然我讲述的故事确实是"微观"的，但所用的史料很少是百姓在非自愿的情况下接触国家代理人或机构的产物。书面证词、拘捕记录或审讯报告很少出现在本书中。我参考的地方文书，绝大多数都是百姓带着明显的策略意图自愿创作而成的。这意味着此类文书更适合研究社会史而非文化史。本书的故事往往展现的是人的行为而非精神状态，是人的行动而非解释框架。它们侧重叙事而非结构，能帮我们增加对政治策略而非政治文化的理解。

综上所述，本书是一部基于田野调查搜集而来的史料，在地方语境下讨论明代军事制度的社会史著作。本书提出了一个在特定微生态中的日常政治策略分类模型，并以此为基础，就明代乃至整个中国历史的日常政治，提出了一个更具广泛性的论点。

本书由四部分组成，每部分的空间和时间背景各不相同。第一部分的时间设定在明代军户制度创立伊始的14世纪末，地点则是明军士兵原籍所在的乡村。第二部分和第三部分的时间则来到15世纪和16世纪，主要探讨明代军事制度在进入成熟期后的运作方式。第二部分的故事发生在士兵戍守的卫所，第三部分的故事则发生在士兵垦辟的军屯。到第四部分时，我们会回到卫所，看看明朝灭亡后那里的情况。

---

① Joyner, *Shared Traditions: Southern History and Folk Culture*, 1.

本书的第一部分将探讨募兵和征兵制度本身。第一章以郑家的故事开篇,他们采用创造性的方法,解决了如何挑选族人应役这一难题,从中我们可以一窥军事体制中的家庭如何通过成熟的策略应对兵役之责。军户在规章制度中的定位简单明了——一个军户必须为军队提供一名士兵——但是他们实际的处境可能十分复杂。他们精心制订出各种策略以处理两者间的差异,使应负的职责尽在自己的掌控之中,从而减少未知的风险,使更多族人享受到身在军籍的好处,将需要付出的代价降到最低。

编为军户,干系重大,远不止于为军队提供士兵这么简单。它既会带来大量的赋税豁免,也会招致邻居的恐吓敲诈。军户家庭怀有强烈的动机,希望和在伍的亲人保持联系,因为他们可以证实自家谨遵军户体制的规定。福清叶氏即是一例。叶家最有名的成员——内阁首辅叶向高——为我们留下一段文字,记述了叶家为与戍守在北部边地的亲人重新取得联系而付出的百般努力。

本书的第二、第三部分将焦点从军户原籍所在的乡村转移到士兵驻守的卫所,并从明初进入明代中后期。我们将在第三章遇到担任福全所世袭千户的将家。将家至少有一名族人曾既担任军官,又干着走私和海盗的勾当。他的故事揭示了军户如何利用他们在卫所中的特殊地位浑水摸鱼,从事非法贸易。他们靠近国家,能够利用自己的身份斡旋于军方和商界之间,在海上商贸中占尽优势。卫所军士不得不适应一个全新的环境,让自己扎根其中,建立新的社群。我将在第四章考察卫所军户的婚配嫁娶,他们祈福的寺庙,以及他们就读的卫学,这些都在展示士兵及军眷如何一步步地融入卫所的地方社会之中。

本书第三部分将目光从卫所转向为军队提供补给的军屯。军屯军户垦殖农田，供养着戍守在卫所的同袍。麟阳鄢氏的不幸故事，告诉我们军屯士兵如何熟练利用军田与民田之间的不同渔利。经济的市场化催生出复杂的土地所有权模式和土地使用模式，军屯里的家庭则设法用这些模式为自身服务。军屯的日常政治远不止于摆布土地制度。一如卫所军户，军屯军户也不得不融入当地社群。本书的第六章旨在探索这一过程。有些人游走于不同的规管体制之间，左右逢源。其他人则设法加入现有的社会组织，乃至反客为主、取而代之。湖头的一座小庙将告诉我们这些新的社会关系如何得以持续不断地发展。

进入第七章，我们将返回卫所，但此时已然明清易鼎。明代的军事制度虽不复存在，但依然影响着曾身处其中的普通百姓。有的人试图挽回旧体制，从而可以延续他们在体制中享有的特权。有的人则发现，改朝换代之后，自己依然要承担前朝的一些义务，于是不得不继续应付。还有人努力通过调整前朝旧制的某些元素，使之适应新的处境。他们想方设法让清王朝了解自己，使用清代官员能够接受的语言来实现此目标，尽管经他们描述的社会制度与其真实的情况往往南辕北辙。

本书四部分中的一则则故事，讲述着明代百姓如何利用各种策略应对国家力役。在前面讨论的基础上，我将于本书结尾处，就中华帝国晚期及其后的"被统治的艺术"提出一些更宽泛的思考路径和思考方法。

第一部分

在乡村

In the Village

第一章

服兵役贤弟勇代兄　分家产幼子竟承嗣
征兵、军役与家庭策略

郑家生活在泉州城中，应该离颜魁槐家不远。14世纪中期，天下汹汹，元王朝风雨飘摇。泉州地方军队叛变，反抗蒙古人的统治。效忠元朝的将军率部残酷镇压了叛乱，但随即被新崛起的朱元璋击溃。兵荒马乱之际，郑家族长不幸去世，遗孀带着四个儿子逃离泉州，来到地界偏远的漳浦县避乱。直至洪武初年（14世纪70年代），世局稍稳，郑氏遗孀与两个幼子因"桑梓萦情"返回泉州。长子景华和次子景忠则留在了漳浦的新家。

洪武九年（1376），漳浦的郑家两兄弟被编为军户——与颜家入伍同时——这很可能是大规模征兵行动的一部分，但其中的详情我们已无法知悉。郑家因此必须为军队提供一名男丁，前往遥远的卫所服役。两兄弟中谁去当兵？这个不得不做出的决定，看似简单，却引起一系列复杂的协商。协商的问题，不仅在于参军本身，还涉及财产的继承权，即所谓的"分家"。

古代中国财产继承采取在父系继嗣中分割继承的方式。当家庭成员决定不再继续生活在同一屋檐下、不再继续共享他们的财产和收入——此类决定经常出现于家长去世后——家产会在儿子间平均分配。家族可以视具体情况做出不同的安排，但一般都会遵循上述分家析产的基本原则，事实上这也是律法的要求。[1]根据郑氏族谱的记载，郑家就采取了很不一样的做法。

> 我旧镇开基初祖光德公，南安裔也。配妣赵氏，生四子。长景华，次景忠，三景和，四景安，住居于南安双路口。不幸公逝，母子相依，适遭元乱，群雄蜂起，兵燹孔炽。当道郎中行省柏帖穆尔守漳郡、迭里弥实守泉路，两项诛求，增纳粟米伤于财，奉行力役困于征。当斯时也，谁不欲适彼乐国乎？时盖元至正二年也，于焉挈家远扬，负骸而走。自泉至漳，由漳而浦，求所为鞭长不及之地，于以息肩而托足焉。斯已幸矣！顾瞻周道，南至海滨，地名旧镇，见夫山峰拱明，潮水环绕，为身桴往来之区，商贾贸易之所，拟于泉之清源与有光焉。于是□□□居。
>
> 苟安数载，延师择地，卜葬公骸。于后港尾，眠牛之山，坐癸向丁，形类左仙弓，祖茔在焉。时祖妣赵氏，念先坟既妥，而桑梓萦情，乃率景和、景安二公回泉州南安双路口基焉，于今祀妣。我镇独祀考也。
>
> 开镇祚者，唯景华公、景忠公二祖也。景华公生三子，长佑助，字仕俊，次仙福，字仕杰，三茂山，字仕明，开长房祚也。景忠公亦生三子，长仕英，次仕贤，三仕荣，开次房祚也。遂传昭穆韵谱曰：景仕邦乾敦，华太汝以君。

---

[1] 家族对家产分配的特殊安排，举例来说，可包括：为尚未婚配的女儿准备一份嫁妆，为年迈的母亲提供生活费用，或为双亲亡故后的祭礼预置一笔开销等，参见 Wakefield, *Fenjia*. 对相关律法规制的讨论，参见 Farmer, *Zhu Yuanzhang*, 159。

迨奉明正朔，改元洪武。于九年编户定职，在七都二图十甲。户名郑汝太，配军籍，钦诏湖广承天卫当军。尔时兄弟推诿，即将所有山地、产业，议作四分均分。勇而当先者，得四分中之三。怯而不前者，得四分中之一。长房不敢与事，愿得一分，是以仕俊公等共为一房也。次房应赴，将三分之业，即开为三分，是以仕英公等有二、三、四房之分也。

第军征之后，仕英公材力不堪，嘱弟前去，让以房分。仕贤公不畏难巨，带妣黄氏同往效力。军名郑佑助，捍御有功，幸膺末职，任久而故。赖仕荣公随彼为评事，偕其子邦育公，负骸回籍。斯时伯叔兄弟弗爽前约，遂以邦育公为次房，仕英公为四房。房分虽有改易，其实出自二世祖景忠公也。今祭二世祖墓，则仕英公派仍为宗孙，仕贤公派原为季子。而祀初祖庙，则仕杰公派咸居长房，仕英公等派即分为二、三、四房。盖自三世时交易已然，子子孙孙不敢越俎僭分也。[1]

所有家产在漳浦的两兄弟间分配，而返回泉州的两兄弟则什么都没分到。漳浦的两房也没有按分家析产的基本原则平分家产。其中，长房景华只得到了四分之一。余下的四分之三则为次房景忠所得。族谱解释道，次房分得多半家产的原因是他代兄从军，承担起家族服兵役的义务。而长房实际上是以半数应得家产做交换，免除了自己的兵役之责。

---

[1] 节录自"家谱小引"，《漳浦六鳌营里荥阳郑氏族谱》，8页及其后。读者可在 https://scholar.harvard.edu/szonyi/ADGreferences 这一网站上浏览该文的抄本，以及本书引用的其他未出版的文本。

这个决定不只影响两兄弟本身，还将影响他们的子子孙孙。这是因为，和兵役的世代相承一样，两兄弟的安排对后代依然有效。唯有次房的子孙要服役，而长房的子孙则与此事再无关系。

多年以后，景忠年事已高，由谁替役的问题被提上议程。两兄弟各有三子。在漳浦的第三代族人中，男丁总共六人。根据起初对家产的不均等分配，长兄景华的三子无须承役。因此，关键的问题是弟弟景忠的哪个儿子补伍。第二轮协商开始了。郑家或许可以直接沿用上一代人的解决办法，让应役的支派分得更大一份家产。但他们没有这么做，可能因为此时家产已不如昔日丰厚，诱惑力有限，不足以说服三子中的任何一位去当兵。和上轮协商不同的是，本轮协商完全围绕着身份和礼仪展开。

协商结果出来了，次房的次子被指定为"宗子"。对明人而言，"宗子"已是一个古老的词汇了，可以一直上溯到三代，当时的贵族实行的一种名为"宗法"的长子继承制。根据该制度，在家族的每一代人中，嫡长子将继承父亲在政治与仪式上的特权。自宋以降，一些理学家呼吁恢复宗法制，并将其推广到民间。他们明白圣人的时代一去不返，宗法制不可能重新取代分割继承制。但是，他们身处乱世，希望通过赋予嫡长子以礼仪上的特殊地位，带回世道所亟需的等级观念和秩序感。① 明代福建的许多家族接受了指定宗子的做法，郑家便是其中之一。但是，他们决定的宗子，不是长子，而是次子。为何如此呢？因为次子要接替父亲参军。他的后代就此成为

---

① 关于明清时期的家族如何偏离先代的原则，可参见牧野巽：《近世中国宗族研究》，5—9页。

世代

```
1  父亲（已故）  郑氏遗孀
2     △ △ ▲ △
          次子 长子
3   △ ● △  △ △ △
    三  宗  四    长
    房  子  房    房
        二
        房
```

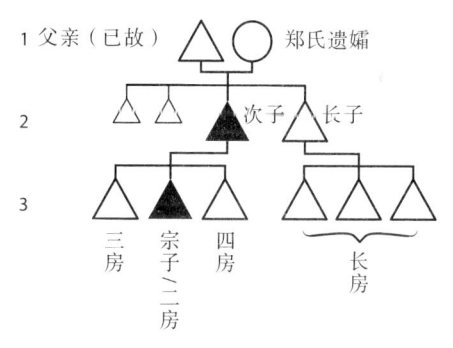

▲ 正军

图3 郑家世代图

景忠一支的长房，他的儿子和孙子们将永享祭祀中的优先地位。同样是换取免役，郑家第一代人靠的是财产继承的厚薄，而第二代人靠的则是房分次序的先后（参见图3）。①

论族谱

和本书导论中颜观田的故事一样，郑家的故事来自族谱对如何因应世代兵役之责的内部记述。要面对这项挑战的远不止他们一家。根据一条被广泛引用却很可能夸大其词的明初史料，军户占到当时

---

① 郑氏族谱没有明确地提到这一点，但是，从煞费苦心的策略角度看来，郑氏遗孀决定带两个年纪较小的儿子回泉，似乎事出有因，并不仅仅是因为思念故乡。或许，她除了希望郑家后人落叶归根，还希望两个幼子从此无须承担郑家替补军役的义务。

全国户数的百分之二十。明朝季年,登记在册的士兵有四百万之多,而他们背后则是四百万个军户。①管治这一庞大系统的律例载于大明的法典。这些律例究竟对普通百姓的生活造成了哪些实际影响?唯有参考百姓自撰的文书——许多仍保存在后人手中——我们才能回答这个问题。族谱表明,对郑家而言,编为军户的影响远远超出替补军役本身,它形塑了家族的财产继承方式和产权关系、家庭内部结构甚至祭祀活动。

从包含的文字数量与书写的人物数量来看,卷帙浩繁的族谱是明清史领域现存最庞大的史料。"族谱"一名包罗万象,可以指印刷精美、装订讲究的多卷书册,也可以指由一代代识字不多的族人所撰、唯有祖先名姓的手抄纸片。今天,"族谱"还包括宗族成员在研究型图书馆找到的古老族谱的重印本,用来代替在"文化大革命"中被毁的私家族谱的影印本,乃至只存于网络世界的虚拟谱牒。一部典型的中国族谱,内容以该家族始祖以降的男性后代的世系图谱与人物传记为主,有时亦包括妻子和女儿。对家族的大多数后代子孙来说,这是祭祀祖先时最有用的信息。典型的族谱条目只有祖先的生卒年月和坟茔方位。但很多族谱载有更为丰富的内容,如产权契据与合同,说明宗族成员财产状况;名人所书之序言,反映宗族成员的社交圈子;各种主题的文章,记录家族起源、宗祠鼎建、钱粮差役,等等。颜魁槐家族的故事即取自这类文本,漳浦郑

---

① 《明太宗实录》卷三十三,永乐二年八月庚寅,589页;王毓铨:《明代的军屯》,232页;张松梅:《明初军额考》,47—52页。

家亦是。①

不是每个明代的家族都有族谱，也没有哪一部族谱是由阖族上下共同编纂而成的。事实上，族谱是由某些家庭的某些成员带着各自的利益完成的作品。这意味着，和对待其他史料一样，我们必须十分谨慎地、批判性地阅读族谱。如莫里斯·弗里德曼（Maurice Freedman）指出的，族谱是"一份对血统与关系的宣示、一部宪章、一幅反映家族开枝散叶的地图、一个适用于各类社会组织的框架、一张行动蓝图。它是一篇政治宣言"。②每部族谱都由具体历史情境下的具体人群编纂，受具体历史关怀的驱动。族谱是烙印着实际的和潜在的权力关系的文本。族谱并非单单被用来表达政治诉求，这不是它的主要功能，但它往往服务于此目的。因为族谱是军户成员自己持有的文本，其中的政治诉求便从他们的角度揭示出军户和国家之间的互动，以及这种互动对他们的意义。③

我们无须将这类文本在字面上呈现的内容视为真实的记载。我们更应该将之视为泽蒙·戴维斯（Zemon Davis）所谓的"虚构性文本"（fictions）：它们的叙事未必是假的，但确是被有意形构的。④一段本族如何应对兵役的记载，可能不是单纯的事实描述，而是事后的

---

① 颜、郑两家的族谱恰好都相当古老，里面的资料自然也较为原始。然而，即便是新出版的族谱，有时也会收录年代久远得多的文本。文中所述之资料，通常皆会被一次又一次地眷抄入定期重修的族谱。当然，我们采用它们时，须要谨慎处理。
② Freedman, *Chinese Lineage Society*, 31.
③ 更多近年来的分析，可参见Oakes, "The Alchemy of the Ancestors"; Pieke, "The Genealogical Mentality in Modern China"; 饶伟新：《导言：族谱与社会文化史研究》；郑振满：《明清福建家族组织与社会变迁》。
④ 参见Zemon Davis, *Fiction in the Archives*, 3, 亦可参见Stoler, *Along the Archival Grain*, 20。

建构或论述。这类史料反映出百姓用以解决问题的组织性资源和手段。策略出现在族谱里，说明百姓至少认可策略背后的逻辑的有效性。我们能从中看到在文化上和政治上被接受的解决办法。同样的策略也出现在法律文书里，由此，我们知道有人真的使用过它们，且发现其逻辑效果显著、令人信服。明代推官的判例判牍中出现的做法，跟族谱记载的一模一样。对我们来说，某个家族是否真的使用过某类策略，根本无关宏旨。重要的是，每个家族都会使用某种叙事解释他们的处境。我们要分析的核心问题是，他们为什么采用特定的叙事，而没有选择另一些叙事。

明代军户

在本书中登场的家族有一个共同点：他们都被明王朝编为军户。他们可能还有着其他共同点（同样，他们也可能同今时今日的家族存在共通之处）。他们肯定会为庄稼的收成而忧心，为家中的积蓄而发愁，为孩子的未来而烦恼。他们时而互相争吵，时而欢聚一堂。历史学家无从得知他们生活的方方面面。但是，通过族谱，我们可以大致掌握他们的共同经历，即明代国家将他们编入军籍的方式。

"入籍"意味良多。① 首先，它指一桩具体事项：家族之始祖（通常是生活在14世纪末的那位先祖）的姓名被记录在"黄册"（一种特定类型的官方簿册）里面。黄册一式四本，其中一本和其他官

---

① 在中国，人口登记制度与征兵之间的关系可以追溯到公元前6世纪关于户口登记的记载，参见 von Glahn, "Household Registration, Property Rights, and Social Obligations"。

方文书一起收藏于后湖黄册库。该府库位于明初首都南京附近的后湖（今玄武湖）群岛上，以防失火。所有军户理论上都被录于黄册。还有一套名为"卫选簿"的文书，用来登记拥有世袭军职的军户。①本书插图中有一页卫选簿记录，起首登记的户主是蒲妈奴。此种文书在户部与兵户的库房中各有一份。

从洪武十四年（1381）到明王朝覆灭的崇祯十七年（1644），成千上万的官员和书吏负责维护贮存这些文书的大型国家册籍库，完成文书的接收、抄写、更新、归档、转发工作。朝廷运用各种技术保证资料信息的安全和完整。针对文书的保护措施，除了选取安全的贮藏地，还有制作充足的备份。户籍资料被抄写多份，以不同的形式存于多个地点——包括县衙门、军户最初入籍之地以及正军戍守的卫所——并定期更新，以确保各版本的错误能够及时得到纠正。②同任何历史文书一样，一份人事档案是一种物质性存在，档案如何产生的故事——它的流传、校勘与抄写，以及它的保存与传递——可以作为一种不同类别的历史的史料。一份人事档案同时也是一种策略性存在。档案如何被利用、篡改、假造乃至蓄意销毁，诉说着别样的历史。本书还可以有另一种写法，即讲述这些档案的历史，即它们被创造、保存、毁弃及在各地流传的故事。

---

① 关于这类档案的研究，参见 Wilkinson, "Newly Discovered Ming Dynasty Guard Registers"；于志嘉：《明代军户世袭制度》。
② 参见 Wenxian Zhang, "The Yellow Register Archives of Imperial Ming China"；韦庆远：《明代黄册制度》；栾成显：《明代黄册研究》；张金红、徐斌：《王景弘及其后裔新探》。

蒲茂：试百户

外黄查有：

　　蒲英，晋江县人。

　　高祖蒲妈奴。洪武十六年，充泉州卫军。二十一年，调福州右卫后所。永乐四年，功升小旗。十二年，功升试百户。洪熙元年，老。曾祖蒲清，未袭，故。

　　祖蒲荣，系嫡长男。宣德十年，故。

　　伯父蒲福，系嫡长男。年幼优给。景泰六年，故，无嗣。

　　父蒲寿，系亲弟。年幼优给。七年，遇例实授。天顺三年，出幼，袭。正德二年，老。

　　英，系嫡长男。替本卫所百户。

一辈：蒲妈奴

已载前黄。

二辈：蒲荣

旧选簿查有：

　　宣德九年十月，蒲荣年十七岁，系福州右卫后所试百户蒲妈奴嫡长孙。祖原系总旗，因下西洋公干，回还升除前职，钦准本人仍替试百户。

三辈：蒲寿

旧选簿查有：

　　天顺三年九月，蒲寿年十五岁，晋江县人，系福州右卫后所试百户蒲荣嫡次男,曾祖蒲妈奴,原系总旗,因下西洋公干,升试百户,老疾。父替前职,病故。已与兄蒲福,优给,亦故。本人具告袭名,照例,已与,实授百户俸,优给,今出幼,□袭实授百户。

四辈:蒲英

旧选簿查有:

正德二年十二月,蒲英,晋江县人,系福州右卫后所年老百户蒲寿嫡长男,钦与世袭。

五辈:蒲敏成

旧选簿查有:

嘉靖十九年二月,蒲敏成,晋江县人,系福州右卫后所年老试百户蒲英嫡次男。

六辈:蒲茂

旧选簿查有:

嘉靖二十七年十月,蒲茂,年八岁,晋江县人,系福州右卫后所,故世袭百户蒲敏成嫡次男。

伊父蒲敏成,原以试百户。嘉靖二十四年,遇例实授所据遇例职级,例不准袭,……至嘉靖三十一年,终,住支。

嘉靖二十四年十二月,蒲茂,年十五岁,系福州右卫后所故实授百户蒲敏成嫡次男……今出幼,袭试百户。

七辈：蒲国柱

年九岁，系福州右卫后所故世试百户蒲茂嫡长男。万历二十五年二月，大选过全俸，优给。三十年，终住支。万历三十三年八月，大选过福州右卫后所试百户一员，蒲国柱，年十七岁，系故试百户蒲茂嫡长男，比中二等……

被编入国家档案，有着现实的政治后果。这意味着当事人必须履行国家特定的义务。受编为军户，则须承担一项永久性的、世代相承的义务：为军队提供军士，戍守指定的驻地。生长于晋江县的蒲妈奴于洪武十六年（1383）被征入伍，驻守在家乡附近的泉州——这是郑家的原居地，也是颜家军丁在朝廷实行自首政策期间短暂服役之地。[①]洪武二十一年（1388），蒲妈奴被北调到福州沿岸的卫所。15世纪初，他服役于海军，跟随郑和远航至东南亚（本书第三章将进一步讲述郑和下西洋之事）。蒲妈奴立下赫赫军功，被擢升为百户。百户的军衔可由后代世袭。只要满足某些条件，该军户每个服兵役的成员都将居任百户之职。

洪熙元年（1425），蒲妈奴退役。此时他的长子早已去世，长孙蒲荣顶替祖父参军。卫选簿还记载了此后蒲家五代人的资料。蒲荣死后，蒲妈奴的另一个曾孙蒲寿补伍，服役近五十年，而后依次为其儿子和孙子接替，一直到第七代的蒲国柱于万历三十三年（1605）入伍。每次补伍，福州衙门会通知朝廷，朝廷掌管文书的书吏便更新相关资料。直到蒲国柱入伍之后，卫选簿才停止更新，此时已是明朝季年，

[①] 从姓氏来看，他们的祖上可能是宋代当地显赫的阿拉伯家族。但是，这没有让他们在征兵中与众不同。

整个王朝摇摇欲坠。[1]这类人事档案和族谱颇有相似之处,皆将世系追溯到远祖,并指明各代成员间的关系。它是一类特殊的、为明代国家服务的族谱。

入籍的两层意义——具体层面的意义,即自己的名姓或祖先的名姓被记录在一类特殊档案的特定类型的簿册中;及由此带来的服役的义务——有其社会影响。当时的百姓都明白军户家庭拥有哪些权利和义务。因此,"入籍"还有着第三层意义,即描述出一户人家所属的类别或阶层。这种类别,当时就存在,并非史家在事后的杜撰。"军户"和"军籍"是最常被用来描述这一类别的术语,明代百姓十分清楚这两个词的含义。第三层意义上的"入籍",一方面是社会性的,因为它影响着军户之间、军户和其他类别的人群之间的社会关系;另一方面则是文化性的,因为对于拥有军户身份的人家的认识,当时的百姓存在共识。

在本章和下一章,我将探索家庭如何回应军籍带来的多方面影响,以及入籍的各层意义的社会影响如何随时间转变。军户们谋划着如何与军籍制度打交道。本章将讨论他们如何利用手头上的组织资源和文化资源制定策略,以及他们的行动如何又反过来影响着自己所掌握的资源。

倪家如何来到金门:明代军事制度简介

为了展开讨论,我们需要更深入地了解明代军事制度本身。与

---

[1]《中国明朝档案总汇》卷六四,346—347页。

其枯燥乏味地通过综述整项制度来介绍其运作机制，不如让我们把目光转向一个普通士兵的故事。他叫倪五郎。他不是一个虚构的或复合的人物，而曾真实存在于历史中，尽管我们对他知之甚少。在接下来几个段落里，我将补充倪五郎人生中的一些空白，来展现军户制度的基本运作方式。我希望借助倪五郎的人生轨迹，揭示出该体制的四个要素：征兵与入籍制度、分派与调转制度、补伍与勾军制度、定居制度。在此过程中，我还将利用倪五郎的故事，解释我在本书其他地方使用的一些专业术语。

征兵与入籍

我们几乎可以肯定地说，明代档案中必有倪五郎的记录。然而这类档案只有很少的一部分留存下来，非常遗憾，倪五郎的姓名不在其中。目前仅存的相关史料，是一篇简略的传记，收录入倪氏后人编纂的族谱之中。倪氏族谱的最新版本，大约完成于一个世纪之前。里面提到，倪五郎出生于福州城以东一个名叫鼓山的地方。

> 祖福州闽县永北里鼓山人，祖行五。洪武二十四年，以防倭故，戍金门所，遂开基来浯。娶阮氏。忌辰在十二月初三日，葬金门城南门外，土名坑底仑。[①]

---

① 族谱会定期更新和再版。这种不间断传递，是我们相信族谱信息的原因之一。晚近的版本通常会重印之前版本的序言，让我们得以回溯该族谱的刊布历史。在倪氏族谱的现存版本中，最早一则序言写于崇祯十四年（1641），说明倪五郎的子孙编纂族谱的时间不晚于该年。参见"始祖五郎公"，《金门倪氏族谱》，24页。

第一章　征兵、军役与家庭策略

以上寥寥几句话，是现存史料中对倪五郎的全部记载。文字虽然简略，已足以让我们一窥倪五郎与明代国家制度之间的关系了。尽管族谱中没有明文指出，但根据他被派驻金门所的事实，几乎能肯定地说倪家属于军户。① 我们可以将家庭编入军户的过程视为明代军队征兵的一个途径。

明代征兵主要有四种渠道，即一户人家被编入军户的四种方式。其中两种渠道只存在于明初。和中国历史上大多数开国皇帝一样，明朝的建立者朱元璋也是"马上得天下"。1368年，朱元璋称帝。多年来追随他南征北战的士兵皆入军籍。他们被称为"从征"。其中，一些人获封世袭军官。经过朱元璋晚年发起的清洗行动，那些幸免于难的世袭军官成为卫所指挥使，驻守在诸如平海、金门这样的地方。第二种渠道则是收集为朱元璋所败而归降的敌军，包括元朝及元末割据群雄的军队。这些士兵也成为军户，称作"归附"，被纳入明朝体制之中。洪武元年（1368）之后，"从征"和"归附"的数量基本上固定不变，即开国之后，没有军户再通过这两个渠道被征入伍。

一户人家会因罪"谪发"，没入军籍。有明一代，律法中一直都有"充军"的刑罚。但大量罪犯家庭进入世袭军户系统的现象只发生于明朝初年。到了明中叶（公元15世纪），一般情况下，"充军"已不再株连后代，仅适用于罪犯本身，将随着他的去世而结束。此外，面对罪责，明代百姓可以且越来越多地选择以"纳赎"（缴纳赎金）或"罚役"（服一定时间的劳役）抵罪。②

---

① 并非所有明军士兵皆出身军户，但军户是我们目前唯一需要关注的士兵类别。
② Langlois, "The Code and Ad Hoc Legislation in Ming Law," 102—112；吴艳红：《明代充军研究》，132—138页。

第四种渠道则是"垛集"。随着朱元璋的部队所向披靡、横扫中原,"从征"和"归附"之兵卒被下令留驻那些新攻占的地区。平定天下后,朝廷依然可以为了军事需要而调动军队,但一地的军队被调出,势必导致该地兵力短缺。另外,即使有人认为将罪囚没入军籍是一项好政策,此时已不再有大量可以被派驻各地的囚犯;何况并没有人这么认为。因此,为了给新收复的东南沿海等地区提供兵力,朱元璋手下的将领展开了大规模"垛集"征兵。在"垛集"行动中,当地壮丁被强征入伍,他们连同亲属则被编为世袭军户。[1] 倪氏族谱没有交代清楚倪五郎是如何参军的。但是,如果考虑当时的形势,我们可以有把握地说,他是经由"垛集"成为士兵的。

《明实录》乃由在位皇帝手下的史官为记录先帝的统治和事迹而修纂的皇朝编年史,从朝廷的视角讲述了东南沿海地区的"垛集"征兵。根据洪武二十年(1387)初春的一条记载,周德兴——我们在导论中曾提及他被后人追尊为平海城隍——在福建征集了一万五千多名军士,建成十六座卫所,并让士兵驻守其中。几个月后,主持浙江防务、负责在浙征兵的汤和上书称自己也获得了差不多的成就。"民四丁以上者,以一丁为戍兵。凡得兵五万八千七百五十余人。"在本书中登场的大多数军户家族,都是明初军士的后裔。他们的祖先,要么此时直接被强征入伍,要么随着14世纪80年代

---

[1] 杨培娜提出,朝廷还通过这类垛集抽军的行动将此前不受国家控制的人群,如所谓的"蛮夷",置于国家的控制之下。参见杨培娜:《濒海生计与王朝秩序》,24—26页。

的"垛集"征兵随家人一同成为军户,要么则是受封的世袭军官。①倪五郎即其中之一。

分派与调转

倪五郎入伍后,被分派到"卫"。"卫"是一个军事单位,最高长官为指挥使。一个"卫",按规定应有5600人,下辖五个"千户所",每个"千户所"各有1120人。此外,还有"守御千户所",它们受卫指挥,但不直接隶属于卫。"千户所"下设"百户所"。低级军官头衔由其麾下士兵的数量命名。"千户所"的指挥官为"千户","百户所"的指挥官则为"百户",蒲妈奴即一名"百户"。②由于"卫"和"所"是和平时期主要的军事单位,中国学者经常使用"卫所"一词,作为明代军队的简称。

倪氏族谱告诉我们,倪五郎被分派到金门服役。金门是一个小岛,在倪五郎位于福州近郊的原籍地以南约六百里的地方(图4)。金门是守御千户所,受永宁卫的指挥。倪五郎的后代今天依然住在那里。我曾和他们聊天,他们告诉我,倪五郎是被"调"到金门来的。历史学的训练,令历史学家对故事保持一定的警觉,百姓口中的自身经历并不可靠,更不用说那些有关他们父母或近祖的故事了。如

---

① 《明太祖实录》卷一八一,洪武二十年四月戊子,2735页;《明太祖实录》卷一八七,洪武二十年十一月己丑,2799页;《闽书》卷三九,957页。正因如此,一户人家在14世纪80年代所拥有子嗣数量,会对该家之后数百年间的子子孙孙产生深远影响。参见于志嘉:《再论垛集与抽籍》。
② 若想了解明朝武官的不同类型和职级,可参见梁志胜:《试析明代卫所武官的类型》,83页。

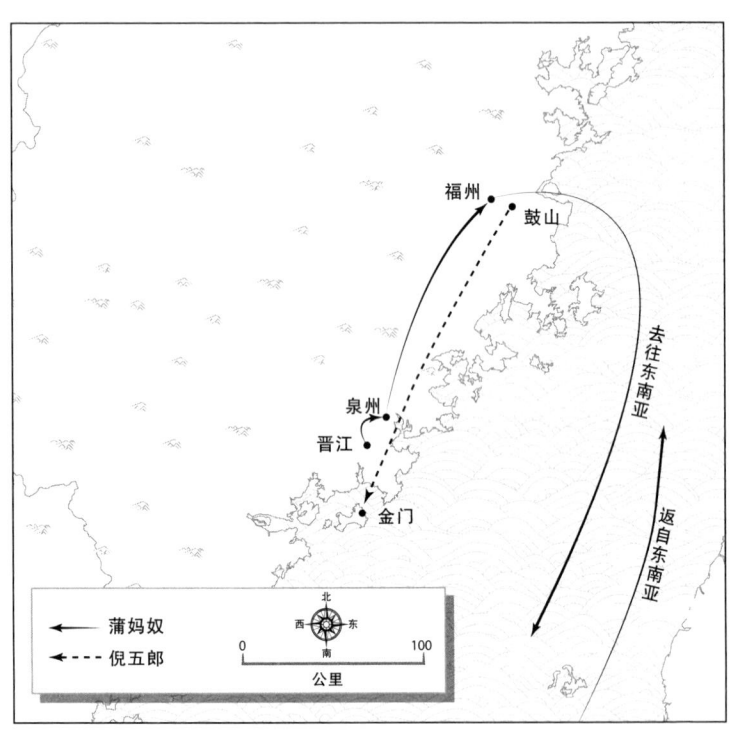

图 4 蒲家与倪家分派调转示意图

果一个口头传说讲的是一位生活于六百多年前的家族祖先的戎马生涯,那么将其视为子虚乌有的神话也无可厚非。但事实证明,倪氏后人所讲的故事多半是真的。之所以这么说,是因为我们还可在《明实录》中查到相关的记载。

根据《明实录》,14世纪80年代的大规模垛集征兵之后短短数年,朱元璋便开始收到令人忧心的上书。由于驻地靠近家乡,新兵与当地社会关系紧密,他们可以轻松地借机开小差乃至当逃兵——神不知鬼不觉地溜回自己的村子,然后消失得无影无踪。或者,他们会利用职务之便,在家乡作威作福、滋扰地方。朱元璋果断地采取了行动。他在军队中推行"回避原则"(该原则本指官员不得在本籍任职),下令将所有士兵调往远离家乡的驻地。他认为解决问题的方法在于让新兵"解域化",将他们从既有的社会网络中连根拔起。但朝廷很快发现,实施这项政策的成本太高,令人望而却步。于是,政策继续调整。军队将在局部地区的不同卫所间轮番换防。士兵会被调往远近适宜之地:一方面,保证他们与家乡的距离足够遥远,从而解决驻军与乡里关系紧张的问题;另一方面,他们被分派的卫所又将尽量靠近各自的家乡,从而避免新兵远徙、劳民伤财。[1]这就是倪五郎如何来到金门的故事(在年份上,族谱与《明实录》有所出入)。

倪家始祖自福州调来金门,类似的传说,在前军户家族中十分常见。时至今日,许多生活在明代卫所故地的百姓,仍讲述着祖先因军队的分派与调转,于14世纪末离开福建某地的家乡,来到现在

---

[1]《明太祖实录》卷二百三十三,洪武二十七年六月甲午,3404—3405页。

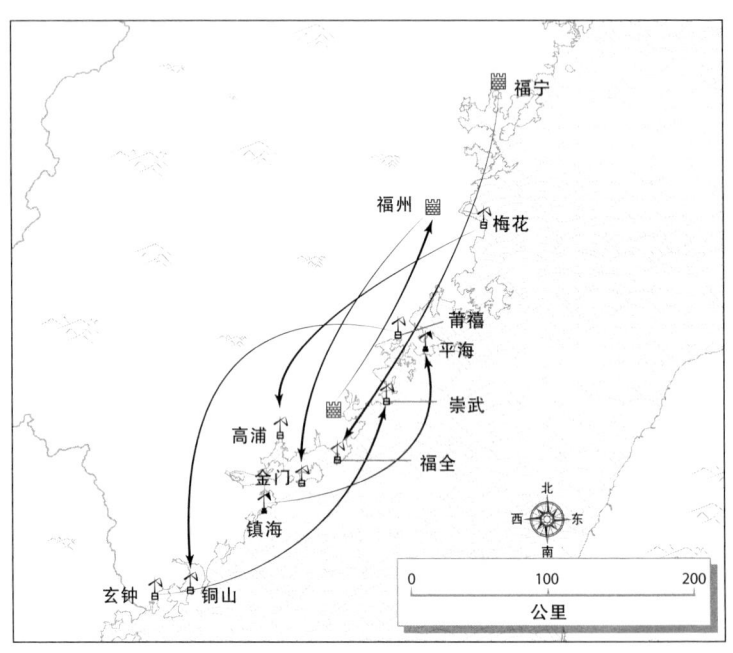

图5 方志与口碑资料中所示14世纪福建的军队调动示意图

定居的地方。族谱和地方志证实了这些故事。它们提供的证据，让我们得以追踪该时期明军在各地调动的轨迹，填补《明实录》在细节上的空白（参见图5）。明代朝廷除了将倪五郎所在的军队从福州地区调往金门所，还将莆禧所的驻军南调至铜山所，将悬钟所的驻军北调至崇武所。镇海卫的士兵被调往平海卫，泉州地区的士兵则被调往福建北部（如福州地区），他们接替了像倪五郎一样被调往泉州的士兵。[1]口头传说、族谱记载和官方文书对该历史事件的叙述互相吻合，这强有力地说明，至少在某些议题上，我们不能草率地将口述史视为天方夜谭。

补伍与勾军

倪五郎被征入伍后，地方簿册必然会增添关于他的新条目，而京城的文书也会相应地更新。在簿册记录中，每个条目最顶端的户名，既可能是在伍服役之人的真实姓名，也可能只是化名或杜撰。倪五郎的文书没能流传到今天，所以我们无从得知他属于哪种情况。如前所述，一家被编为军户，不是说所有家人都是士兵或皆须服役，而是说该家族有义务派出一名成年男丁参军。这名男丁被称为"正军"。每个军户有责任确保本户在任何时候都有一名正军在伍。

派出正军的任务没有期限，这是一项永久的、持续的责任。当正军去世，或因患病、受伤、衰老而丧失行动能力，乃至当了逃兵时，军户就必须遣人补伍。在某种意义上，簿册条目创造出一个个插槽

---

[1]《兴化府志》卷四八、1237页；《崇武所城志》、20页。

或位子,并规定当它们出现空缺时,军户必须负责补缺。我使用"勾军"(conscription)一词,指称勾取军户成员补充军伍空缺的过程,换句话说,即正军由另一男丁接替的过程。因此,一个家庭被编为军户,即被纳入了军事体制;他们为国家提供兵员的实际行动,即一位成员被勾补充军。我使用"正军"这个词,描述实际上正在卫所服役的军户士兵,从而将他们与通过其他渠道参军的士兵(如募兵与民兵)区别开来。

那些没有真正去当兵的军户成员,处境又如何呢?根据军户的类别,朝廷使用不同名号指称这些未亲身参伍的成员。如果他们属于世袭军官家庭,则被称为"舍人";如果他们属于普通士兵家庭,则被称为"军余"。这些名号源于明初制度,当时它们指的是随同在伍军官或正军来到卫所、为他们提供辅助的家庭成员。(事实上,更早的时候就有了"舍人"一词,但其古今含义已非常不同。)我将使用"军眷"一词统称上述两类群体。

军户缺伍时,必须遣人补伍。因此,编为军户牵涉的权利和义务,超越正军本身,同样适用于他的家庭和亲属,理论上还适用于在簿册上留名的祖军的全部后人。在这层意义上,军户的身份地位超越家庭成员一己之生命,其中的义务将由祖军的子子孙孙依次继承。

倪五郎死后葬于金门城的南门外。倪氏族谱没有告诉我们他死于何年,但却写明了他的忌日。这至关重要,因为他的家人需要知道每年何时为他上坟。他留下两个儿子。次子离开金门,移居到附近的同安县南门外铜鱼馆。倪家和他失去了联系,族谱也没记录他的下落。但对长子的行踪,我们可以做出有根据的推测。后世称他为"南所公",也就是说,他在父亲死后补伍参军。

明帝国的每个臣民都必须入籍。正如一位17世纪的福建地方志作者所写:"国初,定闽中,即令民以户口自实……令其各以本等名色占籍。"职业类别——最重要者乃民户、军户、匠户和灶户(负责产盐)——是固定且世袭的。黄册隔十年大造一次,每逢此时,其他类别户籍的家庭应将本户在过去的任何变化上报朝廷,但用于军户的条例则有些不同。他们被禁止分家。[1]这不是说倪五郎的全部后人——到他的曾孙辈时,倪家已有二十多位男性成员——及其妻儿必须永远生活在同一个屋檐下,共享同一份家产。而是指祖军的所有子孙后代都必须留在他们所共有的户籍之内。藏于南京的黄册中,以倪五郎为名的条目肯定会明文规定,他的每一位后人都将肩负兵役之责,直到永远。

此处,我们面临一个术语使用上的挑战,明代史料中的"户",既指承担特定赋役的户籍状态,又指承担赋役的社会群体。这在有关明初时期的讨论中问题不大,因为彼时两者基本重合。但到了明代中后期,问题便出现了,此时两者已不尽相合。作为一个家庭单位的"户",是生产、消费以及拥有财产的主要组织。而承担徭役的责任,则是在父系子孙中世袭,涵盖了首位入籍先祖的所有后人,代代相传。后一种意义上的"户",可能包含多个前一种意义上的"户"。为了解决这个问题,我将用"户"(household)这个词指称承税单位意义上的户,用"家庭"(family)指称社会群体意义上的户。由最初的家庭繁衍而来的亲属群体可能日益壮大,包含几个乃至几

---

[1]《闽书》卷三九,957页。《大明会典》也提到了这条通例,参见《大明会典》卷二十,359页。

十个各自生活的家庭。我使用"宗族"(lineage)一词统称这类群体。[①]禁止军户分家的条例,其真实含义是:一名明初士兵的所有后代,都必须留在同一个军籍之中。因此,本章开篇提到的郑家严格来说并未违法。他们只是在社会意义上分家了,但是依然同属于一个户籍。

　　禁止军户分家的目的在于让军队兵力维持在明初的水平。假设一个军户的几个儿子分家别籍,书吏就要为每户立籍,并分别征军。这样一来,明军将会因为人口的自然增长而不断膨胀,造成冗兵。我们或许以为,保持军户记录准确无误本应是国家的目标。但朱元璋认为没有这个必要。从中央的角度来看,更简单的方式是禁止最初的军户分家,让这些军户的后代共同解决补伍问题。实质上,这项政策把勾补正军的行政负担转嫁给登记在册的军户,从而减少管理成本。正是如此的决策,让军户家庭有机可乘,以最有利于自家的方式应对兵役之责。

　　和其他士兵因死亡、受伤或逃逸而造成缺伍后的情形没什么不同,倪五郎去世后,勾补接替正军的官僚程序开始运作。官差会翻查相关簿册。卷首姓名之下是此人的充军途径、入籍地点、发派卫所与个人现况。根据现存卫选簿的内容——如前述蒲妈奴的卫选簿——我们可以重建倪五郎的条目。其内容无非如此:"倪五郎,福州鼓山人,某年充某卫所,某年调金门所。"到了15世纪初,官差会在其条目中增添一"故"字,然后启动勾军程序。在明初,勾军的第一步,往往是通知士兵原籍的衙门有缺待补。当地衙役会找出负责补伍的军

[①] 如何定义中国历史上的"宗族",相关研究成果可谓汗牛充栋。对此问题的简单讨论,可参见Szonyi, "Lineages and the Making of Contemporary China," 436-441。

户，安排补伍人选，将他解送驻地。在族谱中，倪五郎的长子被称为"南所公"，暗示着倪家此次补伍的过程直截了当。倪家长子到军队报道，而官差则在官方簿册里将他的姓名加到倪五郎的后面。补伍过程如此顺利，原因之一在于衙门无须跑到倪家原籍地进行勾军。倪五郎的儿子早已随父生活在卫所之中。此乃15世纪初制度改革的结果。这项改革将对我们接下来要讲的故事产生巨大影响。

定居与本地化

倪五郎的出生地福州距其驻地金门仅六百里之遥。但在中国大部分地区，新兵的驻所远离原籍，有时甚至远隔千山万水。不仅如此，来自一地军户的正军并不会被分派到同一驻地。这可能是朝廷有意为之，旨在避免同乡士兵一起服役；但也可能只是出于战略上的考量，为因应眼前的军事需求而抽调士兵戍守新建卫所。① 位于华中的河南固始县，共有1730个在册军户。他们的正军被分派到358个不同的卫所，如图6所示，这些卫所遍布全国各地。因此，至少在明初，整个军户制度正常运作时，云南一名正军的死亡，会引发勾军的官僚程序，最终导致四千多里地之外的某个河南军户遣人补伍。明史大家黄仁宇将明朝强征劳力的整个制度比喻为"从深井中汲水，不仅仅是一桶一桶地，也是一滴一滴地"。具体到征兵制度，该比

---

① 关于前一立场，可参见王毓铨:《明代的军屯》，236页；关于后一立场，可参见于志嘉:《明代軍戶の社會の地位について—科舉と任官において》《明代軍戶の社會の地位について—軍戶の婚姻をめぐって》。

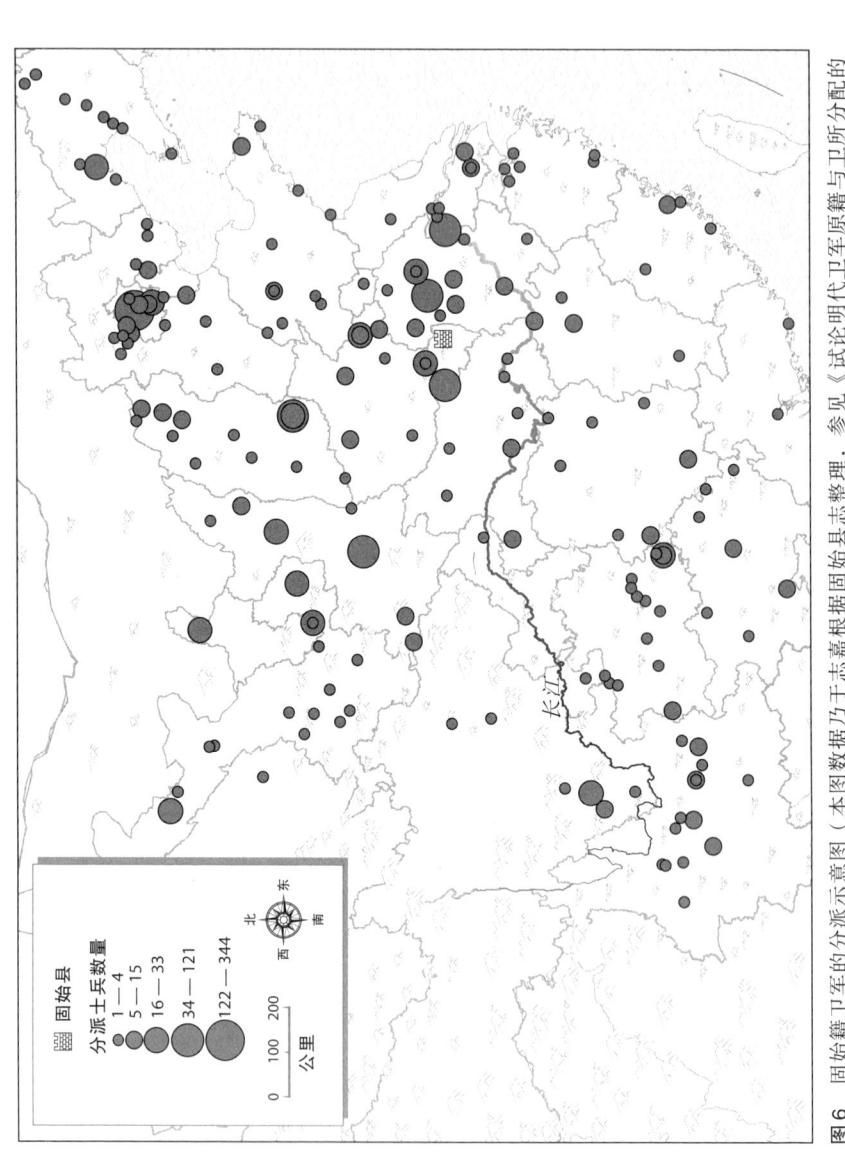

图 6 固始籍卫军的分派示意图（本图数据乃于志嘉根据固始县志整理，参见《试论明代卫军原籍与卫所分配的关系》，409 页及其后）

喻可谓十分切近。①

主张军政改革的杨士奇（1365—1444）曾上疏痛陈明军的制度性问题。对其中的内容，颜观田肯定不会感到陌生：

> 切见今差监察路御史清军，有以陕西、山西、山东、河南、北直隶之人起解南方极边补伍者，有以两广、四川、贵州、云南、江西、福建、湖广、浙江、南直隶之人起解北方极边补役者。彼此不服水土，南方之人死于寒冻，北方之人死于瘴疠。且其卫所去本乡或万里，或七八千里。路远艰难，盘缠不得接济。在途逃死者多，到卫者少。②

15世纪初，永乐帝朱棣迁都北京后，分派政策开始改变。为了发展新的京畿之地，以保障自身安全，永乐帝命令在京郊勾取的新兵不得分派至远方卫所（即军户原本服役之地），而应直接留守北京周边的卫所。他的继任者进一步推广了该政策，规定将新兵就原籍所近分派，但家有逃兵者例外。杨士奇希望将此政策常规化。他的谏议被采纳，新兵就近补伍的原则成为律例。③令颜氏族人颜良兴避开西南瘴疠之地，得以在家乡附近的泉州就役的"自首政策"，即滥觞于此。

明朝官员也为如何安置士兵之妻及其他随行家属感到烦恼。他

---

① Raymond huang, *Taxation and Governmental Finance*, 36.
② 杨士奇：《论勾补南北边军疏》，载于陈子龙：《皇明经世文编》卷十五，7页a。
③ 杨士奇：《论勾补南北边军疏》，载于陈子龙：《皇明经世文编》卷十五，7页a；《大明会典》卷一百二十四，10页a。

们上疏皇帝,论难于朝堂之上。自古以来,"随军眷属"就是世界各国的军队都要面对的棘手问题,明军概莫能外。简言之,该问题牵涉到让军眷与其他平民住在军队附近的利弊。一方面,平民能够为军队提供一些本来需要由军方提供的服务,从而降低了军方的成本;另一方面,平民的存在使军营社群规模膨胀,制造出新的补给负担,并为从事非法勾当提供新空间。①早在洪武七年(1374),朱元璋就表明了自己的政策倾向:"凡军妇夫亡无依者,皆送还乡。其欲改嫁依亲者,听于是愿。"十年后,朱元璋发现军官的家属、邻居和随从一窝蜂地涌入京师。他命令五军都督府:"核遣其疏属还乡,唯留其父母妻子于京师。"②

但是,15世纪初,军队的官员发现,将士兵及军眷一道安置在卫所是件利大于弊的事。每当军队调至新的卫所,都会出现一大波逃兵潮。"因无家屡逃。"③鼓励士兵落地生根,或许有助于减少逃兵的出现。而且,军眷在卫所安家,当需要勾军补伍时,事情也会方便得多。如果能在卫所找到正军的儿子或弟弟,便会免去诸多烦琐的官僚程序。勾军官员只需给京师的黄册库和军户原籍的县令送去一纸公文,通知他们更新簿册即可。如此一来,向军户原籍发出勾军命令,在当地寻找补伍之人,再把补伍者送至卫所这一整套烦琐程序,便可统统免去。

到了宣德年间,地方官员鼓励要去补伍的新兵娶妻,并携妻前

---

① 换句话说,随军眷属可以对"解域化"的士兵产生"再域化"作用。
② 《明太祖实录》卷九十三,洪武七年十月己未,1628页;《明太祖实录》卷一百八十二,洪武二十年闰六月乙卯,2752页。
③ 《明太宗实录》卷一百八十八,永乐十五年五月壬子,2005页。

往卫所。正统元年（1436），这成了一项基本政策。先在卫所而非原籍勾取补伍者的做法渐成定例。嘉靖十年（1531），朝廷颁布了一项新规定：若必须回原籍勾取补伍者，而补伍者又尚未娶妻的话，那么他的亲人应当为他操持娶妻，并为一道奔赴卫所的新兵夫妇准备盘缠。这项规定一直实行到明代灭亡。①

上述的一系列改革有助于我们理解倪五郎之妻为何也出现在金门。但是，倪氏族谱没有透露她的背景信息：她究竟原籍福州地区、随夫来到金门，还是原籍金门、嫁给了戍守在此的倪五郎？族谱只提到她姓阮。今天金门姓阮的居民极少，而且都是近来的移民（包括一名"越南新娘"）。他们都没有族谱。所以，我们无法利用族谱史料确认倪五郎之妻来自何方。唯一能够确定的是，倪五郎偕妻子及家人基本上就在金门落地生根了。他们开始和周围百姓建立社会关系，完成了"再域化"的过程。他们的后人最终将会与当地民户的女子通婚。譬如，据族谱记载，倪五郎的七世孙就迎娶了庵前曾氏家族的一女为妻。

戏剧插曲

晚明传奇《双珠记》表达了时人在王朝衰落之际对军户制度的

---

① "起解军人审勘妻小"（正统元年），谭纶：《军政条例》卷六，2页b；张金奎：《军户与社会变动》；亦可参见于志嘉：《试论》。清初蒲松龄（1640—1715）写过一篇讽刺该项规定的故事。故事发生在15世纪初，主角薛禄出身军户，少不成器，众人都认为他憨笨，肯定讨不到老婆。待到该军丁补伍时，薛禄与兄长约定，只要兄长允许他迎娶一位女仆为妻，他就会代兄从军。兄长答应了他的条件，薛禄得以携妻奔赴卫所。后来，薛禄由于英勇善战，获封"阳武侯"。《阳武侯》，载于《聊斋志异》卷五，188页。

看法。作者沈鲸（1553—1610）是一位影响力很大却不算特别成功的剧作家。故事的背景虽然设在唐代，但反映的显然并非唐代的情况。沈鲸和他的观众心知肚明，剧中的世界正是他们身处的明王朝。第四出、第五出正是对前文所述过程的戏剧化再现。剧中角色甚至大声朗读了黄册——看来在明传奇中，为制造戏剧效果而引用官方文书乃无伤大雅之事。第四出开场时，在戏台上，一名官差火急火燎地前来拜见刺史。他读出自己携带的官文：

荆湖道节度使司为清查行伍事

照得兵部勘合通查天下军伍，旧管新收，开除实在……
行据郧阳卫申称，军人王沂病故，见今缺伍。
查得本军原籍涿州，合行勾补。

刺史招来里老，命他们取出黄册，即南京所藏黄册在当地的备份。他们查阅黄册，得知王家除王沂外还有两名成年男丁：其弟王津、其侄王楫。王津已故。"该王楫补伍，拘他夫妻起解便了！"

现在，舞台布景换作王楫的家宅。年轻英俊的书生王楫正准备去参加科举考试。观众知道，这样一位饱学之士，必将得到考官的赏识，蟾宫折桂。但是，观众也预感到，无妄之灾将要降临到他头上。官兵闯入王家，抓走王楫和他的妻儿。他们还没反应过来，就已被押解着奔赴遥远的边地卫所。遵循中国戏剧的经典套路，这件事引发了一系列荒诞的悲剧性事件：王楫之妻被长官调戏；王楫前去理论，却遭诬陷，以谋害长官罪被判死刑；王楫之妻走投无路，欲寻短见，神明突然现身，救了她一命；王家的命运出现转折，王楫挽救了唐王朝，而他的儿子则状元及第。[1]

只有在戏剧里，故事才可能有完美的结局，但并非每部戏剧都会如此，现实情况就更不必说了。明代百姓熟悉勾军制度，并且很清楚该制度一般不会给他们带来什么好事。军户家庭明白，官员和衙役会突然闯入家门，抓走一名家人充军补伍，他们必须应对勾军造成的实际影响。他们制订出一套又一套策略，用以减少自家生活受到的伤害。官方史料多从负面角度描述百姓的反应，说他们努力逃避或推卸法定义务。传统的制度史作品在讨论体制弊端和明军战斗力低下的问题时，已充分利用了这类史料。但是，它们无助于阐明百姓的动机。幸好族谱的私人记述从百姓的角度讲述了他们与国家制度的互动，展现了体制对他们的意义，以及他们如何在体制中见机行事。

家族策略

多数族谱对征兵和勾军的描述十分简略。譬如，我们会读到某个族人"入伍编入军籍"，或者"其子从征未归"。有时，表述甚至更为隐晦，如"迁徙入滇"，族谱的文字平淡无奇，但如果我们对照官方史料，会发现其所讲的乃是福建士兵生死未卜地远赴云南，平定当地的叛乱。似这般简略记述的背后，尽是个人或家庭的创伤与悲剧。

部分族谱提供了更多细节。在某个家庭，两个儿子中的老大被

---

[1] 沈鲸：《双珠记》，37—46页。

派出补伍,因为父母"不忍与幼子别离";但在另一个家庭,去当兵的则是年仅十几岁的小儿子。然而,即便是这些篇幅较长的记述,也几乎没有告诉我们军户身份如何影响着百姓的内心世界。军籍与效忠国家之间的关联更鲜有提及。通常我们只能根据蛛丝马迹——如家长在儿子被强征入伍后感受到的内心煎熬,或老妇人在反对篡改家族习俗时表现出的义愤填膺——发现相关的证据。族谱能够告诉我们的是百姓在面对问题时实际的解决办法,以及他们认准时机、把握机会的能力。当然,族谱没有直接书写他们的策略,只是平铺直叙地交代了他们做了什么,或仅仅抄录了一份成文协议或合同。所以,我们必须凭直觉判断他们所作所为背后的动机与目的。

应对征兵最简单的策略是逃逸。但我在导论中已说明,本书不会讨论这个话题。许多官方记述会涉及逃兵问题,推测其原因,并提出解决方案。在明代史料中,有一群漂泊不定的亡命之徒,他们或藏身于荒野山林,劫掠平民,或浪荡于花街柳巷,聚众闹事。[①]他们很多就是逃兵。但我们已听不到逃兵自己的声音——原因显而易见,他们没有留下任何记录——他们没有告诉后人自己为何选择逃逸,又遭逢了怎样的后果。另一方面,有明一代,数以千万计的军士并没有当逃兵。族谱透露出他们如何精心谋划补伍事宜,如何努力降低不当逃兵的代价,以及希望从中捞取怎样的好处。因此,族谱能够告诉我们军户制度在明代及其后所造成的更广泛的影响。

明初福建军户有三种应对征兵的基本策略,可以分别称之为"集中"(concentration)、"轮替"(rotation)和"补偿"(compensation)。

[①] 参见 Robinson, *Bandits, Eunuchs and the Son of Heaven*, ch.3, 163–164。

它们不是互相排斥，而是互相重叠。许多家族会同时采取两到三种策略。"集中"策略，即家族的共同义务集中由一人履行。该人或代表自己，或代表自己的子孙，承担起整个军户的服役重任。我们之前已经见过"集中"策略的两个实例：勇于代兄从军的郑家次子，以及精明惜财的朱尚忠（当然，两人之所以形象迥异，是因为我们对前者的认识来自郑家的内部史料，而对后者的认识则来自谈及朱家的外部史料）。

"集中"策略的逻辑延伸是"代役"。军户很快发现，集中承担本户义务的人不一定非得是本户成员。他们通常以支付酬劳的方式，说服外人代己服役。

第二种基本策略是"轮替"，即家庭和宗族（由最初的祖军家庭开枝散叶而成）内部的不同群体轮流服役。"代役"策略几乎毫无例外地涉及金钱上的报酬或"补偿"，而"轮替"策略则并不一定要付出金钱上的代价。回过头来看，我们会发现漳浦郑氏同时采取了"集中"和"补偿"策略，而颜家则同时采取了"集中""轮替"和"补偿"策略。明代家族靠两种基本途径筹集资金，用作实行"集中"或"轮替"策略的报酬。其一，按人头向家族成员收钱；其二，建立一份固定家产，用其收益支付补偿金。

泽朗郭氏因罪没入军籍。洪武二十八年（1395），当地县令被害，郭元显的儿子郭建郎受到了牵连，被判有罪，充入军伍（郭氏族谱竭力辩解，此乃奸人陷害，令郭建郎含冤负屈）。在京师的黄册中，郭家条目开头的姓名是郭建，很可能就是郭建郎之名的缩写。之后发生的事情清楚地表明，郭元显的全部子嗣均被纳入同一军籍。郭建郎被远调西北边地，戍守在陕西的卫所（图7）。他只身前往，与

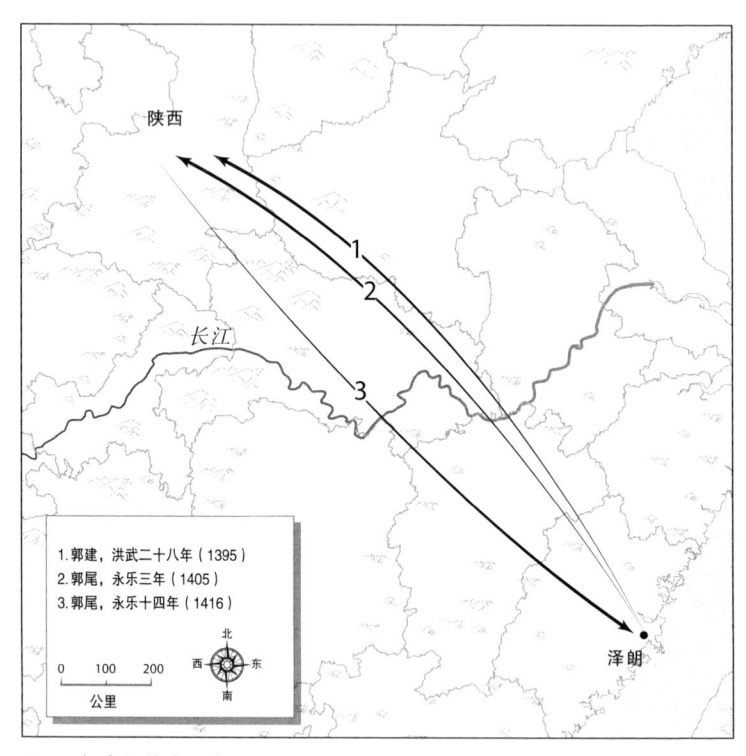

图7 郭家的故事示意图

1. 郭建,洪武二十八年(1395)
2. 郭尾,永乐三年(1405)
3. 郭尾,永乐十四年(1416)

子孙永别，于永乐三年（1405）在卫所孤独地死去。郭氏族谱与前述的《双珠记》一样，关注官僚体制细节。"营无次丁，发册行勾。"勾军官文随即送发泽朗。

> 吾宗之军始于人房祖建公代，役泽朗寨弓兵。洪武二十八年，从本官杨巡检欧康、知县解部，以越递公文，问发陕西甘州右卫军。无何，张国公以南人不服甘州水土，奏调西安后卫右所百户景琳名下，后又派轮守榆林边卫，屯种武功县马午里青口村。
>
> 永乐三年，建公病故，营无次丁，发册行勾。唯时荧公羸弱，地房尾公拈阄赴补，合旅嘉其义举，津贴以壮行色。
>
> 尾公入伍后，擅改军名郭建为贵轻。至永乐十四年，尾公回籍置办军装，公议鸠银五十两，令尾公写立收约，再不复来祖家取讨盘缠。尾公遂携胞弟贞公入陕，贞公之孙彪公、玉公、英公入籍西乡，枝条蕃衍。[1]

勾军制度的基本原则是父死子继。但这在郭家是行不通的。郭建郎之子已故，他唯一在世的孙子尚幼。可是，郭家负有继役之责。现今缺伍，他们必须遣人补伍。为解决这个问题，郭建郎的弟弟和侄子们一致决定，通过拈阄的方式决定参军人选。成年的侄辈皆参加抽签。郭尾不幸中签。郭家将他的姓名上报官府。官府立即将郭尾录入黄册，并知会京师的黄册库，使其同时更新郭家的条

---

[1] "明志科公历叙军由"，《福州郭氏族谱》卷十，6页a—7页a。

目。郭尾之所以接受命运前去补伍,并非仅仅由于他遵循公平的精神,"合族嘉其义举,津贴以壮行色",也就是说,他因服役获得了报酬。

被勾补军伍、远赴西北后,郭尾做出了一个奇怪的举动。"尾公入伍后,擅改军名郭建为贵轻。"我们无法尽知他目的何在。一个可能的解释是,此乃结合"集中"和"补偿"策略的又一范例。他收到"津贴",其作用类似于郑家不平均分配家产。大家都心知肚明,此项"津贴"将世代相承,补偿的不只是郭尾一人,还有自此承担起本户服役之责的一房子孙。郭尾所在支派将会依次补伍,而家族其他支派的后人则得到豁免。因此,郭尾更改黄册上的军名,是为了确保除本房外的郭家其他儿孙不再被勾军骚扰。

十年后发生的事情,使这个解读更具说服力。永乐十四年(1416),郭尾返乡。"公议鸠银五十两,令尾公写立收约,再不复来祖家取讨盘缠。"郭尾带着弟弟回到陕西的卫所,准备让他在自己退役或去世后补伍。族谱中以"明志科公历叙军由"为题的一段文字讲述了这个故事,但它不只是一则解释事情来龙去脉的平淡无奇的故事,同时也是一份合同协议。① 我们将在下文中看到,在之后几百年里,它正是作为合同而发挥效用的。

和本章开篇登场的郑家一样,郭家有效地计算出一段无限期的、很可能是永久性的兵役的货币价值。家族指定一名族人承担补伍之

---

① "明志科公历叙军由",《福州郭氏族谱》卷十,6页a—7页a;族谱中又载有:"(第二世人房祖建郎)公,显公三子。明洪武二十年,泽朗寨杨巡检殴康知县案内牵连,问充陕西甘州左卫军,改发西安后卫。永乐三年,卒于配所。子师杰,孙荧,仍居泽朗。"《福州郭氏族谱》卷二,12页b;参见Szonyi, *Practicing Kinship*, 61-64.

责,并支付等价的金钱作为交换。这将使祖军的其他后人免于服役。责任"集中"在一人及其子孙身上,他们因自己的付出而获得相应的"补偿"。

郭家采取的策略,并非仅见于军户之中,更可被视为常见的家庭多元化模式之一种。在明代的精英家庭中,可能一子读书应举,一子管理家产,一子下海从商。在贫寒之家,可能一子成为租地耕种的佃农,一子成为按日计酬的散工。对军户而言,则是一子肩负补伍之责,其他人因此得以另谋高就,经营家计。军户的与众不同之处在于,其多元化会通过家庭内部订立的合同正式确定下来,并牵涉一笔钱财上的补偿。

兵役之责并非一定要集中在正军(正在服役的族人)一家身上。运用"集中"策略的家庭,还可以雇佣与自己毫无血缘关系的外人"代役"。实际上,这相当于找一个替身后裔。这正是温州英桥王氏的所作所为。根据王氏族谱记载,王家在14世纪末大规模征兵行动中被编入军户:

> 洪武二十年,沿海筑城,凡家有四人者,率出一人,附近从军。樵云、翁鲜兄弟,乃以义男胡谦益及佣人吴转僧籍。充宁村所军,再调蒲岐所,三调宁波龙山所。胡谦益后裔永袭王姓,承继军役。翁置田三十亩,备军装云。①

这段记述引出数个有趣却又难以回答的问题。王家的义子胡

---

① 《英桥王氏族谱》卷六,140页。

谦益和吴姓用人起先怎么会被编为僧籍？先入僧籍的举动本身是不是一种策略性行为？文中提到胡谦益（后改姓王）拥有后裔，那么，他究竟是还俗娶妻了，还是压根儿从未真正皈依佛门？抑或他重施故技，接着雇佣外人代役？无论这些问题的答案是什么，"代役"策略使王家从世袭兵役中解脱出来。他们个人无须再为洪武二十一年（1388）的垛集征兵制造出的军伍名额负责。虽然军籍黄册中仍有王家的名字，但军户之责已通过"代役"转移到他人身上。①

"代役"策略太过普遍，以至于被有些人家费尽心机地滥用，而官员则采取措施，应对"代役"的泛滥。宣德四年（1429），一封事关"过房子女"顶补军伍的奏疏上呈皇帝裁夺。该疏提议，若义子或女婿愿意承担其义父或岳父的世袭兵役，不妨"听补亲父之家军役"；但是，义子或女婿去世后，补伍者必须来自原先的军户。②经皇帝批准，奏疏成为"条例"——具有法律效力成文先例与次级法规——它被收入法律汇编类书籍，并留存到今。③官员就地方特殊情况提出一些看法并最终得到朝廷的认可，便形成了诸如此类的条例。明代至少有两部军政条例汇编，分别颁布于嘉靖三十一年（1552）和万历二年（1574）。这些条例汇编告诉我们，明代法律如

---

① 科大卫的著作中有几个我所谓的"代役"策略的案例，来自珠江三角洲的居民。如赵姓的三江村，赵氏族人声称自己是宋代皇室之后，但这并没有使他们躲过明初的征兵。洪武二十四年（1391），村中一户人家被征入伍，该家派出一个"买来的儿子"代替他前往南京服役。又如，在族谱记载中，虽然南海关氏虽是民户，但依然被要求出丁参军，关家则让两个义子承袭。*Emperor and Ancestor*, 72-74.
② "过房子女听补父伍"（宣德四年），谭纶：《军政条例》卷二，3页a—b。
③ 关于"条例"一词的翻译，参见Jones, *The Great Qing Code*, 3。

何应对百姓的策略。朝廷的条例，正是因应军户策略而生的对策。虽然我关注的是"家"而非"国"的策略，但在现实中，家庭和官僚的互动意味着制度总处于变动不居的状态。问题的起因显而易见：百姓竭力规避兵役，于是辩称，既然祖军留下的名额已由替身——义子或女婿——填补，那么世袭义务便已随之转移到替身的后人身上。

王谦益决定服役，使王家摆脱了作为军户的沉重负担。但是，他们必须确保王谦益的子孙继续承役。如果不这样，王家将重拾补伍的责任。为了打消这方面的顾虑，王樵云将一部分家产划拨为固定资产，并承诺其租金收入永久性地用来资助王谦益及其子孙。①换句话说，不同于郑家或郭家的一次性补偿，王樵云置办了一份能够持续提供收入的产业，用以为正军提供津贴。如此一来，王家将"集中"和"补偿"两种策略合而为一。安溪县湖头镇的清溪李氏也采取了同样的做法。李家在明初颇有权势，家道殷实。第四代后人李则成科举及第，做了一任小官。

> 四世祖固斋公〔李则成〕，主内黄簿，坐长官墨累不首发，谪戍湖广五开卫。当日建国，法纪严密如此。
>
> 固斋公卒于戍所，其后顶当，则孙曾推一人焉承之，道之云："远行役维艰，一卒本卫，一没鄱湖，闲关跋涉，不无人逸我劳之惮。"六世祖朴菴公与道斋祖伯计久长，仝拨田租五十笼，岁收八百桛，用为军装，俾顶当者美衣食，无内外顾忧，

---

① 《英桥王氏族谱》卷六，140页。

往者安焉。其事在景泰六年。当日东派妈生，实膺此役，食此亩也。产分东西二房，赋纳推公正一人，掌出入，其赢余以润夫宗之士而贫者，田区悉隶，在苏化跬步之间，征收毕足，斯亦谓谋周而意盛矣。①

时乖运蹇，因上级被控渎职，李则成受到株连，被发配充军，一家没入军籍。"当日建国，法纪严密如此。"（与其说这是底层人民对日趋衰败的明朝制度自下而上的观察，毋宁说是为李则成当时为何没有纳金收赎在事后找的理由。）他远赴西南地区的卫所，驻守在桂黔湘交界处的偏远山区，最终命丧于此。接替者之命运同样悲惨，"一卒本卫，一没鄱湖"。最终，一位被指定补伍的李家后人央求家族网开一面。"远行役维艰……不无人逸我劳之惮？"他的两名富有的堂哥想出了解决之法。景泰六年（1455），他们捐赠了一份地产，用以满足正军日后的需要。

许多明代福建军户族谱都提到用以提供正军报酬的产业。这类产业应是脱胎于过往的一些制度。启发可能来自理学家提倡的旨在维护父系宗族凝聚力的族产，可能来自宋代百姓农村为缴纳赋税而设立的"义庄"，也可能来自布施家财用以支持佛寺、书院与村塾的传统。②这些前代的组织性手段，都是明代军户在应对被国家统治的挑战时可以参考的前鉴。

在前面的例子中，军户后人都力图清楚明白地指定补伍之人，

---

① "谪戍、改戍及军装纪"，《清溪李氏家谱》卷三，42页a；又"太常公自叙军缘由"载有相似内容，《清溪李氏家谱》卷三，33页a。
② McKnight, *Village and Bureaucracy in Southern Sung China*, 158-168.

并为之提供充足的薪资。他们的策略利用了简单的体制逻辑与复杂的家族现实之间的出入。他们还利用了纯粹基于亲属关系的征兵制度与劳动市场的现实状况之间的差距。

军户应对兵役的另一个基本策略是"轮替"。"轮替"之所以可行,是因为勾军制度预期父死子承,而在现实中,至少在部分家庭里,能够补伍的子孙数量一代多过一代。"集中"策略承认市场原则——只要提供合适的报酬,就能雇到劳动力。"轮替"系统依据的原则是:继承自祖军的义务应由其全部后人共同承担。和捐建产业一样,轮替策略也可能脱胎于多个前代制度。它可能源自早期百姓管理公产的实践,也可能是从明代平民轮役制度(我们将在第六章讨论)演变而来的。

居住在泉州附近的大仑蔡氏以"轮替"策略应对兵役。

> 其军户祖名蔡景凤,洪武九年,户抽充南京留守中卫。洪武十九年,调凤阳卫。宣德三年,军名蔡习,照奉勘合,将蔡习发泉州卫寄操,系中所第八百户李某下。
>
> 此后继当事例祖议。特优宗孙一人免与。支派衰微、三丁以下者特矜免。二十岁以下、五十岁以上者,念其老弱,亦免。子生员者,时奖并免其父如应役。方入学者,即追役父子并免。余依房分长次轮当,率以十年一更。其该当房分以阄为定。退役者,本房再拈阄承当,期满方过别房。其军装每年众科贴银若干,随丁科派,亦责在户长。二十岁以下、六十岁以上与痼疾者免出,生员特免其身出。余通族不问杂职役及已仕者俱出。

成化二十年，勾丁，族仍会议，以十年交代为太聚者，于是易以一世三十年之说，特推长房丁蔡进应役，进即愈杰。嘉靖九年，将营丁蔡椿补役，装贴依旧，后并其贴而亡之，抵今役尚未有代也。此则祖法之变甚矣。盖自愈杰出徒应役后，彼此久不相闻，八十年间，祭扫吊贺之礼废，而相资助、相纠正之义亦固以不举。①

蔡家于洪武九年（1376）被编为军户。祖军抽充南京留守中卫。宣德三年（1428），正军须要顶补。彼时在世的蔡氏族人商定，应根据"事例祖议"决定该何人补伍。这些"事例祖议"——白纸黑字写下来的策略——允许部分人豁免兵役，包括：家族的宗孙、男丁稀少的支派、老人与幼童、生员及其父亲。无论在什么情况下，都不得强迫他们服役。其他人，则实行轮替式的补伍安排。此时，蔡家共分为六个支派。每支派均有责任推出一人，在一定时间内服役。当轮到某支派时，能补伍的男丁则由拈阄决定人选。若正军在其所属支派的服役期内丧失服役能力，该支派会再次通过拈阄找出补伍者，以完成本支的役期。长房率先服役，然后根据房分先后依次轮流参军。当六个支派均完成定期服役后，便开启下一轮循环。因此，这个安排结合了轮替承责（在祖军的后代支派中进行）和拈阄定人（如泽朗郭氏的做法）。为了安抚正军，蔡家约定每年给他一笔报酬，"每年众科贴银若干"。这笔钱由正军所属支派（也可能是整个家族，此处文本并未交代清楚）的所有男

---

① "晋江大仑蔡氏族谱附录全收"，《石獭大仑蔡氏族谱》卷一，20—22页。

丁分摊筹集。

蔡家的这套系统顺利运行了几十年。成化二十年（1484），补伍之责再次轮到长房头上。家族成员共聚一堂，商讨修改规则。大家一致同意将服役期限延长为三十年。这对之后正军的影响不言而喻。如今，拈阄中签即意味着要当一辈子的兵。后来补伍的蔡愈杰便真的服役近五十年。当他退役（或去世）之时，蔡家的系统又发生了变化，接替他的人不是来自另一支派的远亲，而是他自己的儿孙。鼓励正军携眷入伍、安家卫所的本地化政策开始奏效。显然，蔡愈杰已娶妻生子，且至少有一个儿子在卫所伴随着他。

有时，即使族谱并未明确提及轮替策略，我们依然可以将轮替服役的模式投射到族谱论述的结构上，从而推断出军户曾用此策略。举例来说，于宣德元年（1426）被编为军户的金门黄氏，其族谱的谱序指明本家入籍的渠道——"为抽军事"——但这似乎不太可靠。如果年代无误，他们更可能是因犯法被没入军籍（这可以解释为何他们非要说清楚自己是怎么成为军户的——掩人耳目罢了）。最终，黄家被分派到金门千户所。在那里，他们肯定曾与倪五郎的后人同袍共事。

……唯吾祖佛宗公，字廷谊，娶蔡氏，生六子。……为抽军事，本户六丁与本里十八都五图谢来子孙共凑九丁，垛南京留守左卫军。拈阄系三房黄与解当。至元二十年，为监囚不严事，调山西大同左卫军，故。解叔祖黄发补，故。复解叔祖黄胪，继殁。蒙册清勾，将四房黄苗补伍。正统四年，调发广东惠州龙州守御千户所，苗功侄黄灏在伍，后故。长房曾孙顺英字怀武第五男黄泽补伍。①

黄家的第一个正军是通过拈阄产生的。他叫黄与,被分派到南京。后来,他因看守囚犯时玩忽职守,被调往山西大同,②并死于当地。黄与的一个叔叔顶补,也死在那里。接着是另一个叔叔,死时没留下任何子嗣。一道勾军批文发来,这次被解送着伍的是黄与的堂弟。族谱没有指明黄家选派这几人当兵的缘由,但是我们可以清楚地从他们在家族中的房分发现,黄家实际上采取了"轮替"策略,由属于三个支派的子孙依次服役。由此不难理解为何接替黄与当兵的是他的两个叔叔,而非他的弟弟或儿子。当第二个叔叔在伍去世后,又轮到黄与所属支派补伍。而在支派内部,很可能仍是通过拈阄决定人选。

靖海戎氏肯定也采取了"轮替"策略。

> 万历七年,戎文权继役……役满,戎继继役,上梧州身故。
> 万历十七年,戎端继役。
> 万历二十七年正月初一日起,戎文植继役。
> 万历三十七年,戎启敬继役。

---

① "文水黄氏谱叙",《黄氏族谱》,A14页,B29页—B30页。
② 在族谱的文本中,这一切发生在元世祖至元二十年(1283),即明朝建立一个世纪前,年代明显有误。在族谱成书至今的七个世纪里,肯定有人在誊抄时有所疏忽。正确的年份很可能是正统二年(1437),因为两年后黄家又被调入广州的一个卫所。该族谱的现代印刷版本中,有许多明显的标点错误,其中一处正好就在"至元二十年"出现的句子中。如同其他古代文言作品,传统族谱一般不会有标点符号。因此,誊抄、整理新版黄氏族谱之人,很可能古文基础不太好。

> 万历四十七年，戎凤继役。
>
> 崇祯二年，戎正继役。
>
> 崇祯五年，戎卫宸继役。
>
> 崇祯十二年，长房继叶承伍……①

梳理戎家的服役记录，就会发现，正军退役与补伍的时间依次是万历七年（1579）、十七年（1589）、二十七年（1599）、三十七年（1609）、四十七年（1619），及崇祯二年（1629）、五年（1632）、十二年（1639）。这只有一种可能，即戎家运行着轮替系统，直到明朝覆灭前夕（崇祯五年发生的不规则轮替，很可能是因为正军提前身亡）。

军政官员必然乐见军队没有缺员，但轮替的方式易于被滥用。随着日常政治的长时段影响日渐显著，15世纪早期，轮替连同勾军其他方面的问题开始浮出水面。正统元年（1436），华北地区的一名官员发现，军户在用轮替系统规避兵役之责。"因私家父子弟兄不和，相互推调。其卫所受其买嘱，容其替换。每人一年，往来轮流。在役者不过消遣月日，未满即逃。连年勾扰，军伍久空。"②

太仓蔡氏或靖海戎氏的安排，与其说是尝试钻军户制度的空子，不如说是努力以族人更易接受的方式服从制度。他们的策略，减少了兵役的不确定性，增加了其可预测性。当"轮替"策略按计

---

① "序"，《靖海戎氏族谱》，6页。
② "军士户丁不许轮替"（正统元年），谭纶：《军政条例》卷二，8页a—b。

划实行时，无论是军队失额被填补的概率，还是正军坚守岗位的记录，均能得到提升。同时，它减轻了国家代理人的负担，降低了他们在监督和确保军户服从制度中所付出的成本。部分官员之所以对该策略青眼相加，也许是因其与明朝"祖宗之法"的基本取向不谋而合——将维持国家运作的成本转嫁到属于社会最低阶层的百姓身上，依靠地方的自发性搞定一切事务。但是，随着策略滥用的变本加厉，嘉靖三十二年（1553），朝廷最终颁布"军丁不得更番私替"的条例。该条例宣示："直待其人老疾，方许告替更代。不许执信私约十年五年轮房，私自更替。"①

无论是"轮替"还是"集中"，都无法完全消除不确定性。因为总是存在这样的可能：应当补伍的男丁拒绝参军或半路逃逸。这也是为何"轮替"策略要靠"报酬"撑腰。在实践中，军户给正军提供报酬的方式多种多样。（对我们来说，这些方式或策略看起来就像是处理同一问题的不同解决方案，但当时的军户家庭未必如此认为。）有的军户，如漳浦郑氏，给的是一次性报酬，或补偿一位正军的终身服役，或酬谢家族一支的世代补伍；有的军户，如颜魁槐家，则承诺通过向在世亲族筹钱，为正军提供固定收入；还有些军户，会建立起公产；最后一种方式，则形同给正军发年金。那些没有公产的军户，如郑家和王家，不得不逐年估算兵役价值几何。套用一个现代的比喻，他们乃是选择以浮动利率抵押贷款。建立公产的军户，如蔡家，便可避免郑、王两家面对的挑战，无须一直估算补伍的实际现值。

---

① 同上，卷二，22页a—23页a。

实施策略时，报酬的多寡可能千差万别。没有证据显示存在固定或标准的数额。[1]如何比较李家公产带来的收入和郑家幼子继承的遗产孰多孰少？给郭尾的五十两津贴与还俗的胡谦益从干家公产获得的报酬是否相若？中华帝国晚期的农业产量和生产力是中国经济史研究中一个充满争议的领域，但一些粗略的估算可以帮助我们理解上面很多例子。我们可以假定福建农业的平均产量为每亩二石，这大概是对明代农业亩产量的众多估算的中间值（尽管这些估算通常是基于附近江南地区的情况）。同时，假定平均耕地面积为二十亩。[2]这样一来，每块耕地的收成在四十石左右。明代成年人一年吃掉约三石大米（朝廷认为一石大米足够一个人吃一百天）。回想一下，给胡谦益提供酬劳的公产面积为三十亩，比平均耕地面积稍大，产量约六十石。如果我们假定佃租为收成的百分之四十，那么这些公产就能带来二十四石左右的租金收入，足够一个八口之家的基本生活需求。湖头李氏的公产收入为六百或八百"栳"（两个数据都出现在族谱中）。"栳"是当地的计量单位，约等于半石。由此可见，这笔家产相当可观，足够养活几

---

[1] 明代律例规定，军户必须为正军提供"军装"，即津贴。但对于军装的数额以及应由何人负责等事项，律例并未言明，且律例本身似乎没有被强制执行。（记录该条律例的文本，见于"五年一送军装"，霍冀：《军政条例类考》，3:23a—24a）。对我们来说最重要的是，在来自军户的史料中，即使出现"军装"一词并确指给付正军的津贴，但都没有将之描述为一种义务，而是以之作为防止正军逃逸的报酬。王毓铨认为，负责提供军装之人，应是随正军前往卫所的军余。这就意味着，随着本地化政策的实行，原籍军户在送走正军后，就没有义务再为他提供任何支持了。《明代的军屯》，52页。
[2] 这些估算和刘光临的估算基本相符，参见William Guanglin Liu, *The Chinese Market Economy*, 180。也可参见Li Bozhong, *Agricultural Development in Jiangnan*, 125—132。

十人。在军户家族中，富裕的成员显然乐意用一大笔钱换取子孙免于服役；恰好，贫寒的成员也乐意为这笔收入承担起当兵的义务。

明初军户家庭似乎明白永久性兵役的实际价值，而且有能力计算出一笔收入的净现值。（当然，他们不会使用这样的语汇。）其实，他们的计算比这还要复杂得多，因为总是存在下面两种风险：首先，出现逃兵。即使付钱让人代役，家族的其他成员很难确保自己有朝一日不会被征入伍。如果正军当了逃兵，不见踪影，衙门派来的勾军官差便会上门，那么付出的报酬就打了水漂。其次，军队如果急需兵员，会向军户勾取第二名正军。我们将在下文看到，确实发生过这类偶然事件。因此，军户的实际计算，乃是将补伍之责集中在一人身上的价值，再减去某些风险因素。

服役之责和付酬之责不必同属单一策略，百姓可以将两者区分开来。这正是长乐林氏家族的选择。

> 筑堤家长林士恩等有祖樊诸郎，于洪武二十年，为防倭事，抽充镇东卫梅花千户所军。二十七年，改调永宁卫高浦千户所百户王安下军，一向出海。原籍分作八房，递年共贴银二两四钱。至弘治十四年军弟樊仲继役，有叔廷选代赴，丁海道，告免出海，蒙准。在营充为旗甲。
>
> 于正德元年，叔廷选思见原籍弟任贫难，自将俸余银买得军田一十四亩，坐产五都西亭洋，其田内子粒，递年扣除，纳粮外更有租银四两一钱，准为通家津贴军装盘缠。正德十一年，樊仲病故，樊统替役，掌管

收租。①

林家的先祖樊诸郎于洪武二十年（1387）入伍。他起初在离家不远的梅花千户所服役，后来调入永宁卫的高浦千户所。至少在正德十一年（1516）之前，林家一直在出丁补伍。据林氏族谱记载，八房宗亲共同建立起一项制度，规定每年给正军二两四钱银子的报酬，由每房轮流提供。将服役和付酬分开存在弊端，因为这带来了新的不确定性：不仅正军有可能不履行约定，而且应付酬的支派也有可能拒绝履责。问题的解决办法是捐赠一笔永久性公产。正德元年（1506），家族中的一支家道殷实，还出了一位进士樊廷选。樊廷选"思见原籍弟侄贫难，自将俸余银买得军田一十四亩"。在缴纳赋税后，公产带来了四两一钱租银的净收入——数目可比一般的报酬高出不少。在林家，公产由正军自己直接管理，这可能是为了减少他当逃兵的风险，从而确保家族其他成员免役。当正军于正德十一年（1516）去世时，补伍者继续管理着公产及其税粮。

地域性的不测之事，使本就复杂的制度蕴含更多变数。在一些地方，正军携带另一名族人前往驻地，这名族人被称为"军余"，必要时将接替正军之位。在其他一些地方，两个或更多家族共同承担出丁参伍之责，组成所谓的"正贴军户"。我们已经在颜魁槐的

---

① "处戎公议"，《长乐林氏族谱》。认真的读者肯定会纳闷，故事的主人公姓樊，但该书却是林氏家族的族谱。其中的纠葛是，那位家道殷实、捐钱建立公产的族人樊廷选知悉，本家原姓林，因在明初时入赘樊家，遂改姓为樊。他请求皇帝允许自家"恢复本姓"。皇帝同意了他的请求。欲了解详情，可参见 Szonyi, *Practicing Kinship*, 64-68。此次的改姓之举，很可能也与意图让自家无须再负军户之责有关。如果我的推测属实，这便与郭尾的更改黄册姓名的做法如出一辙。

故事中见过这项制度。"正贴军户"是元代的遗产。在元朝统治下，许多军户实际上是由两个或更多家庭组成的复合军户，其中一户被称为"正"，其他户被称为"贴"。"正"户在替补军役中负主要责任。若"正"户缺少役龄男丁，则出丁任务将临时性地由"贴"户承担。另一个地域性差异体现在同时被编为军户和灶户（负责为国家供应食盐）的家族身上。温州王氏即属此类，受此编户，可能是该家族有意采取的一种策略，旨在降低自家的税务负担。其他意图拥有多重户籍的家族，同样希望借此钻体制的漏洞。①

结论

在人类历史上，不计其数的国家会要求部分国民服兵役。无论在什么地方，士兵及其家庭都努力将服兵役的代价和不确定性降至最低，同时最大化所能享受到的种种特权。本章是对此一般性主题的具体描绘。

一个家族，无论是独立军户，还是和其他家族组成复合军户，抑或拥有着多重户籍，其策略都有一个共同的目标，即将下述情况发生的可能性降至最低：正军因死亡、负伤、衰老或逃逸造成缺伍而军户却无法以最小的代价立即自动遣员顶补。利用体制规则与现

---

① 关于正贴军户在元代的设立，参见 Hsiao, *Military Establishment*, 19—27。明朝正贴军户的出现，源自垛集抽军时碰到男丁稀少的家庭，于是，两个（有时三个）家庭被一道抽籍，作为一个军户，共同承担出丁的义务。参见《明太宗实录》卷十五，洪武三十五年十二月壬戌，7713页。关于军灶户籍，参见饶伟新：《明代军灶籍考论》。饶氏认为，这是百姓为了减少税务而有意采取的策略。关于该地区灶户的一般情况，参见叶锦花：《明清灶户》。

实处境之间的差距，及某一体制的规则与其他体制的逻辑之间的出入，明代家族得以让替补军役之事尽可能地符合自身利益。

碰巧，有一个经济学术语很适合形容这类行为：制度套利（regulatory arbitrage）。它自2008年金融危机以来被频繁使用。有学者提出，正是金融部门的制度套利行为，导致房贷市场的崩溃。[1]然而，制度套利的理念由来已久，而且不难理解。从事套利行为，就是利用两个市场之间的差异牟利。同一份资产——同一件东西——可能在不同的市场里拥有不同的价值。从一个市场低价买入，再到另一个市场高价卖出，就是最简单形式的套利行为。"制度套利"指利用不同规管制度之间的差异，或者某人的真实处境与他在规制中的身份——规管制度对他的定位——之间的差异谋利的努力。在此不妨举一个非常简单的现代制度套利的例子：假设某人发明了一种新的草药配方，如果以之作为药物售卖，则会受到相应规管制度的严格约束；如果以之作为食品售卖，相应规管制度则宽松一些。因此，该人选择了后者，尽管他明知大家是以药用为目的购买配方。此时，他的所作所为就是制度套利（当然，导致房贷危机的行为比这个例子要复杂得多）。在本章中，我们一次又一次地看到军户竭力利用制度规则与现实情况之间的出入，优化自身的处境。这些策略性行为都是明代"制度套利"的表现。

明代国家从未彻底解决逃兵问题。大量士兵逃亡，且无人顶补。到了明代中后期，特别是在作为战略要地的北部边疆，卫所常年驻兵不足。久而久之，以重金招募的募兵成了常备军的主力。正因如此，学者

---

[1] Acharya and Richardson, "Causes of the Financial Crisis," 195–210.

大多认为明代兵役制度十分失败。但本书无意于解析体制的问题，而是将关注焦点集中在体制内的百姓：随着制度的演变，在制度中的他们是如何围绕着制度生活的？他们是如何将制度的特点转化为自身优势的？

明代兵役制度承自先朝，最初旨在满足定鼎之初的迫切需要，而后又因应世事变化进行改革，有其自身的运作逻辑。就律例规定而言，该制度是按"系谱"和"算法"运作的。律例明文规定兵役世袭，并概述了应如何理解这种世袭性。理论上，正军退役或身故后，补伍者将通过一种"算法"决出。此"算法"最简单的形式即父死子承。若开国之初的正军都有且仅有一个儿子，"算法"就会以此极简形式运作下去。但是，社会要比"算法"复杂得多。

军户的运作逻辑，则在"算法"的范围之外。家庭内部关于谁该参军的争论数不胜数，都是对这些不同逻辑的清楚表达。从军户的角度来看，甄选机制正是谋划与决策的目标。在一大群符合条件的族人中选出服役之人，被认为是宗族的内部事务。许多争论同样清楚地显示出，一旦宗族内部做出决定，国家代理人将会采纳该决定，并予以执行。明代法律文本书中与兵役相关的各种章程、条律和案例，基本上就是为了修正"算法"，以应对日趋复杂的社会。

在处理和国家代理人之间的关系时，军户也会运用策略，一方面，尽可能与他们保持距离，并设法以最低的代价服从他们的命令；另一方面，如随后几章所示，军户会操弄由循规蹈矩而获得的资源，从而在其他方面获得好处。这些家庭策略有哪些共同原则呢？策略制订的第一个核心原则是：将国家的要求具体化、集中化，将其尽可能地限制在一个越小越好的范围内，从而使家族成员远离国家的干涉。（我们将于第二章发现，与此原则相伴的是努力在越大越好的范围内捞取并分配循规蹈矩带来的甜头。）我们看到的每个案例背后，都存在着多层面的利弊权衡和博弈协商。最终成为正军的族人会斟酌服役的得失，盘算自身利益与家族利益。其他族人则衡量自己以其他各式各样的可能方式与军事制度打交道的代价与收益。

策略制订的第二个核心原则是：提升可预测性，避免《双珠记》男主角那噩梦般的遭遇。无论是雇佣宗族以外的人代役，还是争取让某位族人同意补伍，抑或是安排特定群体轮流定期服役，以上种种策略都是为了让人更容易地提前知悉：谁人将会去补伍，以及他将何时被解送参军。

策略制订的第三个核心原则是：始祖的全部后人应当共同承担军户的世袭责任。我们可以称之为"替补军役的公平伦理"（尽管史料并未出现类似表述）。"轮替"策略即暗示出这种公平伦理。当一名族人承担起兵役之责，令其他族人免于服役时，他应当得到补偿。补偿的形式多种多样，或是一份财产，或是得到收入的权利，或是祭祀仪式中的优先地位，等等。获得补偿后，他和他的子孙应一直承役。这一公平伦理并非绝对，而是受文化的形塑，如宗族会明确规定几类人可以豁免兵役。它似乎也因家族而异。文书中只字不提为国效劳或尽忠的伦理观。这压根就不是家庭内部关心的东西。

当然，策略不可能完美无缺，因为补伍之人可能逃逸，或无法胜任职责。有时，尽管本户已遣派一名正军，国家依然会强征额外人员参伍。但是，这些旨在减少不确定性的策略整体而言肯定是成功的。不足为奇的是，它们和用来削减风险、降低意外的市场策略十分类似。选择一名宗亲或一个外人当兵，并给予报酬，是在将当兵的全部风险集中到该人身上，从而使宗族其他成员规避风险。轮替系统则降低了时间安排上的不确定性，让大家提前知道自己或自己所属的支派何时承役。专项公产的建立创造出可靠的收入来源，让大家提前估算自己对军籍相关费用（包括给正军的报酬及军装）的承担能力。

订立合同是控制风险的不二法门。许多家庭策略的完成都要借助合同性质的文书。它们是有约束力的协议，其中一方同意通过做某件事以换取另一方的酬劳。本书登场的军户，他们的族谱大都清楚明白地写出了正军的报酬。但是，族谱中更常见的记述，却是仅有"某某补伍"这寥寥几字罢了。我们无从得知正军获取酬劳的频率。史料经常提到，阖族上下都对正军的贡献心存感激。易言之，承担家庭负担有着道德上的价值。而对许多家庭而言，大家还意识到服役也有着金钱上的价值，从军获酬，天经地义。它们共同指示出明代中国的道德经济和市场经济之间的关系。

在当今明史的标准叙事中，市场扮演着举足轻重的角色。根据这种叙事，在15世纪的中国，社会广泛商业化，百姓习惯于市场活动，这带来了多方面的影响，包括大众文化的改变，以及推动经济发展的新技能的散布。从商品交易的角度看世界的文化模式，早已成为福建人日常生活的一部分。当地百姓在制订策略及合同方案时，是否在将他们的商业经验应用于处理政治关系？还是说，恰恰相反，他们为了处理政治关系，基于实践与话语设计出创新性的解决方案，然后再将之应用于应对商业方面的挑战？换句话说，国家义务经济是不是令家庭找到在市场经济中行之有效的解决方案的先决条件？这当然是个"先有鸡还是先有蛋"的问题，虽然没有确定的答案，但却意味深长。它使得自然道德经济（natural moral economy）——早于市场渗透而存在，最终为市场渗透所破坏——的概念复杂化。它表明，远在现代国家政权系统性地渗透中国社会之前，普通百姓就已经开发出一套与国家互动的成熟的经济模式、一套驾驭国家的索求和期望的应对系统了。从族谱的字里行间，我们可以看到他们如何努力寻找与制度共存的最佳方式，如何一边遵从纸面上的规定，一边最大化自身利益，以及如何利用顺从制度的表象在其他协商中赢得优势。

当士兵被鼓励于卫所定居时，各方的利弊权衡出现了变化。定居政策的出台，旨在将卫所士兵更彻底地纳入国家结构之中，斩断他们与原籍之间的关系（即"解域化"），从而方便朝廷的调度部署，满足迫切的军事需求。但是，随着卫所士兵落地生根，建起新的社群，定居政策又反过来开启新的"再域化"历程。对原籍军户而言，关切的重点不再是出丁补伍，而是搜集证据，证明本户并未缺伍。如第二章所示，相关证据在地方政治纠纷中派上了用场。策略制订的第一阶段业已告终。镜头将转向卫所军户，在第三和第四章中，我们会看到策略制订在新阶段的新模式。

第二章

藏祸心恶少诬富族　喋蜚语军叔访故亲
士兵与亲属的新社会关系

叶向高（1559—1627）出生于福清的一个军户家庭。福清位于泉州和福州之间。叶氏先祖于明初被强征入伍——派驻江苏镇江卫。后来，他的儿子补伍，却被调到遥远的北方卫所，很可能要么是因应军事需要的正常调动，要么是针对作奸犯科的充军发配。但在叶家的集体记忆中，原因却与上述两个猜想大相径庭。根据叶家口耳相传的家族史，15世纪初，本户正军坚决反对朱棣的篡位之举。新登基的永乐帝闻知后恼羞成怒，下旨将他斩首，然而转念之间，又发现自己实在不忍失去这样一位"义士"，于是最后仅处以徙戍北疆之罚。北部边地环境严酷，如此惩罚，实则与死刑相差不远。

> 宜兴公七世孙曰大者，以洪武九年谪充镇江卫军，籍名叶大郎。大郎死，不嗣，行籍勾补。时族人多迁徙，其存者又审入他籍，独康公、宏公兄弟二人当行。而宏公幼，父母恋不忍割。康公慨然曰："我不可以惮役贻我父母，且我长也，我固当行。"于是携妻子赴役。未几调龙江右护卫，荷戈之暇，辄诵说诗书、忠孝大义。其曹偶皆倾听悦慕之。

康公没,季子贵公嗣。文皇帝入南京,下令军中予我者左袒,不则右。贵公独右。文皇帝怒,命斩之。已而曰:"此义士也,其为我备北边。"乃徙戍怀来。子孙遂世怀来为老家。屯田产亦蕃,至有牛数千蹄、羊数千角矣,然以远故声问绝。

而其时淮公父子以富名,诸恶少年屡要挟不遂,则恐喝(吓)之:"汝家军也,何得久逋?"淮公无以辩,则腰百金,与所善者林确疾走怀来访之。相见欢甚,解腰金为赠,辞谢数四,乃受留月余归。恶少乃罢不敢言。

而自是怀来军每十余岁辄一来视族人,族人辄敛钱为治装,更相饮食,毕欢而后去。诸儿童辈皆呼之曰"军叔"也。嘉靖乙卯后,倭难流离,族人多贫困。军叔来而意怜之曰:"我奈何复以军装累族子弟哉,且为是仆仆道路也。"遂去绝不来。

盖贵公之后独贤矣。贵二子,长全,次胜。全亦二子,长京,次恕。京三子,长佛受,余皆失其名。而当贵公移屯时,康公有长子壹,次子贰,留居镇江。其后有仲辉者,以孝廉同知吾郡。尝一至云山展墓去,今亦不相闻。①

"以远故声问绝",叶氏族谱写道。由于悬隔千里,福清老家的叶氏宗亲和北方的正军失去了联系。尽管族谱只字未提,但我们可以根据第一章的内容得知,双方失联的真正原因,很可能是"义士"携妻已于北境安家。补伍之时,勾军官吏只需找到其生活在卫所中

---

① 叶向高:《家谱宗伍传》,见于《苍霞草》卷15,29页a—30页b。虽然我们是在叶向高的文集中看到该文,但其标题显示,该文乃是为收入族谱而作。

的子嗣即可，不用再向原籍福清要人。本地化的改革，令卫所军户与原籍军户之间的联系日益生疏。

与此同时，福清的一些叶氏宗亲变得腰缠万贯。他们很可能是靠背地里从事海上走私贸易发家。海上走私（本书第三章的讨论重点）乃本地繁荣富裕的主要因素之一。明代中叶，一伙"恶少年"阴谋敲诈叶家一名富有的族人淮公。他们恐吓淮公："汝家军也，何得久逋？"显然，这项指控，或是意指淮公就是逃兵，或是在说叶家缺伍已久，而淮公不去补伍，乃是推脱责任。大概这些阴险小人都是受本地官府委派向百姓征收赋役之人，他们的要挟令叶家感到恐惧。能为叶家辩护的军籍文书业已过期作废。唯有设法证明"恶少年"所言子虚乌有，方能渡过难关。

所幸叶家不缺果敢能行之人。他长途跋涉至帝国北疆，找到了本家的正军。可惜族谱没有记载他在路上的任何信息，但我们可从其他史料处推知那肯定是一趟历尽艰辛的旅程，历时数月乃至数年之久。[①]他寻得失散多年的亲人，受到了热情的款待，并赠予正军一笔金钱。当他回到福清，随身携带着一份文书，很可能是叶家军籍黄册的副本，证实了叶家正军在伍，并未犯法。文书公诸世后，"恶少乃罢不敢言"。

自此，叶家两边的亲人恢复联系，北方正军开始回乡探亲（图8）。福清宗族的孩子们把来访者唤作"军叔"。族人则筹钱相赠。卫所军户在没有任何津贴的情况下一直补伍，已历数代。如此看来，

[①] 关于明代的行旅时间，参见 Brook, "Communications and Commerce," 619-630。

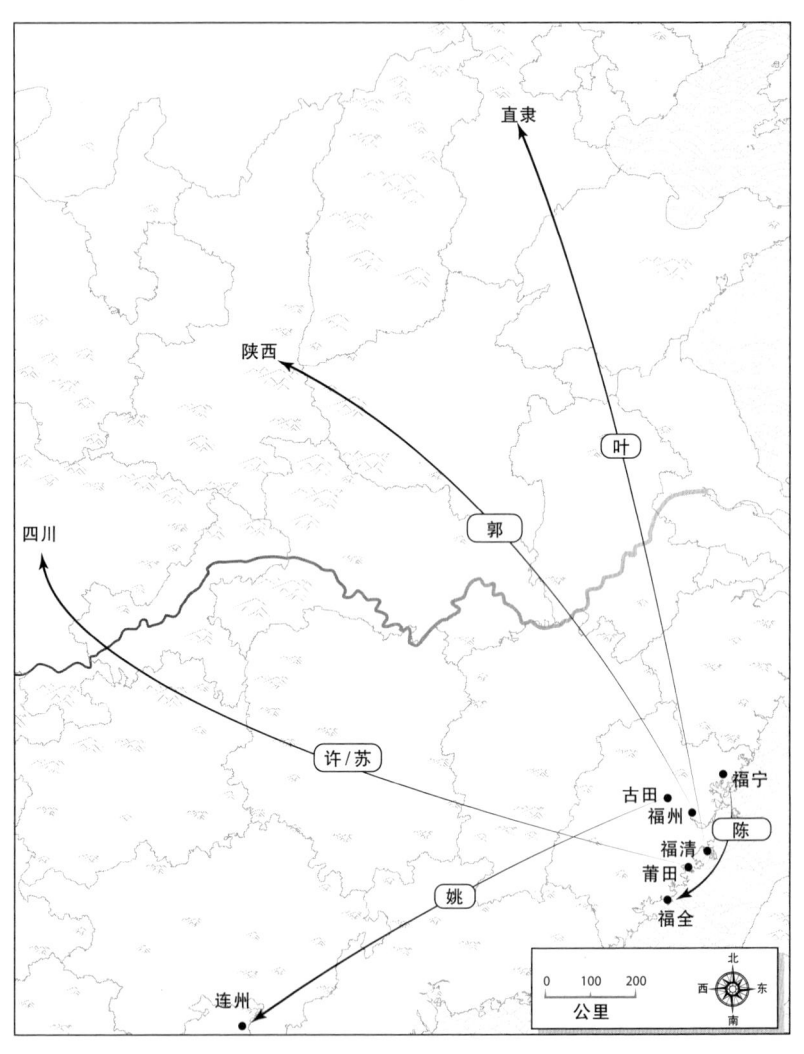

图 8 远距离家庭纽带示意图

他们获赠的银两恐怕不是一般为保证正军服役的报酬,而是对他们愿意证明原籍军户清白的谢礼。当然,这笔钱也可能兼有报酬与答谢之意。

嘉靖中(16世纪中叶),整个东南沿海地区饱受岛寇倭夷之患(对此第三章将有进一步的讨论)。福清深受其害。当北方的叶家人再次回乡时,发现原籍亲族已是穷困潦倒,濒临绝境。来访者依然获得赠礼,但为此寝食难安。他们无意增加原籍亲族的负担,于是决定终止探亲之旅。这是福清叶氏最后一次与北方正军联络。

我们在上一章看到,自永乐年间(15世纪早期)以来,朝廷先是鼓励、最后强制新军携妻共赴卫所。推行改革的官员,头脑中想的是国家的军政大事,而非士兵的婚姻问题。他们的目标,不是士兵一家的"花好月圆",而是保证军队战力,降低管理费用。这项改革使正军扎根卫所,进一步削弱了他们与原籍的联系。改革不仅影响着正军及其在卫所的家庭,也波及原籍的亲属。现在,军户的命运开始朝着不同方向发展,原籍军户和卫所军户分道扬镳。但是,他们的关系并未完全断裂。悬隔千里的双方又发展出了新的利益关系。原籍军户利用这种远距离关系实现各种目的:保护自己,对抗仇雠,豁免赋税。本章讲述的就是福建一些原籍军户如何利用自己与卫所军户的远程联系为己谋利。

在卫正军和原籍宗亲可以纯粹基于现实考量维持彼此的关系(或许也有情感因素,但在我们的史料中并不多见)。当士兵随军队换防,调入远方的卫所,并被要求在当地安家时,他们肯定对新政策将会维持多长时间毫无把握。政策有朝一日会废除吗?他们最终能否落叶归根?如果他们在原籍拥有田地家产,则不得不决定何去何从，是应该抱着终有返乡之日的希望保留产业，还是应该将之变卖，怀揣现钱奔赴驻地？当士兵被调到距离原籍几千里的地方（譬如北部边地或西南丛林）时，变卖家产可能是更好的选择。但朝廷在福建的征兵方式——自14世纪80年代的抽军到十年之后换防政策，再加上昙花一现的自首政策——意味着大多数士兵分派到的卫所虽与家乡有一段距离，但又并非那么遥远。许多刚调入新驻地的士兵肯定认为，保留家乡产业乃明智之举。（而且短时间内也不大可能立即找到买主。再加上一下子调转那么多士兵，肯定会压低产业的售价。）洪武二十七年（1394），福建北部的福宁陈氏家族有一名族人被征入伍，派成福建南部的福全所，他随身"带有合同阄书，福宁坟地、厝地、山荡、田业，俱载在上"。之后很多年，正军在卫所的家人会定期返回福宁——约八百里地的路程，在明代要走几十天——征收那些田业地产的租金。

> 原旧本载，吾祖自福宁州来住福全所，带有合同阄书，福宁坟地、厝地、山荡、田业，俱载在上。历年该当军，往福宁收取租税以及帮贴银两，计有百余金。此乃先人设立，使后世子孙，源源来往，知为一脉联贯，亲亲之意，即在是焉。
>
> 至永侯公，将阄书合同尽付之火，仅存族谱一本。既无凭藉，是以不敢再往祖里省亲戚坟茔矣。①

如我们在上一章所见，原籍军户经常给正军提供津贴或建立公

---

① "克中公"，《射江衍派福全陈氏族谱》。

产,以物质上的酬劳激励他坚守岗位,降低出现逃兵的风险。这类财务安排并没有因为正军安家卫所而消失。福宁陈氏便一直给福全的正军提供报酬。第一个前往福全所的正军,随身携带的除了自家田屋地契外,还有一份报酬合同的副本。陈氏族谱将此描述成陈家为维护宗族团结而做出的努力,这一安排"乃先人设立,使后世子孙,源源来往,知为一脉联贯,亲亲之意,即在是焉"。福全正军一家定期遣人回乡,收取租金和津贴,前后八代,代代如此。但是,随着正军手中的合同和房契毁于一场火灾,他们便不再返乡。"既无凭藉,是以不敢再往祖里省亲戚坟茔矣。"[1] 显然,促成宗族团结的高尚情怀需要以物质利益为依托。

原籍军户为在卫正军提供津贴,这类财务安排,诚如某部族谱所言,"我族各房鸠银,历年解送到南京卫中,割付其支理辛勤力役,不胜劳苦",可以无限期持续下去。[2]《醒世恒言》中有一则故事,讲的是明朝宣德年间,一名年迈的正军在儿子的陪伴下从服役的北京卫所出发,回山东老家收取津贴,给妻子治办丧事。故事开始不久,老兵就在路上去世。看至此处,读者肯定纳闷,为何老兵之子不担心自己会被征入伍,替父当兵?故事到达高潮时,谜团终于解开了:老兵的"儿子"原来是个女扮男装的女孩儿。[3]

朝廷官员一边鼓励士兵在卫所安家,一边仍乐意让原籍军户承担养兵的部分费用。明末,福建推官祁彪佳曾审理过一起案件,涉

---

[1] "克中公",《射江衍派福全陈氏族谱》。
[2] 郑振满:《明清福建家族组织与社会变迁》,243页。
[3] 冯梦龙:《醒世恒言》第十卷,"刘小官雌雄兄弟";李鹏飞的《"三言"、"二拍"中明代军事记述之研究》记录了一些明代士兵回乡向原籍宗亲讨要报酬的案例。

及持续数十年乃至更久的此类财务安排。

> **本府一件急救孤军事** 免罪 许廷春等
>
> 审得许之祖军充于四川,每十年一次回莆取讨军装。四十三年讨装,有合同为据。今苏加祥同妇人吴氏来莆,称四十三年之合同被奢酋作乱烧毁,只有万历十三年合同,众因不认。许廷春等坚称,无合同又无府县印信,无以为据,其言亦似。然苏加祥万里来闽,决非假伪,况又历指许氏之宗支,毫无差错,而许廷春等又新立合同与之,则初亦信之矣。原例每丁三两,共三十两,合应与之。若恐后又有执合同来者,则十年之期,今年适当其时,决无有越年来取者矣。倘许族不之信,或一人同之至川,或众人养之至明年。今坚不认,而使男妇流落,又必待巳毁之合同,非法也,各免供。①

自从许廷春的祖先入伍并往四川服役以来,正军就一直定期返回莆田,向祖家讨取军装盘缠。到了万历四十三年(1615),双方订立书面合同,把此项财务安排正式确立下来。后来,一个名叫苏加祥的人突然出现,向许家索要津贴。(判牍没有解释一名苏姓人士为何会来讨要属于许家正军的军装。可能他是受许家正军所雇,代之来莆收钱。一个更有趣的猜想是,许家正军将自己收取军装的权利卖给了苏加祥,这将意味着军装合同业已成为某种金融工具。)苏加祥声称万历四十三年之合同意外被毁,但他手头上有一份更早的合

---

① 祁彪佳:《莆阳谳牍》,193页。

同,订立于万历十三年(1585)。许廷春不承认该合同,并拒绝交钱,致使"男妇流落"。但推官站在了苏加祥一边,他质问许家:若不是有根据,苏何以跋涉万里来到福建?此外,苏可以准确列举出许氏各宗支,毫无差错,这进一步获得推官的信任。苏加祥肯定看过许家的军籍黄册。许廷春败诉,衙门命他付钱给苏加祥。本案与很多其他涉及军户的案件一样,推官判决的根据之一便是家族不同支派之间订立的书面合同。

许家故事说明了在卫所与原籍的远程联系中,正军一方的动机:获取军装盘缠。如果这是维系双方的唯一因素,可想而知,原籍一方的积极性肯定不高。但是,原籍军户同样情愿与卫所远亲声气相通。他们的动机至少有二:其一,保护自己免受勾军官吏的骚扰;其二,维护自己在税务方面的特权。

尽管远隔千山万水、世事变幻无常,军户的两支都希望与彼此搞好关系,最显而易见的目的是管控勾军的风险。在正常情况下,原籍军户成员本来基本上不用再受这种不确定性的影响。明代初年,如果军户家庭利用本书第一章讨论过的那些方法,有效地制订策略,他们就能预测官府何时前来勾军并提前做好准备。随着朝廷在卫所士兵中间实行本地化政策,原籍军户知道,如无意外发生,补伍将由卫所军户的子嗣完成,而自己则免于被勾军的风险。然而,如我们在福清叶氏的故事中看到的,原籍军户永远无法享有绝对的安全。在勾军官员眼中,让老兵在卫所里的子嗣补伍,肯定是更省事、更经济的做法。但这些在伍正军的子嗣,归根结底仅是军户家族的部分代表,不过是官府更容易接触到的一群人罢了,而军户本身仍是在原籍地被编入军籍的。正因如此,即便卫所军户已历十数代人,最初安家于此的正军已是一个枝繁叶茂的庞大家族的始祖，卫所的文书簿册对正军的描述依然是"原籍甲地，充乙卫"。这也是为什么朝廷必须不断更新藏于京师的军籍黄册。补伍的最终责任始终属于原籍军户。因此，无论军户百姓如何周密安排，他们的策略总有可能只是白费心机。如果在卫正军膝下无子，或一时间军情紧急，或勾军官吏太过尽职尽责，抑或官僚程序中一个小小差错，皆有机会招来勾伍人员，使得某位族人被强征入伍。当上述情况真实发生时，和本军户哪怕只有一丁点关系的人，都有可能遭殃。来自社会上下、体制内外的各种史料显示，勾军过程腐败至极、臭名昭著。郑纪是15世纪莆田的一名杰出的士绅，在一封书信中，他痛陈朝廷新任命的一个"雄心勃勃"的官员如何为当地社会带来灾难性的后果：

> 去岁兵部勘合，有逃军十分为率清楚三分之例……郭绣衣按闽，欲立奇功，以缴显擢。故将十年里老加以必死之刑。或妇翁丁尽，则报其女子，名曰"女婿军"。或籍前军，后则考其谱图，名曰"同姓军"。或买绝军田产，则受争田之人，首告曰"得业军"。朝锻夕炼，务足三分……并里老之家，丁户俱尽，而根株尤未息。①

郑纪所言不无夸张之词，但同样的问题也出现在官方文书的讨论中。隆庆六年（1572），即郑纪作书近一个世纪后，皇帝收到了

---

① 郑纪：《与庞大参书》，载于《福建通志》卷四十九，21页a—b。

一封呼吁"禁止违例妄勾妄解"的奏疏。奏疏的部分内容与郑纪所言如出一辙：与军户同姓却并无血缘关系的人以及耕种正军田地的佃农统统被强行勾补军伍。

奏疏接着写到，即使已有正军着伍，勾军官吏依然可能骚扰原籍军户。"至于军不缺伍而复勾余丁，则又卫官、正军揑害户丁之故也。"大概由于正军调入另一个卫所并就地安家，但军户原本分配的卫所及负责的出丁名额并未随之更改，相关文书也未及时更正。这既可能是无心之失，也可能是贪腐官吏从中作梗。原卫所的官吏出于一己之私，对军籍黄册的更新不闻不问。如果士兵调转情况未被如实记录，他们便可一直贪墨调走士兵的军饷，以之中饱私囊。因此，为补充一个兵额勾取两三个男丁，乃是明军痼疾。据《明实录》记载，早在宣德元年（1426），就发生过一个军户被强征两三名正军之事，而皇帝则下旨要求手下官员从宽处理。①

原籍军户维持与卫所军户的联系，是一种证明本户没有缺伍的有效手段，可以避免额外勾军。天顺六年（1462），古田县令接到的一纸诉状表明，若军户被控未履行补伍之责，后果可能相当严重。发现这份文书的是李仁渊博士，文书收录于申诉者苏铎所在家族的族谱中，李博士以之分析明代古田县百姓应用的各类型书面文本。在这里，我将从另一方向使用它——分析正军和原籍军户之间的社会关系。

---

① 《明宣宗实录》卷一，洪熙元年六月甲戌，28页；《明宣宗实录》卷二十四，宣德元年正月丁未，638页；"禁止违例妄勾妄解"（隆庆六年），谭纶：《军政条例》卷五，34页b—36页a。

福建等处承宣布政使司福州府古田县廿三都第二图民臣苏铎谨奏，为妄指军平民为军，冒并户籍等事：

臣曾祖苏文本，洪武四年关领户部象字乙百叁拾玖号民户由帖，应当民差。洪武十四年苏文本为户。洪武二十四年叔祖苏彰弟、永乐元年祖苏吕昌、永乐十年父苏琼为户，一向继承民籍。

有邻居二十都同姓人苏冻才。洪武九年，为抽军事，抽调南京金吾卫总旗身役。天顺三年，有军丁苏广回家取讨盘缠，具状二十都里长林建处，告称伊都民得招卖伊基地。有里长林建同老人陈太富，追出原卖价银给还苏广，回卫去讫。天顺五年，复回到家，因见伊户丁苏宗、苏禄，家遭艰难，臣颇有衣饭度日，意图骗害。节次捏词，其状本县并福建等处提刑按察司佥事清军宋钦处告蒙批。县拘集本都十年里老邻佑人等结勘明白，二次保结，申缴去讫。

本丁不肯回卫，本年十一月内又具状宋钦处告准，牌仰本县拘提父苏琼并十年里老邻佑陈永居、卢眉等。十二月二十一日差人解府，本官患病听候。至天顺六年七月二十一日进司审问明白。此时本司官员俱不在堂，当有本官将十冬邻佑发下丹墀听候，叫父前去案桌下面审问。时父再三哀告："虽与苏广同姓，委系各都异图，另户别籍，结无相干。"有宋钦向父说称："老蛮子，你不是军，今到此间，可自分晓。你若知理军役无干，不然定要承认并籍。"说讫，将父等并里老转发本府候官县知在。为因家财先被强贼劫掠罄空，无所从与，父命臣回家变卖田屋。又因山僻，一时无人出头承买，措办不前。

本官等候日久，发怒，九月初九日行取赴司，不由分说，百般拷打，又加法外之刑，连日用大夹棍将父并十年里老俱各夹倒，定要招认与苏广同祖共军。父思屈抑，再四苦告，乞送布政司揭查册籍，本官不从。十六日见父被打重伤，发出医治。二十日转加沉重身死。本官闻知，至二十二日写成草稿，勒令同姓另籍十冬苏伯愈、苏仲温抄誊。比时受刑不过，只得依从供认。有宋钦将各人并十年里老问拟杖罪的决案仰本府递发宁家。至十一月初一日本官到县清理，将臣并苏仲温、苏伯愈等户人口，一概归并苏冻才户丁苏宗户内听继，似此屈害。

臣切思各〔丢失一段115字〕巡按清军监察御史等处告诉，有碍宋钦，不行受理。臣思平民一旦被其冒并为军，负累子孙，委实冤枉艰伸，如蒙准奏，乞勒该部转行南京户部，揭查洪武年间军民籍册。若与苏冻才果有干预，臣等甘愿各另充军。如系民籍，乞勒转行福建布政司着落本县，将臣等改正当差。庶免平民无辜，被其冒并为军，委实枉屈。备情具本，躬亲赍捧，谨具奏。

自为字起至捧字止计九百六十一个，纸壹张

右谨奏闻

伏候勒旨

天顺六年十一月十七日福建等处承宣布政使司福州府古田县二十三都第二图民臣苏铎[①]

[①] "福建等处承宣布政使司福州府古田县念三都第二图民"（1462），《武功堂柏源村苏氏家谱》，15—16页；Li Renyuan, "Making Texts in Villages," 126-130.

苏铎称他的曾祖父在明初被编入民籍。附近另一户苏姓人家差不多同时被编入军籍。军户苏家的正军苏广不久前回乡收取津贴，其亲族家道艰难，将本来用作提供津贴的产业变卖殆尽，而苏铎家则相对富裕。据苏铎所言，苏广意图谋害苏铎家。他向官府举报说，苏铎家也在军户之中，但他们一直推卸责任。苏铎之父及邻居都遭到逮捕、审讯。苏父抗辩道，自家和正军家完全是独立的两户。但衙门不相信他。苏铎家将唯一的希望寄托在收买勾军官吏上。苏铎被遣回家变卖田屋。但他无法立即找到买家。官吏失去耐心，下令"百般拷打，又加法外之刑"。苏父没能熬过连日的刑拷，最终伤重而死。主要证人已死，衙门更能肆无忌惮地处理案件。苏铎一家及其近亲被判并入苏广所在军户，从此承担服役的责任。苏铎不服，向上申诉，央求官府考虑"平民一旦被其冒并为军，负累子孙"，呼吁查询黄册，证实相关记录，使苏铎一家"改正当差"。

留传至今的文书是苏铎的诉状，乃他的一面之词。因此，无论我们多么自然地同情苏铎，还是应当保持审慎。不过，类似苏铎写到的衙门滥用职权之事，的确时有发生。大约三十年前，一名官员曾经向皇帝上疏，说道："军户有恃豪强因充粮长里老，每遇取丁，辄贿赂官吏及勾丁之人，挟制小民细户，朦胧保勘，亦有里老俱系军籍，递年互相欺隐，不以实报者。"①

且不论本案真相如何，两户苏姓人家中，家境较差的那个无疑在利用自己与从卫所来访的正军之间的关系牟利。若苏铎所言属实，正是这一关系，使他的对手有机会实施阴谋诡计。若苏铎是在撒谎，

---

① 《明宣宗实录》卷三十六，宣德三年二月戊辰，889—893页。

那么这一关系有助于苏广家减轻肩上的负担,以更广泛而公平的方式分配兵役之责。

明代中后期,指控军户因正军逃逸而缺伍是谋取不义之财的惯用手段,而且相当有效。如我们在前一章所见,从15世纪初开始,泽朗郭氏替补军役的责任一直由他们居住在西北地区的宗亲承担。一百多年后,地方上的里长恫言要向官府举报郭家当逃兵,阴谋勒索钱财。巧的是,当初被转调西北的郭尾的曾孙郭雄前来探亲(本章开头叶向高家的故事或许能用来解释这个非比寻常的巧合:郭家族人应该之前去找过正军的后人)。

> 嘉靖六年,尾公曾孙雄公同军伴游江、张凤岐,回闽探亲。其时我家族众屡被里书籍词补勾,生端扰害。雄公以西陕现有余丁,无容行勾本籍,赴县呈明,给领执照。万历乙亥年,雄公曾孙鸿宇贸易建阳,因来省祖,族中公酿一十一金以赠。四年后复来一次后,遂不复至矣。①

郭雄提出:"以西陕现有余丁,无容行勾本籍。"他向县令要到一份证明,可能就是誊抄了一份县令对本案的判决。如果将来再遇到麻烦,他的原籍宗亲可以出示该证书,以免受官府骚扰。

卫所军户为原籍军户提供了异常宝贵的帮助:担保他们没有推卸当兵的责任。如此深恩厚谊,自然值得回报。万历三年(1575),郭雄的曾孙郭鸿宇再次回到原籍时,他额外得到了一笔钱,应当是对

---

① "明志科公历叙军由",《福州郭氏族谱》卷十,6页a—7页a。

永乐十四年（1416）其祖郭尾所获报酬的补充。这显然不是那种给正军的津贴，因为郭鸿宇根本不是士兵。他是一个商人，来福建建阳做生意，只是途中顺道探望宗亲而已。(或许，他是趁机勒索他们？)

故事并没有就此结束。和本书提到的许多家庭一样，郭家也因明代中叶的倭患而家徒四壁。宗族中的大多数人离开了祖籍地，逃往相对安全的福州城。郭家移居西北卫所的后代和叶向高那些慷慨的亲戚不同，他们对留在南方原籍的宗亲没有丝毫怜悯之心。

> 神宗癸卯岁，西陕军丁龆龀宗人，科搜考军由，使知所自，军丁不敢冢猎户渔，详议家矩，使知所守，户丁不致偏甘独瘵。①

万历三十年（1602），北方的正军来到福州，向宗亲索要财物。郭志科利用过去两百多年来积累下来的文书据理力争，拒斥士兵的要求。"搜考军由，使知所自，军丁不敢冢猎户渔，详议家矩，使知所守，户丁不致偏甘独瘵。"此处，原籍军户用合同抵制的不是外人的勒索，而是家庭内部成员的要求。郭志科告诉那位士兵远亲，他的祖先已同意承担整个家族的兵役之责，并已获得了足够的补偿。陕西的卫所军户乃是继承祖上的责任，与他无关。

李仁渊博士在古田找到了原籍军户与卫所军户维持或重建关系的又一案例。据瑞云姚氏族谱记载，洪武九年（1376），姚家被征入伍，调入广东西部的廉州卫。本来去当兵的应该是家中的老二，但是父母舍不得二儿子离开。就这样，哥哥姚子润遵从父亲的指示，携妻前往

---

① "天房志科公第二次重修支谱序"，《福州郭氏族谱》卷一，14页a—b。

驻地。姚家故事的某些情节不太合理。明初征兵,福建新兵一般不是就近服役,就是被调到都城南京,而不是广东。既然服役的是哥哥姚子润,那么似乎根本不必提及那位备受宠爱的弟弟。也许背后另有真相:姚家乃是因二儿子犯罪才被没入军籍,最后由姚子润代弟从军。

> 昔在使役时,多视军为祸府为甚,世世役不休,宗人索装之费无已也。姚氏戍东粤,显身行伍,贻族以安,是在外之荣与在内之佚两相等也,作世伍。
>
> 姚氏子润,豪隽也。洪武九年,朝让防倭,携妣氏戍广廉州卫,润行当行,而弟子容幼,恋不忍割,润知父意,白父,携妻赴廉州之役,寻守珠池,以军功授指挥使。子孙蕃盛,为粤名家。然以远故声闻绝,不通。
>
> 古田以富闻,里恶以逋军恐吓之,白于直指侯公,逮捕补伍,甚急。族人计不知所出,则敛百金为装,使宗滋补伍,滋知伍丁且贵,相见大欢,留岁余,百金归,移文复直指,里恶乃不敢言。自滋归伍装之费,一切解矣。
>
> 杨志远曰:子润公之后,其贤豪间耶,惜世次名位不传,于古田贤子孙不无遗恨。宗滋朴鄙人耳,受百金之馈,而不请谱牒,使明威世胄,疏若路人,其谁咎与?姑即所传闻笔之左,后必有善印证者。[①]

[①] "瑞云世伍纪",《瑞云姚氏族谱》,从族谱的另一处,我们看到姚家当初被编为军户时,并没有登记在自己名下,而在一户郑姓人家的名下。或许他们不慎因婚姻或收养关系继承了替补军役的义务。换句话说,他们可能是"女婿军"(参见本书第四章)。

由于古田和廉州之间路途遥远，姚家两房失去了联系。留在古田的支派于明初家和事兴，引起邻居的忌妒。里长企图以揭露他们的军籍身份作要挟，敲诈勒索。和叶家或郭家相比，姚家的处境更加危急。他们根本没有时间到广东寻亲再携证据归来，于是只好找到一位愿意前往廉州顶补所谓"缺额"的族人，作为补偿，给他筹集了一笔军装盘缠。

然而，当这名族人到达廉州卫时，发现根本不存在缺额。姚子润在那里过得很滋润。他甚至因军功升任指挥使。"子孙蕃盛，为粤名家。"（这里面可能有夸张的成分，明代官方史料中并没有提到姚子润。）族人在廉州住了一年多之后，才返回古田老家，除了原封不动地带回当初宗亲为自己置办的军装，更重要的是，他还带来了证明真实情况的文书。这肯定是姚家军籍黄册的副本。勒索钱财的阴谋被当场拆穿，"里恶乃不敢言"。

姚氏族谱乃由一位外姓人氏受雇编纂。他偶尔会站在自己的立场上发表一些评论。（顺便一提，他是福清人，和本章开头提到的叶向高相熟，还请叶向高为姚氏族谱作序。）他对本故事有两条评论，其中一条明显语带讽刺。他注意到广东的姚氏支派已成望族，于是评论说，被派往广东的族人在金钱的方面倒是用心，却忘了顺便将那边的谱牒抄录一份带回，实在是太遗憾了，因为这本可为古田姚氏支派的族谱增光添彩，光耀门楣。他的另一条评论则很有洞察力。大多数人将军籍视为最糟糕的一种身份，"世世役不休"。但在本故事中，恰恰是承担起兵役之责的广东姚氏支派"贻族以安"，"是在外之荣与在内之佚两相等也"。①

---

① "瑞云世伍纪"，《瑞云姚氏族谱》；Li Renyuan, "Making Texts," ch.3。

能够证明本户没有缺伍——无论是为了避免官府的征兵，还是为了保护自己免受地方仇家的陷害——并不是原籍军户和在卫军户保持联系所能带来的唯一好处。能够证明自家是合格的军户，会产生很多正面效益。明史研究的传统观点认为，明人以消极的方式看待军籍，因此军户的地位不高。但是，于志嘉和张金奎的研究颠覆了这种观点。他们指出，出身军户的人大量涌入社会与政治的上层，其比例之高令人惊讶。[①] 来自福清叶氏的叶向高日后成为内阁大学士（顺带一提，他还扶持了耶稣会传教士在华的活动），这一铁证，表明军籍身份并不是一道不可逾越的障碍，不会阻止军户百姓在社会上获得成功。

王唯楚在她的硕士论文中，通过分析明代进士名单，梳理出一万多个明代精英阶层人士的家庭关系。在这一万多个家庭里，拥有七名以上进士的只有十五个。其中，就包括莆田林氏这家军户。林家六代人，七进士，清楚显示出军籍身份没有阻碍到他们飞黄腾达（图9）。很明显，户籍并未让林家有什么"先天不足"。

按照常理，既然每户出一丁服役的义务固定不变，随着军户人口的增长，对家族中每位成员而言，自己被征入伍的概率将会降低，军籍带来的负面影响也随之减少。但是，就连正军本身都并不总是认为自己的处境不可接受。虽然存在着数以百万计的逃兵，但更多的士兵留守岗位。如果军籍地位低下，百姓肯定会尽量避免成为军户，然而事实并非如此。这必然意味着，军户身份能带来一些好处，或者至少说，军籍的弊端并非不可克服。

---

① 陈文石：《明代卫所的军》，198页。

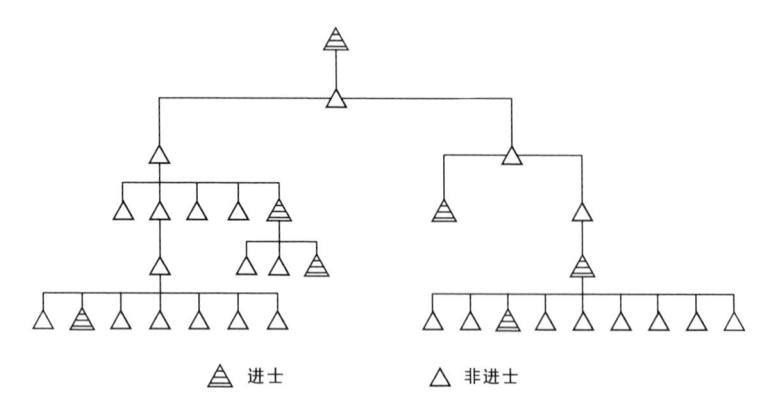

图 9　莆田林氏（改编自 Wang Weichu, "Families and Regions of Ming *jin-shi* Degree Holders," 13）

想了解军籍对家庭成员的影响，我们就必须更深入地讨论明代的赋税制度。军户不是唯一一类必须世代服役之人。事实上，明代所有户籍类别理论上都是世袭的：灶户必须世代负责生产食盐；匠户必须世代为官家的手工作坊干活；民户则必须世代服徭役并以实物或金钱缴税。明朝通过里甲制度协调徭役。根据第一次户口清查的结果，全国人口被分为无数个由110户组成被称为"里"的单位，每个里又进一步被分为十个由10户组成被称为"甲"的单位。[①] 每个里最大和最富裕的十户人家（事实上是纳税最多的十家）被任命为里长，负责协调各甲十户人家十年一轮的徭役。给叶家、郭家和姚家制造麻烦的"里恶"，就是当地的里长。他们都是国家的非正式代理人，经常以权谋私。他们在国家和人民之间扮演承上启下的角色，却往往激起人民的负面反应。理论上，国家每隔十年进行一

---

① Brook, "The Spatial Structure of Ming Local Administration," 30.

次户口清查和土地登记，里甲下辖的户籍应当相应地调整更新。但实际上，一户人家在明初被编为哪个户籍，便不再改变，直到明代灭亡——尽管编户齐民的人口或因子嗣兴旺而增加，或因贫窭困苦而减少。

军户和民户一样，要为田产缴税。但是，军户享有豁免徭役的待遇。就像明代大部分的制度设计一样，徭役制度也旨在尽可能地降低朝廷的运作成本。普通农民轮流充当衙门的差役，负责征收和运输皇粮国税、维护地方治安，等等。制度设立伊始，便以里甲为主干、以每户成年男性（"丁"）的多寡编征差役。军户可免一丁的徭役，因为他们已经派出一名正军在卫所服役了。免役的家庭小心翼翼地守护着自己的特权，乃至竭力拓展自己的特权。举人也能豁免徭役，因为国家不可能让一个读书人当捕快或衙役。举人的家庭经常操纵这项特权，要求将免役的范围从个人扩大到全家。军户也采取了相同的做法。他们要求全家人都得以豁免徭役，而非仅仅正军自己。

明代朝廷先是将徭役、后来又将田赋合并征收银两，即所谓的一条鞭法。徭役经历了两次转换，先是从力役转换成现银，后来又被摊入田亩，从独立的税项转换成田赋的附加税。因此，军户享有的特权最终成为对附加税的豁免。有明一代，名目繁多的徭役（无论是提供劳力,还是折成银两）不断增加。最终，相对于徭役附加税，田赋只占到家庭整体税负的很小一部分。因此，年复一年，徭役豁免权的相对优势愈来愈大。这意味着军籍身份加上证明自己已履行军户责任的能力，是大量赋税减免的潜在基础。有时军户百姓会对体制避之唯恐不及，但这项优势，则会说服他们留在体制之内。

因此，姚氏族人从廉州携归的文书，除了可以驱除勒索，还有着其他好处。它构成了要求豁免徭役的根据。日后，它还带来了另一个意外之喜。万历三十一年（1603），县令下令重新整理户籍资料和捐税清册。彼时，姚家部分人已经搬入县城，部分人则留在了瑞云村的老家，还有另一些人移居到邻近的县。这几群人决定利用县令重整簿册的机会，分别登记为几户独立的人家。这很可能是因为，继续作为一家人共同承担税务对他们来说并不合理。为何县令允许他们这么做？这难道不算违背禁止军户分家的基本规定吗？答案是，从广东带回来的文书可以证明，对姚家而言，分门别户与律法的精神并不冲突。相关律法旨在避免因分门别户造成正军缺伍和兵力不足。但姚家可以证明，他们的名额会一直有人顶补，不存在任何问题。既然廉州卫的支派已承担起整个家族的服役之责，允许留在福建的人们分家立户也不会对其产生什么影响。他们费尽心思，在相对简单的制度规则与复杂的社会现实的夹缝间左右逢源，尽可能地优化自身的处境。

结论

对原籍军户和卫所军户均进行监督，显然符合明代国家的利益，可以在正军缺伍时，增加成功补伍的可能性。卫所军户希望和原籍军户保持联系，自有其动机。当年，始军离开家乡，携带着军装盘缠远赴驻地。如今，他们的子孙希望继续向家乡的宗亲讨要报酬。尽管必须给付报酬，原籍军户同样出于强烈的动机，希望与扎根他乡的卫所军户打好交道。能够证明军户的一个支派在履行着兵役之责，对于其他支派而言是日常政治中一项极有用处的政治资源。原籍军户可能受到他人的敲诈勒索，更糟的是受到勾军官吏的骚扰，此时，相关凭证可以保护他们，这种政治资源就是他们的护身符。当军户凭军籍身份向官府交涉，争取赋税、徭役方面的有利安排时，这种政治资源就是他们利用国家制度的复杂性为己谋利的手段。另一方面，原籍军户保持与卫所军户的联系，其中也存在着一定的风险。正军也可能欺压脆弱的原籍军户，榨取财物，让他们为自己的证明买单。

国家代理人依赖官僚程序监督军户。但是，由这些程序产生的文书簿册，既对设法监督军户的国家有用，也对登记在册的百姓有用。本章登场的部分家庭深受敲诈勒索之害，正是因为原籍军户无法拿出可以反驳谣言的凭证，给这些阴谋诡计以可乘之机。明代体制下，普通百姓很难接触到国家的文书簿册，即使能，也要付出高昂的代价。如此处境，让证明自己遵守军户律例的能力成为一种宝贵的资源。与此同时，许家和苏家正军的纠纷案例表明，家庭内部制定的合同具有法律效力。县令断案依据就是这些由家庭以合同形式记录下来的非正式安排。

就这样，世袭兵役制度和安家卫所政策产生了意想不到的后果：鼓励相隔千里的宗亲长期保持联系。百姓绝对不是"自然而然"地希望维持这种联系。学者还将注意到，几百年后，散布在世界各地的华侨家庭也在设法保持与家乡父老的团结。孔飞力等学者认为，中国人的这种能力，肯定是由在国内浪迹、客居异乡的士人、商人和劳力的长期经验磨炼出来的。[1]明代的军队政策带来家庭行为模

---

[1] Kuhn, *Chinese Among Others*, 14-16.

式的另一传统,日后同样塑造着海外华人社会。在"解域化"和家族离散的历史经验的背后,是国家制度;在鼓励离散家族建立和维持远距离社会关系的动机和策略机会的背后,也是国家制度。身处此种关系中的百姓,口口声声在"家"的名义下行事,这确实不假,但是他们的种种选择,绝不仅仅是出于文化因素,也存在着策略考量。

三种互相独立的规管制度影响着军户的日常生活。其一,民户规管制度。民籍家庭无须服兵役,却必须承担更沉重的徭役。其二,原初的勾军制度。此时,原籍军户容易被强征入伍。其三,改革的勾军制度,即实行本地化政策。此时,原籍军户基本不必再当兵,徭役也有所减轻。军户成员通过正当和非正当手段,在这些规管制度的夹缝中生存,试图确保在特定时期受到最合乎自身利益的制度的对待。本章讲述的故事,谈到人们携带合同、族谱及证明家族状况的其他文书,横跨帝国辽阔疆域,强调自己受某一体制规管而非别种并质疑其他家族的类似声明,展现着明代百姓的日常政治策略。

第二部分

在卫所

In the Guard

第三章

乱海疆倭寇混真假　犯走私官匪淆黑白
沿海卫所与海上走私

嘉靖八年（1529）的夏天，饥肠辘辘的浙江盘石卫士兵集体擅离职守。军饷被拖欠数月之久，引发众怒，数百士兵逮住了当地衙门的主簿，要求发饷。知府只好承诺动用官银补发欠饷，说服哗变士兵释放主簿，自行散去。哗变自然引起朝廷的注意，调查结果于这年冬天上奏嘉靖皇帝。这一消息令人沮丧，乃至令一位以不喜朝政闻名的皇帝龙颜大怒，要求从重惩处。盘石卫长官的玩忽职守，远不止于拖欠军饷、激变士卒。真实情况是，指挥梅毕、姚英、张鸾二人与走私者及"倭寇"狼狈为奸，允许他们非法买卖番货，劫掠地方。众军官甚至可能直接参与了走私活动。[①]他们算是霉运当头，一场本不相关的哗变，竟连带曝光了他们的罪行。（或许两者并非全然无关。士兵也可能是觊觎非法贸易所得，想要分一杯羹，因而哗变。）

嘉靖二十六年（1547），皇帝又收到了一份类似的奏章。同前次如出一辙，一件看似无关之事的调查，却揭露出地方官员的渎职行为。

---

① 前期报告见于《明世宗实录》卷一百三，嘉靖八年七月九日壬寅，2424页；之后的调查见于《明世宗实录》卷一百八，嘉靖八年十二月戊寅，2551页。

葡萄牙（被明人称为"佛郎机国"）的船只，侵扰漳州附近的沿海地区。沿海守军成功将之驱逐。但是，随后的调查显示，当地官员——包括浯屿寨（永宁卫下辖的一个前哨阵地）的把总指挥——从葡萄牙人那里收受财物。这些官员受到强烈的谴责，被指犯下"卖港"之罪。①

军士和走私牵连在一起——肯定令朝廷感到头疼——在明代实在不足为奇。这是明朝制度经长期演变而产生的一个合乎逻辑的，乃至不难预见的结果。本章将会对此做出解释。在第一、二章中，我展示了原籍军户如何制订复杂巧妙的策略，善用自己与国家的关系，以符合自身利益的方式应付兵役。而在本章中，我将展示一些卫所军户的子孙如何利用自己靠近国家制度的优势谋利，尽管相关策略损害的正是他们所服务的制度。

沿海卫所的生活

传统有关卫所的军事史著作大概会描述卫所士兵参加的战役，传统的制度史著作则大概会介绍明军的组织结构及其在明代政府等级制度中的位置。②以上这些都不是我们讨论的重点。我们感兴趣的是，对于服役并生活在卫所中的百姓而言，军事制度创造了怎样

---

① 《明世宗实录》卷三百三十，嘉靖二十六年十一月癸巳，6064页。这起事件还见于朱纨：《甓余杂集》卷六，8页a。
② 如我在第一章中指出的，就地理位置而言，东南沿海卫所坐落于各府州县之内，但它们并不隶属于民政系统，而是受另一套体制的约束。永宁卫在晋江县，但它归军政系统管辖，该系统的最高机构是京城的五军都督府。对于卫所事务，晋江县令无权干涉。可以说，永宁卫虽位于晋江县，但不属于晋江县。行政体制的差别，令卫所指挥和地方县令不得不制定许多程序，以处理跨越两者的诸项事宜，包括复杂的财政和司法事项。一些具体的例子，可参见本书第五章。

的日常政治。

金门倪氏的故事能让我们了解明初军户的历史,而铜山所南屿陈氏的故事则能帮助我们知悉家庭在卫所定居后又经历了怎样的发展。如同第一章的做法,我特意选择的案例来自普通士兵,而非世袭军官。世官军户的族谱倾向于提供更多本家服役的信息,这主要有两方面的原因:首先,服役经历对世官军户的声誉至关重要。正因如此,族谱通常会对事实有所粉饰。其次,对世官军户而言,服役不是负担,而是一种特殊的荣耀。因此,族谱往往成为一种途径,用来表明这种荣耀或按公平的原则、或按家规的规定世代相传。基于上述原因,虽然在军队中,军官的人数远远少于士兵的人数,但是在传世的文献中,世官军户的族谱却远远多过士兵军户的族谱。

铜山所南屿陈氏族谱与众不同,它详细地为我们揭供了一个普通士兵军户的服役历程,在时间上几乎跨越整个明代。从洪武二十年(1387)周德兴大规模抽军、始祖陈苟住被征入伍,到天启五年(1625)后嗣陈平人考上进士,获得免役的待遇,这一家族共有十三名族人先后在军中服役。

> 明洪武二十年四月,始祖陈苟住由兴化府莆田县东厢龙陂社抽守平海卫莆禧千户所……〔洪武〕二十七年九月,为兑调官军事,由莆禧所调镇海卫铜山千户所……天启五年,平人公登甲,以后军役不受。①

---

① "建制沿革修理志",《南屿陈氏族谱》,8页b。

陈家祖籍莆田，正军最初被分配到家乡附近的莆禧所。洪武二十七年（1394），在换防政策下，陈家正军被调入南边的铜山所。他们服了238年的兵役，除了头几年，剩余的日子一直驻守铜山所。虽然祖军年老时回到了自己的故乡，但他的后人在铜山定居，渐渐在那里形成了一个庞大的宗族。

卫所军户到第七代时，族人已有一百多人。他们认为，是时候编纂一部族谱了。族谱的编纂者不太关心家族的服役史。他的记述似一笔流水账：

〔洪武〕二十九年八月，丁〔二世祖〕陈德光故。丁陈宗积补，故。丁陈邦泰补，故。陈寿补，故。丁陈大英补，故。陈文元补，疾。陈元补，故。陈善长补，疾。陈日清补，疾。陈日慎补，疾。陈烨补，患病。陈可奇补。①

唯一比较精彩的情节发生于万历十八年（1590）左右，当时陈烨因病退伍，由陈可奇接替。但是，一名军官发现陈烨是在装病，于是命令他重返军伍。

万历十八年十月，漳州府推官罗查盘，亲审退役陈烨病痊，复充。又陈元瑞补。②

---

① "建制沿革修理志"，《南屿陈氏族谱》，8页b。
② 同上。

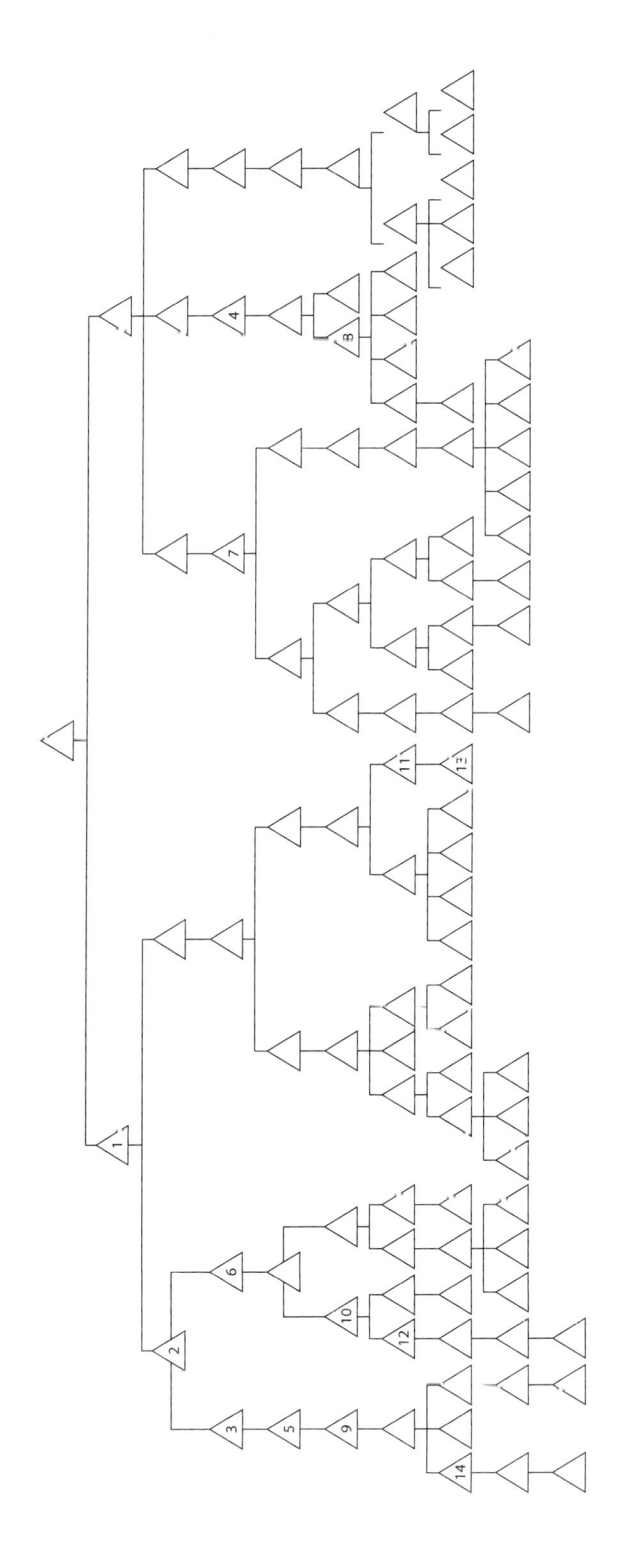

图 10 铜山陈氏的家族结构

陈氏族谱没有说明家族决定应役人选的方式。谱图的结构也没能为我们提供任何线索（参见图10。数字表示正军及他们的服役次序）。祖军陈苟住有两子，陈家从第二代开始分为两个主要的支派，分别以祖军的一子为始祖。曾服役的十二个人中，九个来自长房。很可能最晚迟至第五代，长房承担起世代服役的责任。唯有在长房没有合适人选时，另一房才出丁补伍。因此，这个家族实际上表现得很像一个复合军户，家族中的不同支派对应着复合军户的不同家庭。陈家大部分族人都不是士兵，我们将在下文看到他们所从事的不同职业。

郑和与倭寇

正是日后被奉为平海城隍的周德兴建立起本书所述的各个福建卫所——包括铜山所，陈家在这里生活了数百年之久。周德兴为何选择在铜山建所？和书中的其他卫所一样，铜山是明帝国防御系统的一部分。这个防御系统规模庞大，拥有五百多个卫、四百多个守御千户所。我和王迪安博士在地图上标出了五百个军卫的位置，分析它们的地理分布。研究结果显示，明代军事基地可划分为五个主要系统（图11）。北部边疆和京畿地区的卫所分布最为集中。其次是西南边疆的卫所。第三个系统是驻守大运河沿岸、维持运河畅通的卫所。广泛散布于帝国腹地的卫所构成了第四个系统。第五个系统则是沿海地区的卫所，亦即我们讨论的对象。卫所的整体分布规律，使明王朝对各地安全威胁的认知和重视程度一目了然：首先，抵御边疆地区的游牧民族和外国势力的威胁；其次，确保皇室的安全；再次，护卫大运河上源源不断向京师输送的税赋；第四，维持国内的

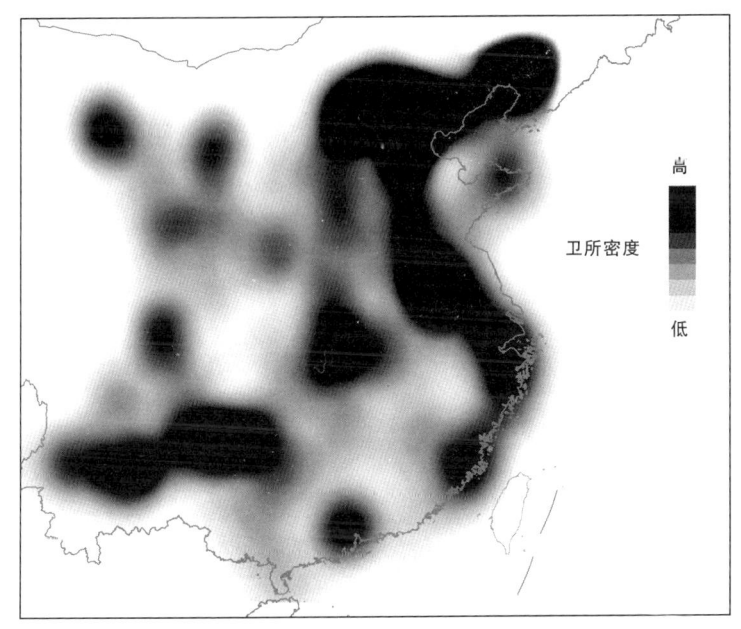

图 11 明末卫所分布热区示意图（本图数据由 John Wong 搜集，基于 Liew Foon Ming, *The Treatises on Military Affairs of the Ming Dynastic History (1368-1644)* 一书中的资料。相关数据可在网站下载：https://www.fas.harvard.edu/~chgis/data/chgis/downloads/v4/datasets/ming_garrison_pts.html）

稳定；最后，在东南沿海地区，控制海疆的"倭寇"和走私活动。

在今日的中国，海疆的军事史总是与 15 世纪的一名太监紧密相连。每个学童都熟悉郑和下西洋的故事，知道他曾令人惊叹地率舰队远航至南亚、中亚乃至非洲东海岸。[1]（蒲妈奴便曾在郑和的舰

---

[1] 加文·孟席斯（Gavin Menzies）的《1421：中国发现世界》(*1421: The Year China Discovered the World*) 一书，令郑和在海外亦闻名遐迩。然而不幸的是，很多人并不知道该书的大部分说法已被彻底推翻，郑和的船队并没有到过美洲。参见 www.1421exposed.com。

队上服役,归国后被擢升为百户。我们在第一章讨论过他的卫选簿。)郑和下西洋通常被视为中国与海洋世界互动的巅峰,之后,明朝转向闭关自守。毋庸置疑,郑和的远航结束没多久,朝廷就重返重视北方和西北防务的传统政策。但同样不可否认的是,国家支持的远航仅是中国海事历史的一部分。到洪武元年(1368)明朝开国之时,一个拥有数百年历史的贸易传统早已将中国南部沿海、日本和东南亚连接起来。成熟的航海科技——庞大、快速、灵活的船只——让从事海上贸易的商人满足着世界对中国制成品的需求,以及中国人对热带产品和白银的需求。

朱元璋并不想完全切断这类贸易,而是希望加以管制和约束。贸易,尤其是国际贸易,只会破坏他理想中自给自足的乡土秩序,激起百姓的贪欲,鼓励人员的流动。朱元璋还把海上贸易和外国势力视为统治的直接威胁。他有理由这么认为:在元末明初的征战中,好几个对手都曾动用强大的水师与他对抗,他希望确保这样的威胁不再出现。随着朱元璋猜疑之心日重,洪武十三年(1380),他为了除掉丞相胡惟庸及其逆党,发动针对满朝文武的大清洗。胡惟庸的罪状之一,就是里通外国。

朱元璋的对外贸易政策有三大要素。第一,他将外国对华贸易限制在朝贡贸易的范围之内。① 第二,他严禁对外出口贸易。中国商人被禁止出海做生意。这两项措施的实行未能尽如人意。声称自己是官方朝贡使节的外国人来到中国的港口,其频率远超明朝允许的限度。沿海居民常以出海打鱼的名义继续从事对外贸易,地方官

---

① 关于明初的朝贡体制,参见 Wills, *Embassies and Illusions*, 14–23.

吏心下清楚，若予以禁止，整个沿海经济将会崩溃。当郑和于15世纪初来到东南亚时，就已经在当地港口城市发现福建商人的聚居地。由日本人、中国人和东南亚人组成的商队继续在中国海域活动。地方官吏大多对私人贸易睁一只眼闭一只眼。朝堂之上也长期激辩，讨论如何最好地处理国家政策与贸易现实之间的矛盾。[1]

朱元璋对外贸易政策的第三个要素即沿海卫所制度，这也是本书的关注重点。该制度旨在落实前两个要素，并维护明代海洋秩序。东南沿海地区呈现出一系列独特的军事挑战。驻扎在此的军队和北疆或西南的军队不同。他们既无须面对欲侵略帝国疆土的强大军事力量，也无须防止桀骜难驯的部落引发的骚乱。他们基本的军事任务就是在海上巡逻，打击非法贸易。

卫所士兵的任务皆围绕此目标展开。位于海防第一线的是"水寨"，驻守水寨的士兵来自卫所。（前线的单位还包括"巡检司"，但是巡检司的人员一般由县衙派遣，属于另一行政体制。）沿海卫所的士兵定期轮流戍守各要塞。金门守御千户所（今时今日被称为"金门城"）是现存最完好的沿海卫所之一。建筑史学家江柏炜利用现存的古城结构重建起倪五郎时代的社区布局（图12）。

铜山所的军卒被派驻于近旁的铜山水寨，这里还有来自六鳌所和镇海卫的士兵。驻守水寨期间，他们负责在附近水域巡逻，并且一年两次于前哨岗位抛锚停驻，威慑企图上岸的走私者和"倭寇"。没有巡逻任务时，卫所的士兵主要忙于操练。有些卫所拥有船坞，为士兵制造巡逻用的海舟，在这样的卫所中，士兵也会从事造船

---

[1] Li Kangying, *Ming Maritime Trade Policy*, 97–135.

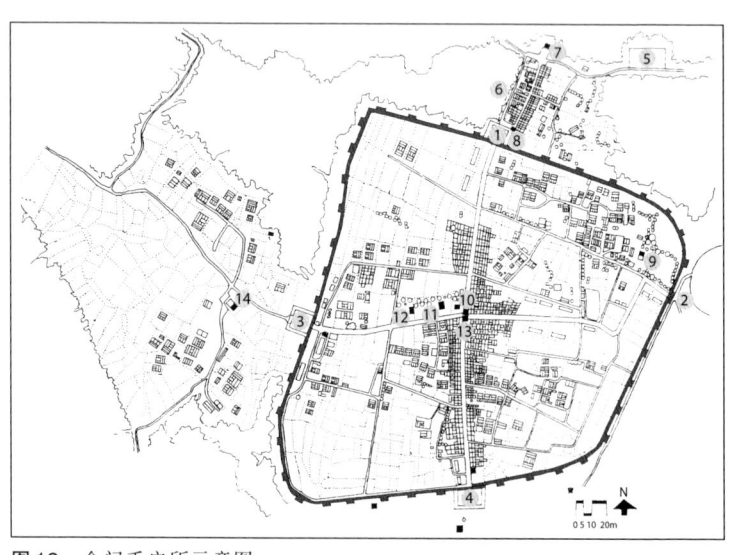

图 12　金门千户所示意图

1. 北门
2. 东门
3. 西门
4. 南门
5. 校场
6. 北门外市街
7. 王公宫
8. 岳帝爷宫
9. 邵氏祖厝
10. 俞大猷生祠
11. 千户所署
12. 城隍庙
13. 关帝庙
14. 辛氏祖厝

工作。

卫所里的生活并不好。军官贪污腐败,士兵经常领不到军饷,类似千盘石的哗变事件屡见不鲜。军官滥用职权,强征普通军户的劳力,有时是出于官府的需要,但更多时候则是为了军官的私利,相关的记载俯拾皆是。逃兵时有出现,更加重了留下来的人的负担。[①]到了16世纪中期,情况开始恶化。

在几乎没有预警的情况下,东南沿海海域骚乱频频,愈演愈烈。一群又一群劫匪沿着海岸线烧杀掳掠,将村庄、乡镇、城市乃至卫所夷为平地。在许多沿海卫所的民间传说中充斥着两类故事,一类是军民如何奋勇抵抗劫匪的袭击,另一类则是抵御失败后当地遭受的灭顶之灾。莆禧所军户的后人至今还讲着这样的故事:他们的城隍爷之所以身着御赐黄袍,乃是因为附近卫所相继被劫匪攻陷时,唯独莆禧所成功抵御了侵袭,因此受到朝廷的嘉奖。而在周围一些村庄的村民中间,则流传着一个悲惨的故事:他们之所以不养狗——时至今日依然如此——乃是因为劫匪到来时,狗吠暴露了祖先的藏身之处,引发了一场惨绝人寰的大屠杀。[②]

朱纨(1494—1550)是首位受朝廷委派处理沿海骚乱的官员,他一开始稳定住了局势。然而,朱纨的所作所为,引起地方利益集团的怨恨。这些集团颇有权势,都在暗地里从事海上贸易。

---

① 关于一般军官如何滥用职权,参见 Hucker, *The Censorial System*, 126-129。一些卫所驻军艰苦生活的具体事例,可参看《明英宗实录》卷一百六,正统八年七月癸酉,2157页,《明英宗实录》卷一百二十六,正统十年二月辛亥,2515页。
② "凤岭鼎建鲤江城隍庙碑记",莆禧城隍庙碑记;莆田县地方志编纂委员会,莆田县民俗学会:《莆禧所城杂记》,45页。

其中一人乃是出身同安军户的林希元（约1480—1560）。朱纨批评他与"倭寇"和走私者狼狈为奸，认为他是福建士人中害群之马。(据朱纨所言，林家拥有从事东南亚贸易的大型船队，却狡猾地声称那些船只都是当地的渡船，借此规避严禁海上贸易的律例。)

又如考察闲住佥事林希元，负才放诞，见事风生。每遇上官行部，则将平素所撰诋毁前官传记等文一二册寄览，自谓独持清论，实则明示挟制。守土之官畏而恶之，无如之何，以此树威。门揭林府二字，或擅受民词私行拷讯，或擅出告示，侵夺有司。专造违式大船，假以渡船为名，专运贼赃并违禁货物。①

因越权擅杀俘虏，朱纨遭到降职处分，悲愤自尽。"倭寇"的突袭，沿着海岸线南北蔓延。一些袭击规模之大，甚至造成几个主要城市和沿海卫所的沦陷。

最终，一批精明强干的明军将领指挥以募兵为主力的军队，运用新的战术平定了乱局。他们当中包括出身晋江显赫军户的金门所千户俞大猷（1503—1579）。嘉靖四十二年（1563），俞大猷的部队与名将戚继光的部队协力于平海卫痛击"倭寇"，获得一场大捷。但是，"倭患"的根治之方，在于放宽明初以来对海上贸易的限制。隆庆元年（1567），朝廷颁布新的执照制度，允许中国商人合法前

---

① 朱纨：《阅视海防事》，收入陈子龙编：《皇明经世文编》卷二百五，2158页。

往西洋（东南亚）和东洋（东北亚）。①沿海骚乱终于得到平息。

中国人将发动袭击者称为"倭寇"，字面上的意思即日本强盗（"倭"的字面义是"矮的"）。民国时期，中国历史学家将明代倭患视为日本的对华战争——显然，他们将历史和自己所处的时代联系起来了。1949年后，中国大陆的学者重新将倭患解读为阶级斗争，也就是崛起中的商人阶级对封建政治秩序发动的攻击。今天看来，上述两种解释都缺乏说服力，但对于取而代之的观点，史学界目前还没有达成共识。一些学者将倭寇之乱归咎于明朝未能维持一支足够强大的海军，另一些学者则认为问题根源在于贸易各方的均势遭到破坏。近来全球史引发大家的兴趣，随之出现了一个新的论调：正是携带先进火器的欧洲人的到来，破坏了当地的非正式贸易秩序。②

"倭寇"到底是哪些人？大部分史料的回答清楚而简单：矮小的日本强盗。该专有名词的使用，乃是试图将含混复杂的问题简化为族群冲突，将一个固定范畴强加于流动的群体和变动不居的行为模式之上。即便在当时，"地方知识"（local knowledge）一再指出这个标签并不准确。据南京湖广道御史屠仲律估计，被指为"外国匪徒"的人当中，外国人真正所占的比例还不到十分之一，而另外

---

① Li Kangying, *Ming Maritime Trade Policy*, 177; So Kwan-wai, *Japanese Piracy*, 145-156.
② 许多学术文献都认为，"倭患"深层次的原因是明王朝的国策与东南沿海地区的现实之间存在矛盾。但这种矛盾自明朝建立伊始便已出现，对于"倭患"为何集中于16世纪爆发，学术界迄今仍未提出令人满意的解释。So Kwan-wai, *Japanese Piracy*; Geiss, "The Chia-Ching Reign"; Higgins, "Piracy and Coastal Defence in the Ming Period." 钱江推测，葡萄牙人之所以与明军为敌，乃是为了保护自己的贸易伙伴。"Merchants, Smugglers, and Pirates." 也可参见 Calanca, *Piraterie et contrebande au Fujian*. 更早的一些研究，包括林仁川，《明末清初私人海上贸易》；张彬村：《十六世纪舟山群岛的走私贸易》；陈春声：《从"倭乱"到"迁海"》。

十分之二的人可能来自明朝的藩属国琉球。屠仲律急于阐明自己的观点,以致数字统计有欠严谨。他继续写道,所谓"外国匪徒"者,半数实则来自浙江沿海地区,且其中多达百分之九十的人出身于福建三大沿海州府:漳州府、泉州府和福州府。"虽概称倭夷,其实多编户之齐民也。"①

认识到许多"倭寇"其实是中国沿海居民,只能部分地解决如何定义骚乱者的问题。将人群分类,不仅要看族群,还要看其行为方式。我们无法在走私者、商人和"倭寇"之间划清界限,实际上,同一群人往往同时在走私货物、买卖商品、烧杀掳掠。如明人所观察到的:"寇与商同是人也,市通则寇转为商,市禁则商转为寇。"②商人和走私者之间的界限是由政策建构出来的,并不取决于人本身。众多臭名昭著的"倭寇"主要在从事非法的长途海上贸易,因此也是走私者。当时的南中国海处于没有法律约束的自然状态,想要经商乃至想要生存下去,就必须具备一定军事能力。因此,商人也好,走私者也罢,无论世人从事的是合法贸易还是非法贸易,都必须拥有武装力量。③当时机到来,水手们眨眼间就可以停止贸易活动,转而打家劫舍。他们劫掠的对象,既包括其他水手,也包括沿海的居民。(中文向英文的翻译更加复杂化了这个问题。安东尼·里德〔Anthony Reid〕指出,"pirate"所指代的范畴完全是欧洲经

---

① 屠仲律:《御倭五事疏》,收入陈子龙:《皇明经世文编》卷二八二,2979页;《明世宗实录》卷四百二十二,嘉靖三十四年五月壬寅,7310页。
② 郑若曾:《筹海图编》卷十一,4页a,819页。
③ 何大鹏(Dahpon Ho)准确地将这一时期的南海描述为"一个类似边疆、司法模糊的区域。该区域既已军事化,又缺乏武力之外的制度性途径以处理地方纠纷或应对日益复杂的交易和贿赂"。Ho, "Sealords Live in Vain," 81.

验的产物,但它被用来翻译中文里许多不同的名词。"倭寇"经常被译为"pirate",但两者所指并不相同,"倭寇"的主要活动并不是对合法商船发动袭击。他们生活在海上,登岸劫掠,抓取人质然后索要赎金,大闹一番后再跑回海上或近海的岛屿上。)[1]

不同情况下,同一群被贴上"倭寇"标签的人,既可以是国家权威的替代者,也可以成为国家权威的一部分。明代官员时不时会尝试"招抚"海盗,也就是说服海上组织的首领——商人和"倭寇"——臣服于朝廷,并受朝廷委派镇压其他海盗。[2]因此,有时一些"倭寇"摇身一变,就成了国家的代理人。

此外,无论是走私者、"倭寇"还是奉公守法的商人,都紧紧地嵌入了沿海地区社会。如早期镇压倭患的朱纨注意到,海上贸易与沿海居民的生活福祉息息相关,乃至于"三尺童子,亦视海盗如衣食父母"。[3]几乎各个阶层的沿海居民,从贫穷的渔民到富裕的盐商,再到林希元这样的地方精英,都在某种程度上参与着非法海上贸易。

就连沿海卫所的军官和士兵也置身其中,正如嘉靖八年(1529)

---

[1] Reid, "Violence at Sea," 15. Dardess指出,"倭寇"利用大海,就如陆上的土匪利用山林和边地一般,入海既是他们的栖身之所,又是他们袭击沿海府县的后方基地。陈春声将Dardess的类比向前更推进一步,提出潮州的"倭寇"和山匪往往是同一批人。名称上的不同,反映的不是两个群体,而是同一群体在特定时间做出的特定选择。Dardess, A Political Life in Ming China, 95;陈春声:《明代前期潮州海防及其历史影响(下)》,46—52页。一个有趣的观点是,"倭寇"可以建立起同斯科特笔下的赞米亚(Zomia)类似的"逃避社会"(Escape Societies),参见Joseph McKay, "Maritime Pirates as Escape Societies"。不过他将"倭寇"与沿海平民臆断为两个截然不同的群体,这削弱了他的分析。
[2] 李金明:《明代海外贸易史》,80—108页、173—183页;林仁川:《明末清初私人海上贸易》,40—84页。
[3] 朱纨:《甓余杂集》卷三,38页b;这句话重复出现于该书卷八,64页a。

和嘉靖二十六年（1547）皇帝看到的情况。《明实录》的数十条记载——分布于明朝各个时期——都指明此点。一些记录笼统地将官兵作为非法海上活动这一大问题的一部分来描述。实录中的官方文书经常指责"军民"在从事非法贸易。嘉靖四年（1525），浙江巡按御史便上奏皇帝："漳泉府黠猾军民私造双桅大舡下海，名为商贩，实出剽劫。"①

但是，并非所有指控都采取笼统的说法。《明实录》还指名道姓地记录了参与走私的军方人员。朝贡贸易是唯一的合法贸易形式，凡从事其他涉外贸易的士兵，便都是走私者。这样的士兵为数不少。明初，朱元璋曾有言："朕以海道可通外邦，故尝禁其往来。近闻福建兴化卫指挥李兴、李春私遣人出海行贾。"几十年后，《明实录》提到福建都指挥佥事张豫"坐困顿，置番国方物，不如法"。宣德九年（1434），漳州卫的一名指挥官被发现曾出国从事贸易活动，然后用带回的货物贿赂上级。②

士兵们有时反而会加入本应由自己镇压的走私团伙。朱纨发现，绍兴卫的两名士兵"各不合私自下海，投入未获叛贼冯子贵船内管事，与伊共谋投番导劫"。③16世纪的倭患平息后，当局业已允许百姓在获得许可的情况下从事贸易活动，但军方人士仍在继续参与涉

---

① 《明世宗实录》卷五十四，嘉靖四年八月甲辰，1332—1333页。朝廷三令五申禁止私人海上贸易，每次均使用类似的表述。是以明初以降，"不许军民等私通外境、私自下海贩鬻番货"。见《明太宗实录》卷六十八，永乐五年六月癸未，946页。
② 《明太祖实录》卷七十，洪武四年十二月乙未，1304页；《明太宗实录》卷六十七，永乐五年五月壬午，942页；《明宣宗实录》卷一百五，宣德九年三月辛卯，2448页。
③ 朱纨：《甓余杂集》卷四，24页b—25页a。也可参见山崎岳：《巡抚朱纨的见た海：明代嘉靖年間の沿海衛所と「大倭寇」前夜の人々》，13—14页。

外贸易。16世纪20年代的一次官吏考课,指控澎湖游击王梦熊有罪:他让麾下的两艘船满载着牲畜和铁器出洋"巡逻",但事实上,两艘船直奔台湾岛,将货物售给荷兰人。据说王梦熊还曾设宴款待一群"倭寇",与他们同席大吃大喝,并以厚礼相赠,包括粮、油及一个小唱。①

即使沿海卫所的官兵没有亲身参与海盗或走私活动,军队的部署模式决定了他们往往与相关人士有联系。在16世纪中期平定倭患的战斗中,出身漳州的四名士兵偷偷潜入被包围的"倭寇"营寨,找到其中的漳州同乡,答应他们,只要肯出钱,就能帮他们死里逃生。当地的两个所甚至出现在提督军务的王忬(1507—1560)所整理的"贼巢"名单里:金门(即第一章提到的倪家安家的地方)与金门以北的崇武。②

有明一代,官兵参与走私,与外国人做生意,并时而行事如同海盗。他们扮演着不同角色,或是推波助澜,或是亲力亲为。他们的长官也没闲着,恣意收受贿赂,对非法行为睁一只眼闭一只眼。这些人出现在朝廷的史书中,说明他们最终落入法网,并且一定是被上级通过官僚机制以正式手段抓到并处置的。相比于这些有记录可查的人,未被逮捕的不法之徒肯定要多得多,更不要提还有那些被逮捕却未被记录下来的人了。

---

① 《中国明朝档案总汇》卷四,41页。
② 采九德:《倭变事略》卷二,9页b;王忬:"条处海防事宜仰祈速赐施行疏",收入陈子龙编:《皇明经世文编》卷二八三,2996页。据说洪武帝朱元璋之所以决定让军队轮流驻守于远离本乡的卫所,乃是因为一份上疏,该疏称:"言事者论本地军顾恋乡土,有误防守。"(《兴化府志》卷四八,1237页)。这可否作为官兵对村民的走私活动坐视不理的一个微妙的暗示?

官兵为什么参与走私、成为海盗？无论是在明朝的福建，还是在其他朝代的其他地方，官兵参与走私的动机，很可能与其他走私者没什么不同：要么是生计所迫，要么是怀有野心，要么是投机取巧。然而，对明代军户成员而言，还有一些独特的压力、诱惑及好处出现在他们的面前，将他们推入这潭浑水。这些因素都是明初军事制度演变的直接产物。

人口的变迁是一个关键的长时段变化。在实行鼓励士兵安家卫所的本地化政策之前，理论上各卫所的兵员数量是固定不变的。每当正军退役，他会回到自己的原籍，同时，原籍的接替者会来到卫所。逃兵可能导致卫所兵力在短期内减少，明初官员已然注意到这个问题。但经过清军勾补，卫所兵力最终会回到正常水平。实行本地化政策之后，卫所成为士兵及其眷属的安身立命之所，并最终成为他们子孙后代的家乡。人口的自然增长，意味着经过一段时间，明初的一名士兵可能繁衍出一个人丁旺盛的家族。即使再有逃兵，也不一定会导致人口下降，除非祖军的全部后人集体逃逸。随军眷属的老问题肯定会反复出现。朝廷官员意识到了这点，四川布政司左参议彭谦曾明言："正军余丁一二人在营，其余老幼有五七人，至二三十人者。"[1]当地人也看到了这点。晚明一个文人在描述福清的万安所（位于上一章登场的叶家和郭家的原籍附近）时，写道："凡军户家始唯一人为军，后子孙多。"[2]

人口结构转变的最明显证据来自卫所军户日后编纂的族谱。若

---

[1]《明宣宗实录》卷八十一，宣德六年七月辛巳，1880—1881页。
[2] 涂之尧（顺治十一年举人）：《故乡风物记》，收入俞达珠编：《玉融古趣》，225页。

以谱图的形式记录一名14世纪初正军的所有后人,其篇幅可能要填满好几册族谱。前面讨论过的铜山陈氏家族,到了第八代的时候,族人已有近三十人之多,而且还在不断增加。才过了短短几代,军户成员的数量就远远超出了明代军事制度设计者的预料,也远远超出了体制的承载能力。

卫所里,人口持续增长,却没有任何制度性机制来适应、记录这一变化。从财政角度看,人口并没有变化。一个拥有1120名士兵的所,始终保持着1120人的兵力。"官方"的人口数字甚至还有所减少,因为不是所有逃兵或退伍士兵都有人顶替——明中叶以来,官方报告就开始区分"原额"士兵数量和"现额"士兵数量。一个祖军无论有多少后人,他们都会被籍入一户名下,该户只需派一人当兵,相应地只能领到一份军饷。①

不仅如此,我们已在盘石兵变中看到,就连这笔初始财政负担,在许多地方都成了问题。我们不知道盘石卫指挥为何拖欠军饷。这可能要归咎于后勤补给。本来用以供应军饷的军屯,不是被卖掉,就是被非法占有,或者因屯卒逃逸而日渐荒芜(参见第五章)。问题也可能出在军粮生产与发放的中间环节,一些机构与个人介入其间,暗中作梗。东南沿海(乃至其他地区)的官员,长期被指控挪用、克扣军饷,干着各种见不得人的勾当。②然而,即便是士兵一分不差地领取到个人应得的粮饷,依然无法解决随军眷属的问题。他们也得有饭吃。

---

① 但也有一些例外,譬如,当一个军户的多名成员同时被征入伍时。到了明代后期,军余也常有机会替补军役,以填满军队缺额。
② 《明宣宗实录》卷一百八,宣德九年二月壬申,2431页,想了解具体案例的话,可参见《明宣宗实录》卷一百九,宣德九年三月戊寅,2439页。

人口变化造成一个棘手的局面，明朝统治者不得不予以正视。朝廷屡次下令，给军眷提供耕地，让他们成为普通农民。① 百姓的应对之道和朝廷的思路大同小异：军眷要自力更生。他们投入各行各业之中。有记载称，一名福全所的士兵出海打鱼，意外捞到珍贵的宋代砚台（也许他不过打着捕鱼的幌子，暗地里从事古董买卖）。由此可知，福全所的部分居民以打鱼为生。② 在与福全隔海相望的金门，军余杨廷树"家贫业渔为活"，他遭遇海难，葬身鱼腹，留下了一个年轻的寡妇。杨妻在沙滩上痛哭三天，最后自缢身亡。③

军事家谭纶曾撰文探讨沿海卫所驻军战斗力的下降，文中列举出官兵与军眷从事的各种职业。他对该问题深感兴趣，认为导致军队战斗力降低的罪魁祸首正是卫所居民职业的多元化。

> 卫所官兵既不能以杀贼，又不足以自守，往往归罪于行伍空虚……然浙中如宁、绍、温、台诸沿海卫所，环城之内，并无一民相杂，庐舍鳞集，登非卫所之人乎？顾家道殷实者，往往纳充吏承，其次贿官出外为商，其次业艺，其次投兵，其次役占，其次搬演杂剧，其次识字，通同该伍放回附近原籍，岁收常例。至于补伍食粮，则反为疲癃残疾，老弱不堪之辈，军伍不振，战守无资，弊皆坐此。④

---

① 《明太宗实录》卷二十八，永乐二年二月癸巳，511页；《明宣宗实录》卷九十五，宣德七年九月壬戌，2148页。
② "八代祖传记"，姓名难以辨认，《福全蒋氏四房北厅序谱》。
③ 洪受（活跃于1565—1568）：《沧海纪遗》，91页。
④ 谭纶（1520—1577）此言，引自郑若曾：《筹海图编》卷十一，22页b—23页a。

天启五年（1625），西班牙耶稣会传教士阿德里亚诺·德·拉斯·科尔特斯（Adriano de las Cortes）从马尼拉前往澳门，在中国沿海遭遇沉船事故。他曾这样描写蓬州所守军："除了当兵，他们都毫无例外地做着兼职——来自兼职的外快是军饷的补充，用来养活老婆孩子。例如，他们当中有搬运工、补鞋匠、裁缝师，或从事着其他类似的工作。"① 部分士兵和军余还行如盗匪。如一份官方报告所言："沿海诸卫所，官旗多克减军粮入己，以致军士艰难。或相聚为盗。"② 当然，卫所军户的职业多元化，无非是第一章讨论过的军户职业多元化策略的变奏。而军户的职业多元化，则又是分布更广泛的多元化策略的一种变奏。

但是，人口压力及由此导致的职业多元化，并不是士兵铤而走险、参与走私的唯一原因。毕竟该现象贯穿明代，反复出现。还有另一因素起着作用：东南沿海军户成员——包括正军、军眷——具备一些特质，使他们比其他人更有实力进入海洋世界。换句话说，他们在走私和海盗活动中享有竞争优势。

首先，他们更容易接触到船只和航海技术。目前为止登场的绝大多数军户，都是在周德兴或汤和大规模抽军期间被征入伍的。而明初参军的人员中，有些与海洋有着长期的联系。朱元璋将手下败将

---

① Girard ed. and trans., *Le voyage en Chine d'Adriano de las Cortes (1625)*. 关于德·拉斯·科尔特斯被关押的地点，Girard提出一些不同的说法；Nicolas Standaert 在私人书信中给出了一个很有说服力的解释，认为德·拉斯·科尔特斯提到的地方就是靖海所与蓬州所。
②《明英宗实录》卷一百二十六，正统十年二月辛亥，2515页。

方国珍(1319—1374)的水师分派到各卫所,使许多长期从事海上活动的家庭成为军户。①洪武十五年(1382),朝廷决定将广东疍民籍入军户,有异曲同工之效。提出该建议的官员强调,这些生活在沿海岛屿的百姓非常不易管理,"遇官军则称捕鱼,遇番贼则同为寇盗"。他们不仅精通于海事,而且惯于伪装,蒙骗当局说自己从事的是合法贸易。②成为军户并不会断绝这些悠久的家族传统和专门技能。

以海为生的家族传统也许会逐渐淡化、消失,但是,各个卫所——这些家庭被派驻之地——始终是水师技术的中心。沿海卫所的守军能够轻易获得相关技能,这是他们拥有的另一种竞争优势。在明代的大部分时间里,卫所是唯一可以合法建造大型远洋船舶的地方。③闽南地区的悬钟所,便以专门打造货船闻名于世。④就连卫所的战舰都会被用来从事非法贸易。15世纪中期,福建永宁卫指挥佥事高璹尝"役所督海舟贾利"。其间有士兵溺水身亡,引起朝廷的调查,他的不法行径才大白于天下。⑤此间的守军还占尽地利。沿海卫所被有意设在各主要港口和传统贸易枢纽,这就给士兵以可

---

① 方国珍曾在浙江沿海贩卖私盐,后来成为声名远播的大海盗头子。对元王朝,方国珍总是时降时叛,并借机扩张个人势力,建立起一支拥有数百万至上千艘船只的舰队。至正二十七年(1367)他与朱元璋发生正面冲突,最终通过谈判,被迫归顺。洪武五年(1372),朱元璋下令将方国珍手下的士兵编入军籍。Goodrich and Fang, eds, *Dictionary of Ming Biography*, vol. 1, 433–435.
② 《明太祖实录》卷二百二十三,洪武二十五年十二月壬子,3262页。几年后,类似的事情再次发生:宁波府昌国县的绝大多数人(也可能是全县的人)都从事海盗活动,面对如此刁民,朱元璋下令废县,将民户全部强征入伍,编为军籍,将他们置于当地卫所的管辖之下。理论上,他们有关航海的经验可以在卫所得到合法的应用。《明太祖实录》卷一百八十二,洪武二十五年六月己未,2745页。
③ 关于明代海军技术,参见Needham, ed., *Science and Civilization in China*, vol. 4, pt. 3, 477ff.
④ "福建事宜",郑若曾:《筹海图编》卷四,20页b。
⑤ 《明英宗实录》卷七十四,正统五年十二月癸酉,1433—1434页。

乘之机。他们向往来商船征收非正式的通行费，还为自己的买卖提供各种方便。

军官拥有另一种竞争优势，来自他们和当地精英家庭建立的社会网络。这些家庭是商业活动的资金来源。嘉靖九年（1530），海宁卫的两个指挥官找到士绅郑晓（1499—1566），"言海中有番船多奇货，借米二百石交市，明日即利三倍"。郑晓拒绝了厚礼，向两个军官的上级和当地县令举报，却如石沉大海，没有下文。① 这一事件却提醒我们，其他士绅未必皆能如郑晓一般刚正不阿。

另一方面，如果地方势族本身就在从事非法贸易，那么在他们的施压下，军官很难秉公执法，甚至干脆对走私者视而不见。"著姓宦族之人又出官明认之曰，是某月日某使家人某往某处粜稻也，或买杉也，或治装买匹帛也。家人有银若干在身，捕者利之……官军之毙于狱而破其家者，不知其几也。"久而久之，守军也顺势与走私者串通勾结。"出海官军不敢捕获，不若得货纵贼无后患也。"②

军户享有的最大竞争优势在于，负责控制、取缔非法海上贸易的人就是他们自己或他们的亲戚。官方禁令中屡次提及此点。宣德八年（1433）的一份报告说，近来百姓"不知遵守，往往私造海舟，假朝廷干办为名，擅自下番"。举报不法之徒，将会获得罪犯一半的财产。但是，"知而不告及军卫有司纵之弗禁者，一体治罪"。③ 管制贸易乃地方卫所的职责所系，但在现实中，显然存在"酌情处理"的空间。

水师官员之所以睁一只眼闭一只眼，默许手下士兵参与海上贸

---

① 郑履淳：《郑端简公年谱》卷一，24页b—26页a。
② 这是仇俊卿（约1520—1591）之语，引自《福建事宜》，郑若曾：《筹海图编》。
③ 《明宣宗实录》卷一百三，宣德八年七月己未，2308页。

易,或许是因为贸易所得被视为一种工作福利;或许是因为他们希望靠自己的网开一面来赢得手下的拥戴;或许是因为他们自己的买卖和手下士兵的买卖息息相关,大家都是一条绳上的蚂蚱。成化五年(1469),有人发现福建都指挥佥事王雄收受属下贿赂,"听其与岛夷奸阑互市。及领军出海,遇番舶逗挠官军,遂为所伤"。①在沿海地区,唯有军士可以合法理由出海,他们要巡逻。但是,如明末一份政策声明警告,除非军官时刻保持警惕,"甚至官军假哨捕以行劫,而把总概莫闻知焉。使或闻知,势至掩饰以自勉过,而不暇议水寨不宜入厦门"。②能够掌握军队海巡的路线和时间,并有把握当自己被抓时可以靠关系(甚至亲人)开脱,这些都是从事非法贸易的巨大优势。而亲自执行海巡任务,无疑是一个更大的优势。

这给予士兵以情报方面的优势。如明末某个地方志的作者写道,他有一个朋友,曾经担任浯屿寨把总,对海滨之民,"皆知其生业出入,贸迁何业,所藏货物当往何夷市"。一旦他控制了这些人,便"可用为耳目"。③

军官也会利用公务之便,在监督合法的朝贡贸易的过程中捞取好处。成化元年(1465),来自爪哇的朝贡使团到达广东,一名从事走私活动的中国商人("常泛海为奸利")筹划与使臣交易,购买其携带的私货。使臣的船舶被引到潮州,商人的伙伴在这里担任指挥。指挥的职责是将贡品封存以备检查,但他却趁机监守自盗,偷

---

① 《明宪宗实录》卷七十一,成化五年九月己巳,1398页。
② 洪受:《沧海纪遗》,40—42页。
③ 《闽书》卷四十,34页a。

偷拿走了一些值钱的玳瑁。①

军户及其眷属既有航海技术,又有社会人脉,因此在从事非法贸易时享有竞争优势。在明末海防专家王在晋(万历二十年进士)愤怒的反诘中,我们也可以看到这一点:

> 夫艚艚乌尾船只,明为下海入洋之具,唤工打造,非旬日之可成。停泊河港,招摇耳目,而地方不之诘?官司不之禁?偷度(渡)关津,守者不之觉?帆樯出海,总哨不之追?②

士兵及其家属的"再域化"与他们在军营周围地区建立的新社会关系,违背了军方强迫他们在卫所安家的初衷。他们作为国家代理人,享有特殊的政治地位。这种地位带来的巨大优势,让他们在从事走私活动时肆无忌惮,甚至变本加厉。

蒋千户夜袭倭巢　张把总暗结匪首

本章到目前为止,我都在使用官方报告和正史资料,这些史料毫无例外地对参与走私和海盗活动的士兵持批评态度。如果我们走进相关社群,细读他们的族谱,还可从参与者的角度讲述这段历史。蒋继实是福全所的千户。据我所知,现存的官方文书中没有他的姓名,但是我们可以在蒋氏族谱中发现他的踪迹。他的故事太过精彩,

---

① 《明宪宗实录》卷十九,成化元年七月戊申,379页。
② 王在晋:《海防纂要》卷八,28页b。

值得我们花点时间先讨论一下故事的来源。《福全蒋氏四房北厅族谱》是一部手抄本族谱,最初编纂于17世纪中叶,最近一次修订于1958年,加入了近年出生的族人姓名。和印刷本族谱相比,手抄本族谱是一种不同"形式"的史料。印刷本族谱反映出家族的权力和地位,至少在某种程度上来说,它们是写给外人看的。而在蒋氏族谱中,则充斥着私通和私生子的故事,明显没打算公之于众。它是一份草稿,一部对家族隐秘历史的记录,一本由普通族人书写的原始资料汇编,作者可能寄望于日后有人根据这些资料重新编纂一部中规中矩的族谱。这恰是在提醒学者们,任何时候,一部族谱都有可能存在着多个版本。戴思哲(Joseph Dennis)业已证明,将地方志视为一成不变的文本是有问题的。这个结论同样适用于族谱。①

七代祖继实公,嘉靖元年壬午十月袭正千户。到任,掌本所印两院,兼出海捕倭盗,带浯铜游兵把总,管所事。抚军士以恩,凡出泛者,加例倍恤。兵卒用劝,于是户侯阎君恭、陈君庆率阖所人民勒碑怀恩。撰文者黄公澄也,其赞曰:"伟哉君侯,引兹德惠,为山九仞,功在一篑,林林貔貅,始终用慰。"

公少负异才,为府诸生,物色俞武襄大猷,以兄事焉。骑射精妙,颇长于海战,能着钉靴绕哨船栏外步走如飞。一夕,乘贼酋李文信拥姿姬酣宴,公驾桴突至,计擒之。众咸失色,遂并其妻妹,生缚入所。急足报捷,会当道攘其功不已,仍督解贼赃番货。同官忮妒,复媒其与酋妹结为兄娣,受珍珠一斗、金一瓮、蔷薇

---

① Dennis, *Writing, Publishing and Reading Local Gazetteers*, 121-126.

露万斛。公恚甚,酋送之登艇,自脱去,公亦弗更俘之也。或有孽公留酋妹数日,阴挟质子者,当望益奢,公愤恨不应。落职听勘,久乃悉输所获于酋者,分遗诸当道者。再复职,而公不能无后言矣。

都督侯公讳国弼尝云:"习静以计擒李文信,却走林凤诸酋,此异才也。"其高见在诸贼船货都不足属意,谨牵厥饶瓷二船以归。贼酋钩舡迎击,公将两船瓷器飞射铦碎,贼脚无站处。彼船渐重,我船渐轻,而彼生受缚矣。公得酋货,散给兵军用命者,殊弗甚惜,可谓一时名将。唯性耽声色,战胜而挟酋妹击暹罗铜鼓,列阵进城,目无全躯保家之弁。盖解厥考慎庵公之恭恪而启迺子龙谷之狼傲,居恒叹:"文官不尽武官之才,违拂初志,惜哉。"

公有知人之鉴,所交游咸名士大夫。陈尚书我渡公微时,从父北沙公光节挟术家言至福全。公见北沙,即曰:"先生扉常人也。"留共饭。北沙举七属,有所迟,公叩之,答曰:"小儿担囊未早餐耳。"公遽出视,曰:"先生所以贵者,此儿尔,双眸如电,台辅器也。"即许婚以妹。久而妹之母曰:"而乃以若妹字术家子耶!"公曰:"妹福菲。"遂诣陈我渡读书处,在山川坛。以宗弟继伦之女女焉。钵山公为釐妆,以嫔其年。陈以科儒,食饩联第,后官至尚书,封一品夫人。[①]

[①] "蒋继实传记",《福全蒋氏四房北厅族谱》。整篇传记有可能是伪造的。但是,许多史料(无论来自蒋氏族谱之内或之外)清楚表明,蒋家确实如其自述在福全所担任世袭军官。因此,即使本篇传记纯属捏造,它所包含的信息——蒋家祖军被分派到福全——却是真实的。我们现在看到的族谱面貌,反映着清代百姓广修族谱的热潮。当时,很多族谱都是由不那么熟悉族谱体例的人匆忙编纂而成的。印刷本族谱的编纂乃是为家族的宗旨服务,只会记下必须留存的内容,因此军户族谱很少会详细描述本家丰功伟绩的故事。通常,我们必须通过其他史料才能了解军士如何大破敌寇、斩获匪首的详情。但是,蒋氏族谱的编纂者似乎并不了解这一惯例。

福全蒋氏的始祖是朱元璋的老乡，他们均来自濠州钟离县（今安徽省凤阳县）。普通士兵族谱对自家被征入伍的记载往往十分简略，令历史学家束手无策。所幸蒋家是世袭军官，因此蒋氏族谱为我们提供了更多细节。编纂者甚至将家族抄录的卫选簿副本又誊入族谱。蒋家始祖于元至正十四年（1354）加入朱元璋的队伍，随之南征北战。元至正二十三年（1363），他成为百户，之后不断得到擢升，直到洪武二十五年（1392）因年老退伍。退伍之前，他晋升为千户，被调往福全所，戍守在这里的都是来自福州地区的新兵。

他的后人一直担任福全所千户，多数均能恪尽职守，少数几个还立下赫赫战功。蒋继实，蒋家七世孙，于嘉靖元年（1522）顶补他的堂哥成为福全所千户。和他的祖辈与后辈一样，蒋继实的主要职责是保卫沿海地区免受倭寇侵扰。当地有伙"倭寇"，首领名叫李文信——"倭寇"居然起了个中国人的姓名。蒋继实充分掌握了李文信的行踪，趁他与手下大摆筵席之时发动突袭。是次突袭堪称蒋继实生平最冒险的行动之一。他最终生擒了李文信及他的妻子和妹妹，将他们带回了福全。蒋继实还从本次行动中起获"贼赃番货"。其他军官对这场大捷心存嫉妒，因此四处散播谣言，称蒋与匪首之妹"结为兄娣"，并收下了她家人贿赠的"珍珠一斗，金一瓮，蔷薇露万斛"。蒋继实一怒之下，索性放走了李文信。但流言蜚语仍未停息。他别无选择，只好"悉输所获于酋者，分遗诸当道者"——可想而知，这么做并非出于其本意。有关他扣押李文信之妹作人质、向李索要更多货物的言论，依然甚嚣尘上。

在蒋继实传记后面的部分，"倭寇"的妹妹再次现身。此时的记述和前文有着微妙的不同。在前文中，她只是"谣言"的一部分，他人的风言风语都是为了玷污蒋继实名声。然而"谣言"背后似乎另有隐情，因为本传的作者（亦即蒋家的另一名族人）批评蒋继实"好色"，依据则是蒋继实"扶酋妹击暹罗铜鼓，列阵进城"。

族谱中还有一件奇闻趣事。有一次，蒋继实打败"诸贼"，起获两艘满载瓷器的船只。"匪首"不甘失败，追击蒋继实的部队，用铁钩拦截船只。蒋继实令士兵向敌船抛掷瓷器。瓷器破碎，残片满地，以致"贼脚无站处"。我们可能觉得这段记述很好笑，但编纂者却是一本正经地将其录入族谱。蒋继实击退了"倭寇"的反击，生擒了匪首，并将作为战利品的贼赃分给手下士兵。①

蒋继实传记中的军人世界和其在官方史料的面貌大不相同。一方面，蒋继实与来自晋江的金门所指挥俞大猷有八拜之交，和地方上的许多士绅相得甚欢；另一方面，他和"倭寇"首领之间的关系一言难尽，与匪首之妹更是不清不楚。他攻击的"倭寇"船，满载着瓷器，显然不是那种令本地百姓望而生畏的战船，反而更像是货船或驳船。就像所有引人入胜的"倭寇"故事一样，蒋继实的传奇中总是出现金银财宝。然而，宝货的命运，并不是先被残暴的"倭寇"从主人手中夺走，之后再由英雄好汉完璧归赵。无论从蒋家往下还是往上，都存在着更加复杂的货物流通。也许有的是李文信送来的礼物，有的则是李文信妹妹的赎金。蒋继实起获贼赃，既没有物归原主，也没有上缴国库，而是赠予上级或分给手下。上至军官，下至士兵，都觊觎这些被称为"番货"的财宝，他们肯定有能力将之在市场上变卖。因此，当时肯定有一些必不可少的市场机构在为

---

① "蒋继实传记"，《福全蒋氏四房北厅族谱》。

他们服务。

我们通常认为,只有当国家能力低下时,才会出现大量的非法行为。但近年来,鲁大维(David Robinson)关于暴力的考察与埃里克·塔利亚科佐(Eric Tagliacozzo)对走私的研究告诉我们事情没有那么简单。[①] 劫掠荒无人烟之地,无异于竹篮打水。城市的财富和权力,为人的暴行创造机会,匪寇可在这里"大展身手"。地方行政枢纽也可能成为孳生犯罪的"乐园"。多个行政体系交叠的地区容易藏污纳垢,不法之徒在不同制度的缝隙间作案,更难以被发现。对走私者而言,有国家官员的地方就有贪污腐败的可能。实际上,贪腐官吏只要保证关键时刻能让国家机关对走私活动"视而不见",就可以帮走私者降低风险。

把总张四维比蒋继实更加肆无忌惮。他结交汪直(嘉靖年间最著名的海盗首领之一)。他曾送给汪直一条玉带,"近则拜伏叩头,甘为臣仆,为其送货,一呼即往,自以为荣"。如这段记述的作者所言,上述行为显示出"顺逆不分"。[②]

正是在体制中的位置,让蒋继实和张四维这样的人得以牟利自肥。军官之所以能在履职的同时从事走私活动,靠的不是成功避开国家机关的监督,而是利用自己和国家机关的联系。蒋继实之流,利用靠近国家的优势和自己在军中的地位,降低从事走私和海盗活

[①] Robinson, *Bandits, Eunuchs, and the Son of Heaven*, 164—168; Tagliacozzo, *Secret Trades, Porous Borders*, 5—6. 某种程度上,鲁大维(David Robinson)是在回应 James Tong 关于明代造反与叛乱的学术著作 *Disorder under Heaven*。

[②] 万表(1498—1556):《海寇议》,3页 a。也可参见山崎岳:《巡抚朱纨の见た海:明代嘉靖年間の沿海衛所と「大倭寇」前夜の人々》。

动的成本和风险。明代军事体制的演变，产生巨大的诱惑，赋予他们极强的竞争优势，促使他们投身于走私和海盗这些"行当"。

颜推官称病避案　黄船主撒谎服法

嘉靖四十五年（1567），先皇驾崩，新帝即位，成为当局调整政策、一劳永逸地解决倭患的契机。隆庆皇帝同意放宽海洋贸易限制，设立市舶司，由该司负责发放执照与征收关税。[①]沿海地区又恢复了往日的和平。在蓬勃发展的海洋贸易中，马尼拉一跃成为主要转口港，而葡萄牙商人则是发挥关键作用的中间商。但这一切似乎对沿海卫所官兵享有的特殊竞争优势毫无影响。

17世纪20年代，颜俊彦在广东担任推官。此时，给商人发放执照的制度实行多年，海外贸易禁令已是陈年旧事。现在比以往更加强调走私与合法贸易的界限在于买家卖家的身份，而非流通货物的种类——颜俊彦审判过的最复杂的一起案件便就涉及这个问题。

洋船阑入内地黄正等　二徒八杖

〔颜俊彦：〕看得外洋之船，假以飘风为名，阑入内地，业经前院具疏，奉有明旨："诡异船只潜伺贿放，违者处以重典。"兹据李参将所报，洋船一只飘入虎门，此止明旨所谓诡异之船也。沿路官兵，所司何事？听其飘入。若有奸人叵测，亦可任其出入自如耶？事干封疆，非同儿戏。伏乞宪台严檄海防捕盗

[①] Li Kangying, *Ming Maritime Trade Policy*, 177.

及该地方县官，查其来历，再议发落。若朦胧放入，报饷完事，似于明旨有碍，非职所敢与闻也。伏候宪裁。呈详。

海道批：洋船擅入，官兵放行，昨已批府严查究处矣。本道所谓速查果系飘风别无夹带，正所谓查其来历，所谓盘验封固候解审定夺，即所谓再议发落也。事系封疆，该府素著风裁，似难谦让。若本船货载，既不泊之内海，能保其无偕运匿赃？作何防守？应否盘验？一并确议速详。

〔颜俊彦：〕看得飘风之船，倘果系差官以宣谕红夷飘风至此，其船上二百余人及装载多货，夫岂奉差宣谕者所宜有耶？奉宪檄府盘诘审究，职因病瘝给假，不能即出。此等诡异之船，内无勾引，外必不入。所载重货，不难贿通地方巧为搬运，恐盘验稍迟，尽属乌有。即严行哨守官兵加谨巡察，而此哨守官兵非能见利不动，则所称巡察之人未必非即搬运之人也。伏乞宪台，行两县正官即时亲往盘诘，庶即尚有着落。且旧年郭玉兴、高廷芳等船仅拟罚饷，此辈得志，遂复再逞。此审断不可不重惩之，以杜其后也。伏候宪裁。详蒙

海道批：船货已行两县盘验，差官黄正、陈鼎业押发查质。中间情弊，一审自明，确究速报。

〔颜俊彦：〕看得洋船既入，据报载有重货，自应速委盘验，免其私自搬运。但职既卧病不能前往，所以具文详请，委两县正官亲验，非推避也。若迟之时日，恐便有不可问者。伏候宪台速赐裁夺。详蒙

海道批：仰速行盘验，缴。

〔颜俊彦：〕看得洋船突入，凡在守土，俱无所谢其责。

职凑以痾病给假,僵卧不能出。奉宪檄,以三尺从事恐迟延时日,此辈狡计百出,已转属两县,据审明申报在案。或即听院道发落,或并候制台入境处分,统候宪裁。解详,蒙海道转详。

察院批:阅黄正等所执福建抚院札付,止云侦探海上耳。乃竟聚众三百余人,入夷地,贩夷货,又违禁直通粤省,而民间之住粤者,且为奔走,布置窝接。是岂无因而至,尚得以"飘风"二字为解耶?船中违禁之物,为番为倭,不可不亟行盘明,以免奸徒私运匿赃而并卸罪也。该道仍移福建海道查明,将人货关发彼处定罪,并候新军门定夺另详。

〔颜俊彦:〕照得洋船突入一案,职凑以病给假,宪檄云及已行两县审明转详。此复若欲操不律以佐宪台,三尺刑官事也。蒙批盘验,职遵查《大明会典》载,各府推官,职专理狱,通署刑名文字,不预余事。况职兼视府篆,一日之内,应接不遑。盘验洋船,势难一日两日可以结局,岂能抛废府厅诸事,往为料理。若不奉宪台批定某衙门某官,彼此推卸,迁延时日,恐致耽误。具详。

巡视海道批:仰候按院详示缴。

〔颜俊彦:〕看得洋船一案,奉宪檄委两县正官盘验,两县具文,以盘验实责成市舶司为言。详蒙先檄,本府会同两县参酌。查律例,纠通下海之人接买番货,与探听下海之人番货到来,私买贩卖苏木、胡椒至一千斤以上者,俱问发边卫充军,番货并入官。又查前院条奏,奉明旨:"诡异船只潜伺贿放,违者处以重典。"今据黄正等所执帖札,未辨真伪。然细看帖札首尾,从无"许其装货"字样。据黄正等诉称:将所有压载碗铣向彼倒换胡椒、藤香、豆蔻等物，回需水稍家丁月粮、造船制器等费。夫军需自有定额，货贩不入章程。朝廷律令闽粤一天，此不待移会而知其支离也。今若欲据律正罪，只须着市舶司照单没入其货，问罪发落。此中院道为政，一言而决耳。若欲移会闽中，只须行原经手放入将领，封固看守其船。一面移文闽中，关会作何发落。若一经此处府县官盘验，便是粤中私货，万无退闽之理。还闽而路上听其搬运发脱，不免涉于贿放矣。府县官原供上台奔走，敢不东西南北唯命。但此事既经再四推敲，情事重大，上凛祖宗之法度，下遵宪令之森严。庄读院批："违禁通番，擅入粤海，以粤为壑者，即拿究解，以凭参题。"字字风霜，职辈唯知操三尺从事，若敢有游移，上台以职辈为何如人？通国以职辈为何如人？义之所不敢出也。至胡吏目往看，有文申报宪台，据称其船内装有椒香、豆蔻等货，在船且伙，多人拟似商人形境。胡吏目之原看语具在，黄正等已称具单，初词具在，不须职辈再查也。详蒙海道转详。

察院批：驭洋必万斛之舟，中藏不知何物。该道前后以盘明为请，本院亦屡批速盘。盖速盘则货免潜搬，罪无所掩。乃议论迭更，竟未归着。今府详既应就粤究没，何容宽假，该道即便会同布、按二司议酌妥确，速委盘明，按法究拟通详，毋再迁延，反启奸徒潜搬脱卸之弊也。速速。

〔颜俊彦：〕查看得盘验洋船，据厅县会同称：船上之人有兵无商，船上之货有粗无细，欲尽数查验，须半月余，应否就一舱以概众舱，早结斯局，此听上裁，非职辈所擅议。具详。

巡视海道批：既经厅县会同，亲诣抽舱盘验，与册报相同，似无欺隐。姑一面究拟详夺,以遵毋再迁延之批可也。此缴。

〔颜俊彦:〕看得洋船之人,非经盘验,则其船之为兵船,为货船,与船中之货为违禁,为非讳禁,俱难臆拟。职初请盘验,既请定盘验之官,已蒙宪委两县正官。两院以应责成市舶司,该司现无正官。既在地方,县官亦无容推避。但据报其船既大,则所贮之货必多。奉上委盘,必须彻底,不堪朦胧塞责,断非一日两日可以了事者。海防督捕,俱有责成。合无并委两厅与两县,每人认盘几舱或轮盘几日,庶事得速完。其船应否唤令泊有公署之所,庶便盘验。至于船中之人不许带货上岸,岸上之人不许到船携货,则须仍责之原奉檄防守之兵将耳。船中之人,据宋名臣手本,以绝食为请,并请行两县,于市上取米,酌给数日之粮。候盘验完口,或即于货内销算,亦无不可。无听其饥毙之理,亦无听奸徒接济之理。伏候宪裁。呈详。

海道批:洋船既奉批速盘,准唤泊附近,如详仰府转行厅县,彻底分盘,庶事易完而弊尽绝。粮米两县查给销算,仍督防守官兵严缉携带搬运,违玩解究。

〔颜俊彦:〕审得黄正、陈鼎等之船,初据突然报到船上如许多人,以为必诡异之船,于地方不便,法所必讨。今据厅县会同盘验,船系兵船,船上之人俱系兵役,无一商人,则其借巡海而行私贩无疑也。夹带私货,托名飘风,突入粤境,黄正、陈鼎何辞越渡之律,拟徒。黄国铉、吴清、陈成林、孙李瑞、黄彩、程少宇、高廷炳奔走窥探,争趋逐利,并杖不枉。其货据厅县约算,册上近有万金,而内有浥烂不堪变价,应否如议,或半没,或量追价没,尚听上裁。屡查成案,俱取裁于上。以招拟责刑官,敢不据律例从事,持筹核饷非职分内事也。蒙批一面究拟详夺,以遵毋再迁延之批。具招呈详。

　　海道批:仰候转详示行缴。①

　　地方官员报告,一艘洋船停靠在广州附近的虎门,自称因风高浪急而偏离航道。朝廷此前有旨意下达,提醒各地官员务必注意"诡异船只",并警告说,若不仔细查验,定将处以"重典"。正如文中所言:"事干封疆,非同儿戏。"本案颇为棘手,颜俊彦无意亲自审理,于是一次又一次地称病不出。但他积极地为上级建言献策,告诉他们应当下达何种指示,以此弥补自己缺席之过。不排除颜俊彦此时真的身染沉疴,徘徊于生死之间。但更可能的情况是,他清楚本案极其难办,因而决定能躲多远就躲多远。

　　洋船船主黄正一开始声称自己是"奉差宣谕者",要去和葡萄牙人交涉。尔后又说自己受福建巡抚之命,在执行巡海任务。然而,他的供词漏洞百出。该船有两百多名船员,远远超出外交使团或巡海部队的规模。船上满载货物,负责查验的官员说,货物数量之多,须花半月有余的时间才能清点完毕。至于黄正所执福建巡抚的帖札,不论真伪,并无一字一句允许该船运货。当黄正再次被提审时,他供称之所以载货,的确有买卖之意,但这是为了应付供给船员口粮、维护修理船只等开销。办案官员指出,按军方律例的明文规定,军饷由国库支出,从未许可军官私自通过对外贸易筹集。此外,黄正说洋船因遇风浪偏离航道,偶然来此,而当该船在岸边停泊时,"民

---

① 颜俊彦(天启元年或崇祯元年进士):《盟水斋存牍》,699—702页。

间之住粤者,且为奔走,布置窝接"。黄正的辩解苍白无力——该船显然既非官方使团,也未在执行巡海任务。

有官员提出,本案应由福建官府负责,呼吁将船只和船员移交福建。也有官员力主在广东就地审理。但他们一致认为,处理此案既要谨慎小心,又要速战速决。拖得越久,证据越有可能流失。船员会设法偷偷卖掉船上的货物。看管的士兵也可能监守自盗,把窃取的货物转售出去。"即严行哨守官兵加谨巡察,而此哨守官兵非能见利不动,则所称巡察之人未必非即搬运之人。"又或者,船员会声称自己有断炊之虞,要求在当地市场上变卖货物以换取补给。后来真的发生了这样的事。颜俊彦建议:"无听其饥毙之理,亦无听奸徒接济之理。"(颜的建议会招来一个麻烦:如果禁止变卖货物,那么为船员供粮的责任就落到了当地官员头上。这一让县令自掏腰包养活嫌犯的建议,想必很难引起他的兴趣。)若将船只移交福建,则到埠之时,恐怕船舱里已空无一物。即使船员没有变卖货物,看守的士兵也会这么干。

当务之急是清点船上的东西。衙役发现有大量的胡椒、豆蔻,这些都是东南亚的特产。此次清点,还促使官员们做出了关键性判断:"船系兵船,船上之人具系兵役,无一商人。"真相水落石出。嫌犯确系有罪,黄正等两人发配边疆充军,其他船员被处以杖刑。[①]

本案十分复杂。我们没有十足的理由认为官府掌握了全部情

[①] 颜俊彦的记述体现了一种明代案牍的典型风格,他在结尾处提及清点赃物的问题。该船满载货物,总价值接近一万两白银。应该以何种标准计算货物的价值?货物必须充公,这带来一个棘手的问题:除非能够准确计算货物的价值,否则办案官员如何能确定船上货物尽被收没、没有遗漏呢?弊篇文书以请上官就相关问题做出指示结束。颜俊彦:《盟水斋存牍》,699—702页。书里还记录了一个类似的案例,其中的沙案商人声称自己是百户。参见《盟水斋存牍》,77页。

况，甚至也没有十足的理由相信颜俊彦的记载准确地反映了案件的发展过程。但这都无关宏旨。最有趣的是办案官员做出的各种假设与考虑的各种可能情况。一艘被风浪吹上岸的船只，可能是商船，也可能是兵船。若是后者，那它可能是在单纯地执行公务；或一边执行公务，一边私下做一些小买卖；又或在上官的默许下，打着执行公务的幌子从事海上贸易；也可能所谓的公务纯属子虚乌有，一切都是嫌犯事先为应对被捕后的审讯而编造的谎言。对官府而言，上述多种可能情况均有其合理之处。办案官员假设与本案相关的各方——船员，看守洋船的士兵，搬运货物以方便查验的劳工，甚至洋船停靠地附近的居民——都具备买卖外国商品的资格、技巧、资金和市场知识。尽管官府努力对涉案人员进行分类，但在17世纪初的海洋世界，商人、走私者和士兵之间的界线可能非常模糊。

还记得本章开头那个故事吗？嘉靖八年（1529），一次欠饷引发了士兵哗变，皇帝才发现当地的军官在从事走私活动。一个世纪之后，明朝末代皇帝朱由检看到的奏疏中，两类事件再次交织在一起。官府在沿海地区拦下了两艘走私货物的船只。调查显示，当地两名军官是此次走私行动的幕后主导。货物扣押期间，卫所士兵受两名军官的眷属煽动，以抗议欠饷为由闹事。兵变期间，一名把总闯入指挥的营帐，抢走了他的官印和被扣押的货物。第二天，两艘船只的船员带着失而复得的货物重新启航，他们在船上敲锣打鼓，庆祝"胜利"。①

在这起事件发生前几年，西班牙耶稣会传教士德·拉斯·科尔特

---

① 《崇祯长编》卷五十五，崇祯五年正月己亥，3183页及其后。

斯曾写道，那些"被派到战舰上并奉命剿灭海盗、保卫沿海地区的士兵对沿海村庄发动攻击，对穷苦的中国农民烧杀抢掠"。他们抢夺每一艘遇到的船只，声称它们属于"敌寇"。德·拉斯·科尔特斯接着写道，在澳门地区遭遇明朝海军的人经常性命不保，明兵往往杀死船上所有人，谎称受害者都是"倭寇"和"盗贼"。"他们可以很容易地满足上级官员——分给他们一些贼赃就好了。"[1]

终明之世，军人利用自己靠近海防体制的优势牟利自肥。参与走私的官兵"胆大妄为"的程度有所不同——或偷偷摸摸，或稍加掩饰，或明目张胆。在王朝近三百年的历史中，状况并非一成不变。明代中叶，倭患一度加剧，随后朝廷调整了相关的贸易管制条例。欧洲人的到来使问题复杂化。但有一件事没有改变：军官及其部下利用自己在一个规管制度——军队——中的有利地位，在另一个规管制度——国际贸易体制——中捞取好处。镇守东南沿海地区的士兵，主要的军事任务是维持海上秩序、消灭走私和海盗行为。平定"倭寇"是他们的职责所在，但他们当中的一部分人，却正是那可怕的"倭寇"。

结论

在东南沿海地区，许多官兵及军属利用自己在军队中的关系，通过走私或海盗活动发家致富。当然，并非所有官兵都是走私者，也并非所有走私者都是官兵。我希望在此强调，并不是说与执法机构和规管机制离得越远、分得越开，才越容易出现非法行为；有时

---

[1] Girard, *Le voyage en Chine d'Adriano de las Cortes* (1625), 242.

正相反,士兵、官员、军属能够从非法贸易中获利,恰恰因为他们靠近国家机关。在"顺从-抵抗"的光谱上,和前两章提到的"优化策略"相比,本章登场军户的所作所为更近"抵抗"的一端。但是,诸如"抵抗"或"渎职"之类的词汇仍无法完全描述此类行为,它们没能抓住关键的一点:正是由于军户被以特定的方式纳入国家制度中,他们才能如此胆大妄为。在第一章中,军户试着计算替补军役的成本,并想方设法地降低或重新分摊这些成本。在本章中,军户则计算着——虽然不是那么明显——通过继续承担兵役成本,他们能获得什么好处。军户斟酌事态、调整行为,其结果却违背了他们所在体制的初衷,但他们似乎对此不以为意。

军户在被征入伍时,已然深深嵌入原籍的社会网络之中。看到这一点,有助于理解朱元璋及其继任者为何坚持推动军队的"解域化"。之所以必须将士兵迁离原籍,不只是出于军事上的考量,还有着其他原因:若士兵留在本乡,他们更容易为所欲为,从而破坏军队的宗旨。这一问题在东南地区最为明显。在那里,长期存在的非法贸易网络是地方经济的重要组成部分。但换防政策还是无法一劳永逸地解决问题。当士兵扎根于新的卫所,他们开始"再域化",形成新的社会网络,并让一切重蹈覆辙。到了16世纪中叶,类似福全蒋氏的卫所军户家族已被嵌入一系列新的网络。他们利用这些网络颠覆着他们所服务的制度。

明代官员经常试图说服海上团体——包括商人和"倭寇"——的首领归附朝廷,成为良民。招抚政策和此处讨论的行为是一体两面的。两者是同一冲突的产物,冲突的一方是沿海地区百姓的模糊身份,另一方则是国家政策为百姓划分的鲜明类别。无论是"倭寇"

还是士兵,都可以在服务自身目的的同时利用这种身份的模糊性。根据采九德所述,当"倭寇"在嘉靖年间扰乱沿海时,"多效吾乡民装束,又类吾军装束,混而无别,遂致常胜。"①其他史料亦提及同类现象。对该时期的一场战斗的描述如下:"贼佯为我兵装束,绕出阵后……腹背夹击。"②(这令我们不禁浮想联翩。"倭寇"究竟是从何处得到官军装束的?有没有这样的可能:这些人身上其实就一套装束,只不过当他们是官兵时,该装束被称为军装;而当他们行同"倭寇"时,该装束就变成了"伪装"?)英勇的铜山把总张万纪反其道而行之,伪装成百姓,将贼匪杀了个措手不及:

> 每雨云阴晦,意贼且出,辄驾小舟,身携一剑,以骁勇数辈自随,装束如渔人,因以诱贼。贼相遇,手自击杀之,或死或缚。③

军户成员与海上贸易之间关系如此密切,可想而知,他们肯定参与了早期的出洋活动。根据蒋继实家的族谱记载,蒋氏宗亲曾跨海抵达台湾岛。这不算什么,蒋家人走到了更远的地方,有的在东南亚的海外华人社群中落地生根,有的则"流入东洋贩货为生,子孙颇蕃育"。李伯衍是永宁卫军户的九世孙,于16世纪末移居吕宋。④明代福建军户的子孙是不是最早移居海外的中国人?虽然我不该过

---

① 采九德:《倭变事略》卷二,1页b。
② "浙江倭变纪",郑若曾:《筹海图编》卷五,26页b。
③ 顾炎武:《天下郡国利病书》卷二十六,2332页。
④ 参见《永宁南门境李氏族谱》。

度强调这一点——毕竟福建民户族谱中记录着数十万乃至数百万曾移居海外之人——但一想到明代军户成员有可能是最早的一批海外华人，我感到兴奋不已。也许这要比郑和的宝船更能证明历史上的中国曾一度是海洋强国，也更能体现明代军队研究对于在全球史观下定位中国的重要性。旨在限制中国与世界各地之经济联系的明代制度，事实上却在构建这一联系的过程中发挥了至关重要的作用。而那些谋划着在军事制度中如何更好地生活、操纵着体制为自己谋利、决定着在何种程度上接受或拒绝国家控制的军户家庭，则在中国海外侨民及全球贸易网络的发展中扮演了举足轻重的角色。

第四章

结连理戍兵入乡俗　办卫学军官传书香
卫所里的新社会关系

尽管只是一名下级军官，陈用之已然成为永宁卫最受尊重的人物之一。卫里的同袍漠视教育，令他忧心忡忡。他一户又一户地登门造访，软磨硬泡，努力说服各家就学。至少文献中是这么记载的。

> 陈用之，成化中永宁卫知事。永宁滨海，弦诵声稀。用之访诸贵胄及戎籍子弟之秀者，劝使就学，谕之曰："古人虽在军旅，不废诗书，人间唯此一种味最不可少。"且为敦请兴化耆宿陈愈为诸生师，三年得可造者三十人。白当道乞如民间俊秀例，充附府学，均教育，以劝来者。自是永宁文风日进，学者立祠祀焉。①

陈用之劝告卫所的年轻人："古人虽在军旅，不废诗书。人间唯此一种味最不可少。"想要永宁军户积极向学，单凭口舌之功远远不够。15世纪中期，陈用之决定办学，于是创立了永宁卫的第一

---

① 《晋江县志》卷七，14页b。

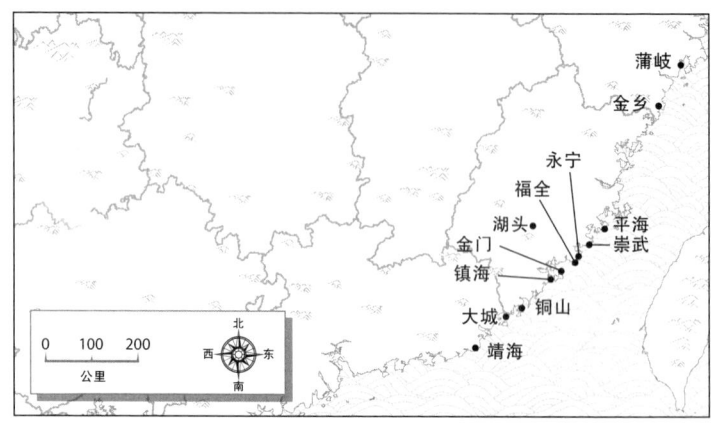

图 13 文中提到的关键地点示意图

所学校,即"卫学"。(或许所谓办学,即陈用之获得上级的同意与经费支持。)学校聘请一位当地的读书先生。而后陈用之又说服当地主管教育的官员对永宁卫学的军户学生与其他学校的民户学生一视同仁。卫学中通过遴选考试的学生,可以进入泉州府学,并领到一笔津贴。在陈用之的不懈努力下,"永宁文风日进"。

清朝时,永宁的读书人建立祠堂,祭拜陈用之。如今祠堂不复存在,但陈用之依然活在大家的记忆之中。永宁已无陈用之的后人,没有亲族为他扫墓祭祀,但当地另一个显赫的陈氏家族却在自家祠堂里供奉着陈用之的牌位——该家族曾有许多族人就读于他创办的卫学。

既不是功勋卓著的将军,也不是骁勇善战的士卒,陈用之在一个军事基地被隆重纪念,这似乎有些奇怪。然而,永宁除了是一座卫城,还是一个社区,陈用之的名望乃是来自他对该社区的杰出贡献。

明初,周德兴在东南沿海地区广设卫所,同时也建起了一个个新的社区，卫所中的士兵及军眷成为新社区的一部分。平海和普门等地就是如此，虽然平海早在卫所设立之前就已有村落形成，而普门虽然最终被明军放弃，但现在村落又在卫所废墟之上涅槃重生。除了明末一段插曲（我将在第七章讨论），这些社区一直延续至今。明代军事决策促成卫所社区的诞生，可谓"无心插柳柳成荫"。然而，卫所体制毕竟意味着一定的限制，这些社区又是如何超越这种局限性的呢？

新社会关系是明代军事制度意料之外的副产品。本章旨在梳理卫所的新社会关系——特别是一些基于婚姻、寺庙、学校形成的关系——的发展脉络，并揭示出在当初催生它们的制度早已消失的情况下，这些社会关系是如何延续至今的。我们将探讨来到卫所的士兵及军眷如何创建、再造并维持他们的社区，如何融入自己所处的社会大环境。因此，本章讲述的是另一种日常政治，即社区与社群建构的政治。

如我们在本书第一部分所见，士兵调入卫所，是被"解域化"。国家将士兵挪离熟悉的环境，根据军事上的需要将他们安置在一个新的地方。鼓励士兵安家卫所的政策，使士兵及军眷"再域化"，他们融入了新环境之中。新社会关系的创建、"再域化"的不同表现，都是出乎意料的产物，但却是明初周德兴广建卫所带来的最深远的影响。

何鹏娶妻：卫所军士的婚姻网络

嘉靖十年（1531）秋，十五岁的何鹏（1517—1577）继任蒲岐所千户（蒲岐所是盘石卫下辖的守御千户所。本书第三章开篇的士兵哗变就发生在盘石卫）。他是何家第八任千户。

> 谨按来一府君〔何鹏〕于嘉靖十年九月内袭爵，即考掌印。二十六年，蒙温处金衢严兵备副史曹委，筑岳头城墙，工完，行乐清县给匾书"海防奇迹"以嘉奖之。二十七年四月内，率驾兵船赴双屿江策应。六月，蒙统兵都司梁率剿夷寇，获功三次。二十八年二月内，为五报海洋捷音事，蒙钦差巡按都御史朱案，行温州府宴劳，给赏花牌银两。……①

从时间上来看，何鹏的任职促使何家决定为他安排婚事。美好姻缘何处寻？他的曾祖父、祖父和叔叔都娶了所里军官之女为妻。而他的父亲有所不同，与当地一名出身书香门第的女子——亦即何鹏的母亲——喜结良缘。② 媒人建议，他应该效仿其父，婚配一位民户之女。新娘比何鹏大一岁，和他母亲一样，来自当地显赫的家族。何鹏是一名不折不扣的军人，他骁勇善战，屡立奇功，于嘉靖二十七年（1548）参与对双屿倭寇巢穴的袭击，这是抗倭战争中规模最大的战役之一。他因勇毅获赏花牌银两（相当于受到通报表扬）。他的社会网络远远不止于军队的圈子。通过母亲和妻子的关系，何鹏及其家族成为浙南地方精英阶层的一员。

几乎每家的家长都会为子女安排婚事。当然，对生活而言，结

---

① "八世祖来一东环公履历"，《蒲岐何氏宗谱》。
② 何鹏的母亲是来自福建南阁村的著名学者章纶（1413—1483）的曾孙女。

婚本身并不"日常",而是特定时间的特殊事件。但是,结婚的打算、婚事的筹划与各方的协商,这一漫长过程则是日常政治的重要组成部分。这一点在军户身上尤为明显。在前现代中国社会,几乎所有女性都会嫁人(一夫多妻和纳妾习俗则意味着并非所有男性都能娶妻)。然而,军户家庭为女儿操持婚事时,却经常遇到困难。潜在的亲家会担心与军户结亲的种种可能后果。如若军户没有男丁,补伍的责任是不是要由女婿承担?对此等瓜葛的疑虑不无根据。在第二章登场的莆田文人郑纪,便于一篇控诉勾军官吏的长文中写道:"或妇翁丁尽,则报其女子,名曰女婿军。"[1]

在一些地方,担忧受军户牵连的心绪可能造成整个婚姻市场的扭曲。黄宗载(洪武三十年进士)任湖广按察使佥事时,发现武陵军户子女难觅婚配,事态十分严重。"武陵多戍籍,民家忌与为婚姻,徭赋将累己。男女至年四十尚不婚。"[2]

军士于卫所安家,婚姻大事的挑战没有消失,反而变得更加严峻。一方面,潜在的亲家害怕自身受到军役的牵累;另一方面,可能的对象本就少得可怜。初到卫所时,军户是当地的陌生人,既没有业已联姻的家庭可以依靠,也没有任何本地的社交网络。可想而知,大部分情况下都是军户之间互相结亲。而这正是史料告诉我们的事实。

三种史料可以帮助我们了解卫所军士及军眷的婚姻模式:我们可以用为数不多的详载着婚姻信息的族谱进行深入的研究;也可以

---

[1] 郑纪:《与庞大参书》,载于《福建通志》卷四十九,21页b—22页a。
[2]《明史》卷一百五十八,4309页。

进一步从地方志的传记和评论里搜集更多信息;还可以在其他文字史料中发掘与军户、婚姻相关的奇闻轶事。只有一小部分族谱收录着较多对本研究有用的信息,而且它们基本上都来自世官军户。这不难理解,军官属于卫所精英阶层,他们的婚姻网络更有助于提升家族声望。(但并不等于说普通士兵的婚姻没有经过精心策划。只不过士兵家族的策略——和他们在卫所生活的其他方面一样——很少被记录下来。)一些普通士兵家族的族谱收录着媳妇及婿家的详细信息,但即便是最勤勉的编纂者——如梅花林氏族谱的作者——都没想着记下儿媳和女婿本来所属何种户籍。

蒲岐何氏的族谱与众不同,它将族内男子和女子婚嫁信息尽收其中(尽管篇幅上还是男子多、女子少)。这让我们得以梳理出何家婚姻网络的整体嬗变。何鹏的经历,也是其远近亲戚的经历。何家始祖是朱元璋的早期追随者,最终获封千户之职,子孙世袭。始祖之子被调入蒲岐。因此,何家在蒲岐的首场婚事肯定是为始祖的孙辈(也就是何家第三代人)娶亲。在整个明代,何家共有十六名男子迎娶的是其他军官之女。在何家子孙中,继任千户者最有可能与卫所同仁联姻。始祖之后的八任千户里,三位的妻子出身军官家庭。但是,何家后人(无论是否继任千户)以军官之女为妻的比例一代比一代少:第五代的三人中有两人,第六代的七人中有六人,第七代的十五人中有六人,而人丁兴旺的第八代中只有两人,此后比例更是降到了零——第九代共有二十五名男丁,没有一个娶军官的女儿过门(图14)。

何家女儿的婚姻模式大致相同。她们嫁给军官的比例也是逐代下降。我们共掌握家族三十四名女儿的信息。其中,有六人的夫婿

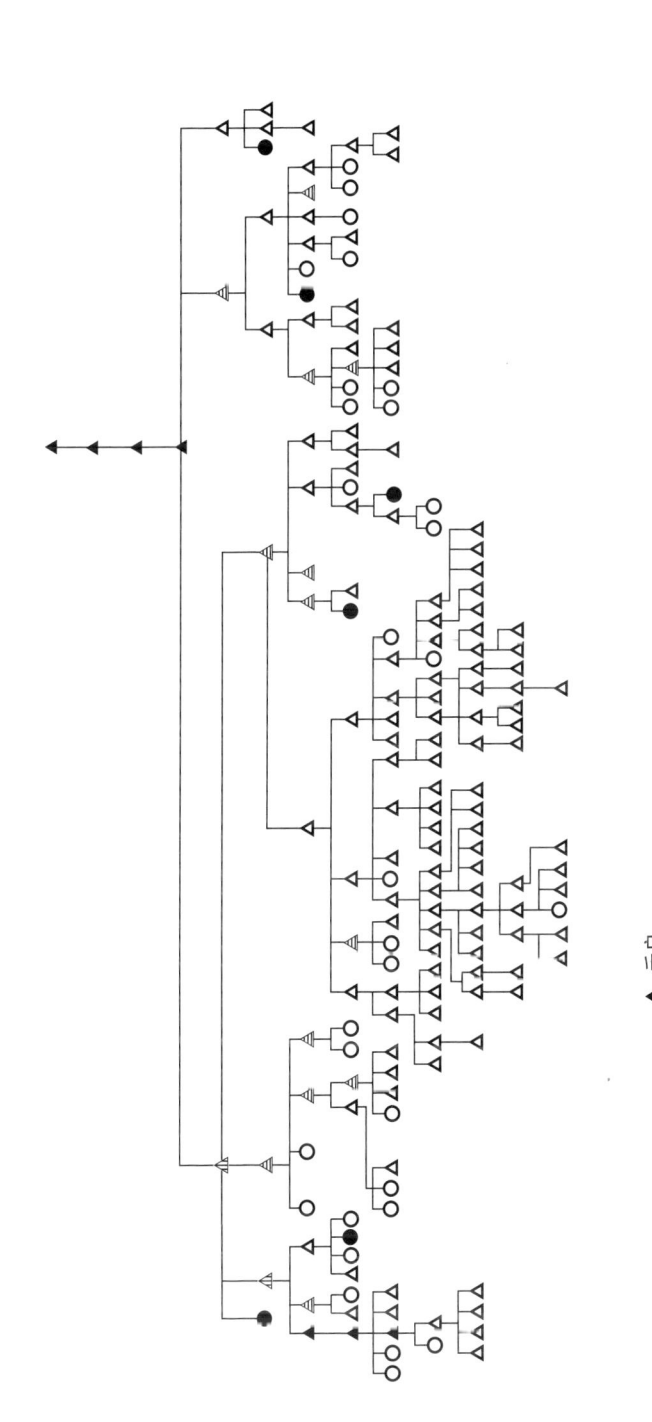

图 14 蒲岐何氏的婚姻

要么是在伍军官，要么是日后将任军官之人，要么是军官之子。她们都是明初时人。家族第六代人中有两个女儿，都嫁给了军官。而到第九代时，八个女儿没一人嫁入军门。①

何氏族谱并未说明自家婚姻安排背后的逻辑，但一个显而易见的解释是，随着何家在卫所安居日久，潜在的姻亲范围不断扩大。他们更多地与周围地区的家庭通婚，无论军户还是民户。换句话说，他们的婚姻行为与当地的整体状况越来越接近。日渐一日，他们与民户的差异愈来愈少。虽然军官家族自有其特殊之处，但是渐进"再域化"的基本模式同样适用于军官家族和士兵家庭。②

族谱令我们得以深入观察一个家族的婚姻网络。若更广泛地运用地方志的材料研究该问题，也会得到与上述观察类似的结论。《沧海纪遗》完成于明末，是一本记载金门风土的地方志著作，有五篇介绍"贞烈节孝"之女的传记，描写的妻子或丈夫与卫所存在清楚的关联。其中两篇，夫妻双方都来自卫所，即军户之间联姻的事例。

> 李锦娘，金门所军人女也。幼许配本所军余林继贤；贤早失怙恃，李家抚成。年十六，谐伉俪。贤识字，以贫充戍幕，从军三山。获病而殁。讣至，锦娘痛哭绝粒，毁容誓殉……入卧房，少顷缢死。

---

① 参见《蒲岐何氏宗谱》。
② 奇文瑛利用碑铭有效地复原了北方士兵的婚姻模式，但在东南沿海地区，可资利用的碑铭并不多。参见《碑铭所见明代达官婚姻关系》。

当李锦娘还是个小女孩时,就被许配给本所的一个军余(正军带到卫所的亲属)林继贤。在我们看来,他们的婚姻是一场悲剧。林继贤的父母早亡,李家将他抚养成人。尽管他是军余,且受过教育,但仍被强征入伍。朝廷会不时征兵,以填补逃兵造成的缺员,林继贤很可能就是这类征兵的牺牲品。富家有能力通过贿赂官员逃避兵役,而他则只能"以贫充戍幕",不久即"获病而殁"。李锦娘随即自杀殉夫。

其余三篇表明,明代末年,至少有一些军户与民户通婚,跨越了户籍上的鸿沟。蒲边村的赵氏嫁给了"所里"的王如升。沙尾村的萧氏也嫁给了一位士兵,二十四岁时就成了寡妇。她将儿子培养为一个有功名的读书人。当儿子在京城去世后,她又肩负起抚养孙子的重担。她活到了八十岁。据说,所城的全部军官都十分敬重她。丘银娘是一个贫家女,同样嫁给了所城里的人。她的丈夫肯定是名正军,因为他被调往远方作战。丘银娘忠贞不贰地在家侍奉公婆。直到一天,丈夫因触犯军法被处死的消息传来,她选择自杀尽节。① 如同何鹏家族的所作所为,金门军户通过与民户通婚,逐渐融入了地方社群。

军户在婚姻安排中遇到的挑战,有助于我们理解载于另一部地方志的两个故事。潘四娘,明初生于海坛岛(一座沿海岛屿),幼时许配名门之子。尚未完婚,周德兴即行垛集抽军法,使当地陷入混乱。和之前登场的很多人一样,潘四娘的父亲被强征入伍,奉命

---

① 洪受:《沧海纪遗》,94页。包括蒲岐何家在内的世官军户族谱里,载有许多所谓的"节烈传",即"贞烈节孝"之女(如丘银娘)的生平传记,她们为了表示对夫婿忠贞不贰,往往都自杀殉节。愿意殉节的女性似乎大多出身书香门第,很少有丘银娘这般来自贫寒之家者。若这一假设成立,我们就能肯定地说,世官家族不仅在和本地人通婚,而且对象通常是地方上的精英阶层。在当时的婚姻市场里,军官的身份业已成为家族标榜其地位的手段之一,同时也决定了他们潜在的婚配群体。

驻守永宁卫,潘家也因之成为军户。

> 潘四娘,生于福清海坛乡。天性贞静孝友,幼尝许字名门。洪武二十年倭乱,江夏侯周德兴沿海筑城,抽丁防御,奉命三司督迁。因折屋绞筏过海,族众漂没。唯四娘随父四郎,母陈氏,兄良进、良养、良福登岸,遵守永宁卫伍。
> 永乐二年,入安溪留山屯田,因家于此。时四娘年已悠期,念父母全经险难,万死获生,不忍远离,且不肯以颠沛故移易素志。希北宫婴儿子之为人,彻环填以事二亲,至老不嫁。卒葬洙洋火炎埘,相传有神人守烈女冢之异。①

最终,潘四娘放弃婚约,心甘情愿地留在卫所侍奉父母、领养孤儿。这是真情抑或假意?会不会是在一家人移居永宁卫后,潘四娘发现美好姻缘已是镜花水月,所以才故作姿态呢?

胡仙英的传奇故事,在《安溪县志》和胡氏族谱里都有记载:

> 龙仙宫神者,明洪武初胡氏女仙英,夙有仙趣,佺婿来迎,腾空自升,不知所往。翌日坐寂于山巅绝壁上,而座下盘结如椅形,人竟奇之,塑像以祀。②

---

① 《安溪县志》(乾隆二十二年)卷九,6页a。潘家被迫迁徙、潘四娘之父亲没入军伍的故事,见于《闽书》卷六,18页a。
② "岩山庙龙仙宫记",载于《安溪胡氏族谱》,1460—1461页。《安溪县志》的记载大同小异:"国朝洪武间,胡氏女名仙英,及笄,适亲迎日,女乃白日飞升。次日,侯山之旁有降真藤,盘结如椅状,女现身,趺坐寂焉,里人异之,遂□于山巅,啸天师六,塑像建宫祀之,故名龙仙宫。"参见《安溪县志》(嘉靖元年)卷二,6页b。

洪武九年（1376），胡家和当地两户人家一同垛集充军，奉命戍守南京卫。胡家祖军之女胡仙英在新婚之日突然消失得无影无踪。第二天，她又意外地现身于侯山之上。故事的描述极富戏剧性：在迎亲中，人们眼睁睁地看着她白日飞升。当地人将她奉为"龙仙"，为她塑像、建庙、祭祀。时至今日，她仍为当地人崇信。其实，在传说背后，真相有没有可能是因新娘家突然成为军户，而导致婚约破裂了呢？

在两场未果的结亲之后，我们终于迎来一场圆满的姻缘。根据永宁卫碑刻记载，明初一位指挥没有子嗣，于是招门纳婿。来自当地家庭的男子娶了他的女儿，并入赘其家。

> 霞陈之由来旧矣……明洪武年间，诏功臣驻镇卫城，吾始祖岳父张公以指挥军奉使卫镇之中，始祖滴江公泾赘张氏姚，而因以隶籍永宁，爰始爰谋于霞陈，迄于今十有三世矣。[1]

女婿最终继承了他的军职，并将两家人永久性地联结在一起。一桩跨越军、民鸿沟的联姻，为军官家庭解决了一个大问题。

我们讨论的对象大部分是男性，原因很简单：本书研究的制度，其本身就关注男丁。但是，当我们仔细考察婚姻问题时，会发现军户中的女性同样在家庭策略中扮演了重要角色。历史学和人类学的研究成果业已表明，正是女性通过她们的婚姻，将各个家庭和宗族联系在一起。明代福建军户也不例外。实际上，和民户相比，军户女性的作用可能更加重要，因为军户面对着双重挑战：因军籍身份

---

[1] "新建霞陈小宗祠序"（嘉庆十一年），永宁碑铭。

而产生的婚姻安排方面的困难,以及因卫所调转而产生的融入当地社会的需求。军户于新社群扎根之际,女儿和儿媳大大地推动了他们"再域化"的进程。

潘海安分香:卫所里的寺庙

金乡卫的潘家,始祖来自宁波,明初立下战功,荣任金乡卫的世袭军官。他为当地做出了许多贡献,包括将护佑人民的神祇带到这个小镇。时至今日,两位神祇依然守护着本地居民。

> 始祖海安公,职授指挥千户,随汤信国公驾到金乡,升游击,加授安远将军,并荫世袭。遂居金镇,为始迁祖也。公自宁波镇海县来温之平邑金镇,随带英烈齐天大帝、晏公元帅二神香火,迄今子孙分立神炉于中堂,为家堂神。①

引文中提到潘家始祖"随带……香火",并不是一个比喻的说法。它的意思是,潘家始祖从供奉两位神祇的寺庙或神龛取得香灰,并将香灰放入金乡卫新建神龛的香炉,从而将神祇引入潘氏一族的新家乡。这种做法被称为"分香"。今时今日,人们在新旧寺庙之间建立联系时依然会这么做。

和当地人通婚,是士兵及军眷回应"解域化"的一种方式。另

---

① "始祖海安公",《荥阳潘氏族谱》,108页。潘氏始祖定居于金乡这一点没有问题,但族谱中关于他做了军官的说法则令人生疑。

一种回应方式则是兴建寺庙。和周围乡镇一样，卫城或所城一般都有许多不同的寺庙，小至路边的简陋神龛，大至拥有精美石雕和壁画的宏伟庙宇。举例来说，1949年之前，铜山拥有数十座神龛和寺庙，20世纪80年代以来，已有十多座被重新修建。对首次到访这里的游客而言，铜山乃至整个东南地区的寺庙看起来似乎大同小异、千篇一律。每座寺庙一般都在中央神台安放主神的雕像或画像，神台前面的桌子上摆着香炉，两边可能还陈列着次要神祇，而顶上则悬挂着信徒捐赠的纪念匾额。然而，通过图像、仪式以及从过去到现在的神迹与传奇，每座寺庙都在讲述着自己的故事。它们不是或不单单是永恒而普世的文化原则和文化结构的表达，还是具体历史过程的产物。卫所的寺庙，不仅是供奉与沟通神明之地，而且是处理地方事务、行使领导权力、协商各方利益、调解矛盾纠纷的场所。如田海（Barend ter Haar）所言，对前现代中国几乎所有的地方社会组织而言，宗教信仰及其仪式发挥着重要的整合功能。①一个社群供奉何种神明？何时以及由谁兴建或重修庙宇？如何设立或重塑仪式系统？这一切的一切，都可能作为接纳或排斥的标志。接纳和排斥，是社群如何创造和再造自我的重要方面。在某种意义上，寺庙及宗教信仰正是地方政治的中心。

铜山所的官兵参加着三种不同的宗教性组织：原籍地的信仰，

---

① ter Haar, "The Religious Core of Local Social Organization."

由他们或祖先带到铜山；铜山本地的信仰；官方要求的信仰。① "九鲤湖仙公"信仰属于第一种。九鲤湖仙公是传说生活在汉代莆田的九个兄弟，他们最终白日飞升，成为神仙。在近代发生的拆毁寺庙运动之前，供奉九鲤湖仙公的九仙观是铜山最大的庙宇之一。②今时今日，该神祇在莆田依然香火鼎盛，但其他地区——除了东南亚莆田移民聚居之地外——几乎不传。铜山是闽南唯一一个敬奉九鲤湖仙公的地方。这只可能是军队换防政策的结果：明初被调往铜山所的莆田籍士兵将九鲤湖仙公带到了卫所。如同东南亚的一些港口城市，铜山也是莆田移民的聚居地。但两者不同之处在于，铜山社群不是自愿迁移的产物，而是源于朝廷的命令。③

官兵与军眷还加入对本地神祇的信奉中。"三山国王"信仰即属此类。它在铜山正南的潮州地区流行。三山国王本是三位山神，最晚从唐代开始，就一直护佑着当地百姓，使之免受自然灾害的威

---

① 史料中还提到第四类宗教信仰，即"旗纛"信仰，不过它业已消失，不再属于当今公共生活的一部分。作为一种源远流长的军中崇拜，明代朝廷规定，所有卫所驻军都必须祭祀"旗纛"。然而，据一部编纂于15世纪的地方志记载，当地本有十多间"旗纛"寺庙（包括铜山的一间），现在均已不存。(关于明代强制性的"旗纛"祭祀规定，参见《明史》卷五十，1301—1302页；关于15世纪"旗纛"寺庙的分布情况，参见《八闽通志》卷五十八、卷五十九；关于崇武城隍庙设置的"旗纛"祭祀，参见《复修城隍庙序》(康熙五十六年)，《崇武所城志》，123页；关于铜山的"旗纛"崇拜，参见《铜山志》，336页。欲了解更多相关讨论，可参见郭红：《明代的旗纛之祭》。) 当然，纵观福建古往今来的各种宗教信仰，此处讨论的神祇肯定只是沧海一粟。卫所宗教信仰的情况十分复杂，不仅有宗派传统之分、修道方法之别，而且还可能有基督教以及各种私人信仰的存在，但我并没有考虑这些。此处，我讨论的只是社群所有成员都前往的或都希望前往的公共寺庙。
② 参见《铜山志》，315页。
③ 士兵将原籍信仰引入卫所的例子不胜枚举，其中之一即福全的"临水夫人"信仰。几乎可以确定，它是由福州籍士兵带到福全所的。临水夫人的原型是唐代福州的一名妇人，她是道教闾山派传统中的重要神祇，能救助难产、护佑胎儿。临水夫人信仰是福州地区最主要的民间宗教信仰之一。她还在莆田的其他几间寺庙中受香火供奉，但是那里的人称她为"鲁班夫人"或"顺天圣母"。福全人采用"临水夫人"的称呼，和福州一样，暗示出她是随着福州籍士兵来到当地的，而且福全的民间传说也证实了这一点。

胁。①我们不知道该信仰是何时从潮州传到铜山的，但是早在明初铜山所设立之前，三山国王信仰就已是当地宗教生活的一部分了。士兵、军眷及所城的其他居民在移居铜山后，肯定世世代代在那里供奉着三山国王。②

我们还能在铜山找到官方祀典内的信仰。铜山的关帝庙就是此类信仰的一例。三国时代的英雄关羽，被后人敬称为"关公""关圣"或"关帝"。作为神明，关公乃中国神祇中的重要成员。由于关公与军事有关，朝廷规定所有卫所均须供奉。洪武二十一年（1388），铜山所指挥官首建关帝庙。约一百年后，后任指挥又重修庙宇、再塑金身。关公在士兵心中的分量一直很重。15世纪的抗倭战争中，明军屡屡将胜利的原因总结为关公的佑助。拥有无边法力的关公，同样受到普通百姓的热诚崇拜。16世纪重修关帝庙的工程，主持者并非铜山本地人，而是来自附近云霄县。③明朝末年，关帝庙已成

---

① 三山国王信仰由客家移民引入台湾地区，迄今已成为台湾地区的主要民间信仰之一。
② 今天，三山国王在一座名为"大使公庙"的庙宇受到供奉。大使公庙的主神是陈政，一位唐代的历史人物。陈政和他名气更大的儿子陈元光一道率军远征闽南，巩固唐王朝对该地区的统治。陈元光被百姓普遍尊称为"开漳圣王"，"漳"指漳州，正是铜山所在之地。因此一个自然而然的猜测是，早在卫所士兵来到铜山之前，当地人便已供奉着陈政了。陈政亦广受莆田人的信奉，因此莆田籍士兵在调入铜山之前，很可能其信仰与当地并无不同。但无论如何，三山国王对他们而言肯定是一个全新的神祇。
③ 纪念重修工程的正德十一年（1516）碑记揭示了关帝庙从官方寺庙到公共寺庙的转变："国朝洪武之二十年，城铜山，以防倭寇，刻像祀之，以护官兵。官兵赖之。后官使往来之络绎，与夫祈者、赛者、问吉凶多，须臾聚可数十人，而不能以容，人咸病其隘。亦有喜施者，欲辟之，又以工程浩大，艰于济。正德戊寅岁正月，云霄吴公子约避寇于铜，同铜善士黄公宗继等九人，募众资财影建之。"《铜山志》，336页；"鼎建铜城关王庙记"（正德十一年），《东山关帝庙碑记》（明代铜山所坐落今天的东山县。该县于1916年设立）。现在，关公更多地被大家称为"关帝"。但是，直到万历四十三年（1615），皇帝才将关公封为"关帝"。这篇碑记刻成于关公受封"关帝"的一百年前，因此称之为"关王"。关羽各种号（包括最终被封为"关帝"）的历史，参见Duara, "Superscribing Symbols"; ter Haar, *Guan Yu*。

为铜山百姓供奉的主要庙宇,也是这座基于卫所发展起来的小镇的身份认同符号。我们将在第七章继续探讨关帝庙留下的历史遗产。

铜山的第二个官方信仰是城隍。[1]城隍是城市居民的守护神,是本地神灵世界的管理者,也是阴曹地府的审判者。城隍庙遍布于中华帝国晚期的城邑之中。明初,朱元璋下令将城隍纳入官方祀典。按照规定,每个县城都必须兴建城隍庙,县令必须祭祀城隍。在军事体制里,城隍庙也无处不在。福建地区的每个卫、所都有城隍庙(且大多数留存至今)。[2]"有卫则有城有隍,有神以司之,庙之所由建也。"[3]

在长江下游的市镇里也经常可以见到城隍庙,其中许多建于明中期,即王朝经济繁荣鼎盛之时。严格来说,这些庙宇违反了朝廷的规制,因为建庙之人有越俎代庖之嫌——他们在僭行官府的专属特权。但是,如滨岛敦俊的研究显示,这些属于商业精英阶层的城隍庙捐建人自有绕开规制之法。他们宣称,不是自己在僭择城隍,而是邻县的"合法"城隍受邀入驻本地。如此一来,他们既能彰显自身身份、提高本镇地位,又不至于公开违反朝廷在行政管理和仪式等级方面的规制。然而,滨岛敦俊引用马克斯·韦伯的理论在结论处提出:这意味着,这些市镇里的城隍永远都无法充当新城市认

---

[1] 在本书导论中,我们曾谈及平海城隍周德兴。
[2] 《八闽通志》卷七十九。关于这些民间宗教信仰在唐宋时期的历史,参见Johnson, "The City God Cults of T'ang and Sung China";关于明代的民间宗教信仰,参见Taylor, "Official Altars, Temples and Shrines"。
[3] 侯方:《金山卫城隍庙记》,转引自许爽:《福建城隍信仰研究》,29页。当意识到本地寺庙的存在可能是对上级特权的一种僭越,今人也会使用类似的借口和理由,与他们的明代祖先如出一辙。当地人经常对我说,本地曾是卫所,建有城墙,因此,这里必然有着自己的城隍,造寺修庙理所应当。

同的核心符号。①

有一小部分沿海卫所的情况类似于滨岛敦俊研究的市镇,亦即卫所和领县供奉同一城隍。举例来说,福全所军民供奉的就是安溪县的城隍神。②然而,大多数卫所的城隍则拥有独立身份,这种身份确认的显然不是该社群在地方州县系统中的地位,而是自身的独特性和差异性。再没有比以下事实更能说明这一点的了:卫所百姓供奉的神祇原型往往是周围社群所憎恶之徒(直到今天依然如此)。

如导论所言,平海城隍乃14世纪末广设卫所的周德兴。泉州百姓一直未能原谅周德兴的所作所为,时至今日,他仍旧为人怨恨。当地乡村流传的民间传说控诉着周德兴如何刻意破坏泉州风水。泉州曾是风水宝地,若无人为干预,本应为龙兴之所。本着对朱元璋的赤胆忠心,周德兴果断地将这种可能性扼杀在摇篮里。在百姓口中,泉州随处可见周的斑斑劣迹,包括他拆毁古塔的废墟、阻断河流的遗迹以及破坏堤坝的遗址。百姓还津津乐道于自己的祖先是如何暗中嘲讽周德兴,又是如何巧施妙计使他的企图最终落空。王铭铭认为,这些故事既反映出朝廷对地方空间的政治支配,又反映出地方百姓对朝廷存在的批判反思。③

然而,周德兴在平海却获得了截然相反的评价。对于生活在这里的百姓而言,他既是家园的创建者,又是永远的守护神。这就是为何每逢过年,大家都要在一年一度的庙会上毕恭毕敬地向他上供。

---

① Hamashima Atsutoshi, "Communal Religion in Jiangnan," 154-156.
② 奇怪的是,福全所本身并不在安溪县,但其辖下的众多军屯却分布在那里。关于军屯,参见本书第五章和第六章。
③ Wang Mingming, "Place, Administration and Territorial Cults," 64-65.

同样是周德兴率部拆毁黄石海堤的故事，在卫所外的村民口中，强调的是祖先因之遭受的巨大苦难，而在卫所内的居民口中，强调的则是拆毁海堤所得的岩石构成了平海城墙的基石，而高耸的平海城墙保护他们的祖先免受16世纪的倭患之害。抗日战争期间，周德兴还曾在城墙上显灵，赶走了日本的轰炸机。如今城墙早已不在，但百姓依然能够指出周的显灵之处。①

在一些社区，城隍甚至就是本地人，由当地军户成员化身而成。例如，作为金乡城隍的原型王太公，乃是金乡王氏家族的始祖。②他有两位妻子，其中之一与当地的李氏家族竟有意外的联系。她有一次附身在一位灵媒身上，透露自己生前是李家之女，未婚夫去世，她自杀殉节，死后在阴间与王太公成亲。靖海和大城也有类似传说，即城隍之妻是本地家族的女儿。这些女性鬼魂于阴曹地府扮演的角色，和她们生前在人间的角色相差无几。她们的冥界婚姻，正是现世通过婚姻实现"再域化"的超自然翻版。她们证实，军户已然完全融入了本地社群。

东南沿海各地的宗教信仰结构乃是地方历史的产物。各种信仰的存在，多多少少都受着明初军队分派模式的遗泽。当大批同籍士兵被调入同一卫所，他们很可能会继续供奉家乡的神祇。而在士兵

---

① 类似于周德兴成为平海城隍的情况，温州的宁城所和海安所也奉明初在江浙沿海广建卫所的汤和（参见第一章）为当地的城隍。现今生活在那里的居民还说，汤和起初在周边地区声名狼藉，因为他残忍地强征本地壮丁筑造城池。然而，"倭寇"肆虐之时，当地百姓对汤和的看法发生一百八十度的转变。他们意识到，自己之所以大难不死，完全是拜汤和的高瞻远瞩所赐。参见张㭎：《张㭎日记》，民国二十九年二月二十八日的记载。罗士杰提醒我关注这本书，在此向他致谢。
② 在梅花，主神是"大王"——村民如此称呼他们的守护神——而非城隍。他也是当地军户的成员。作为一名军官，他因领导抗倭而声名显赫。

感到相对孤立的地方，他们先前信奉的神祇则不大会作为公共崇拜的对象保留下来。

在诸如半海这样的社区——城隍的原型是明初将官或军户成员——城隍庙会始终提醒着百姓：他们和周围村子里的人不同。即使卫所被撤销了数百年，这一年一度的象征性仪式依然存在。生活于此的士兵后人，从来都没有被完全地"再域化"。明初国家政策制造的差异与社会大众对差异的回应以不同形式被延续下来，直至今天。

卫学

卫所百姓几乎都会成亲，都会到寺庙烧香拜神，但只有极少数人立志读书应举。然而，对于卫所社会的历史而言，由科举制度衍生出来的社会关系的重要性丝毫不亚于婚姻模式和寺庙组织。卫学——如陈用之创办的那间——在作为社区的卫所的历史上扮演着重要角色，这同样是朝廷始料未及的。

卫学不是军事学校，而是坐落在卫城里的儒学学校，旨在为出身军户的学生提供教育。卫学设立的初衷是让军生备考科举。但是，和其他官学一样，卫学最终不再直接给学生授课，军生都在家自学，卫学对他们而言不过是一个"配额制的中转站"。[1]具体来说，一个有志于应举的读书人，必须"入学"，这样才有资格参加正式的科举考试，也才有资格领取国家的津贴。和一般的府州县学不同，卫

---

[1] Elman, *A Cultural History of Civil Examinations*, 127.

学起初没有"廪生"(领取国家津贴的生员)或"贡生"(被推荐入读京师国子监的生员)的名额。直到15世纪中叶,亦即陈用之生活的年代,此种制度性歧视方被纠正,卫学获得相应名额。[1]我们将看到,这一举措对卫学本身、对卫学军生乃至对整个卫所社群影响深远。

如果没有卫学,军户子弟一般要回原籍入学、应举。譬如生于镇海卫的周瑛,由于镇海尚未兴建卫学,他为了应举,不得不返回祖籍莆田,在那里报名并参加考试。[2]他作为读书人的生活重心不在镇海,而在莆田。

有了卫学,前途无量的军户生员便可留在卫所。其意义远不止于为他们提供便利。和民户生员一样,军户生员最主要的抱负是入朝为官;和民户生员一样,他们实现抱负的概率并不高,因为僧多粥少;和民户生员一样,他们中没能如愿做官的人以不同方法调解自我期许与残酷现实之间的落差:有人寒窗苦读,有人寄情文艺,有人放浪形骸,也有人遁入空门。还有一个常见的反应是:参与领导地方事务,包括主持公共工程(寺庙、学校、桥梁等)的募款、兴建、管理工作;组织地方慈善活动;领导宗族制度的构建,发起宗族相关的活动,如编纂族谱、修建宗祠、制定礼仪;等等。

由此可见,设立卫学产生的附带作用威力巨大。它催生出一个扎根本地、服务本地的精英群体。在卫所演变为社区的有机发展过程中,这是一个非常重要的元素。军户的外地人身份、军旅的漂泊

---

[1] 蔡嘉麟:《明代的卫学教育》,102—106页。
[2] 《八闽通志》卷五十五,276页。

不定被渐渐淡忘,取而代之的是安家立业与公共生活。长远来看,卫学及其带来的地方文人精英强有力地推动了军户的"再域化"。

反过来,卫学的创立还以一种意料之外的方式强化了卫所军户与原籍军户之间的联系。我们业已通过大量案例说明,卫所正军保持与原籍军户的联系,希望获得物质上的支持,而原籍军户保持与卫所正军的联系,则是希望借此证实自家履行了义务。卫学的贡生名额,成为原籍军户想要与卫所军户往来的又一动力。徐鏓出身于浙江军户。徐家正军被遣往遥远的西南地区,在贵州龙里卫当兵。徐鏓生活在原籍浙江,但他远赴贵州,在龙里卫学报考科举。他乡试中举,步入仕途。其子徐潞故技重施,于贵州先入卫学,然后参加乡试。父子俩的所作所为引来卫所原居民的怨愤。对他们而言,此举不仅无利可图,而且损害到自家子弟的应举机会。他们无疑会极力反对这样的制度套利行为。[1]

和我们在第二章看到的家族一样,浙江徐氏之所以不远千里、世世代代地维系着与贵州宗亲的社会关系,至少部分原因在于这种关系让他们有利可图。以完整性闻名于世的中国父系宗族群体,有时会被视为国家缺席下满足众人自保需求的产物。总体来看,正是国家本身强化了父系宗族的凝聚力,而家庭想方设法制订策略以求科举及第,不过是该结论的又一个实例罢了。

除了永宁卫,福建沿海的另两个卫也兴建了卫学(非常可能还有其他福建卫所曾经办学,可惜未见于史册)。三所卫学中,平海卫学历史最为悠久,其培养的生员也最引人注目。有明一代,这

---

[1] 唐树义等编:《黔诗纪略》卷九,160—161页。

里走出六十四个举人、十三个进士。正统七年（1442）或正统八年（1443），在平海卫指挥的命令下，卫学建立。三十年后，因现有府州县学数量供不应求，卫学应当地一名士人的请求，开始招收民户生员。嘉靖四十一年（1562），平海卫陷于"倭寇"之手，卫学随整个卫城被夷为平地。不久之后，地方民政文官（而非卫所军官）重建卫学。显而易见，它已被视为本地社会的有机组成部分。万历年间，卫学建筑毁损，此次重建工程则是由政府亲自主持。其他地方官员纷纷捐款，使位于校舍中心的孔庙焕然一新。附近佛寺的地产也被划拨为卫学的永久校产。①

在永宁卫，陈用之创建的卫学同样一直存留到明清易鼎之后。明朝末年（17世纪中期），天下大乱，永宁卫学和卫城的大部分建筑毁于一旦。清朝初年，天下甫定，永宁卫被撤销（参见第七章）。但是，尽管卫城已不复存在，地方精英仍主动决定重建本地的学校。昔日的永宁卫学，此时则变为一家私人设立的书院②、一所不折不扣的地方机构，完完全全融入社区生活之中。在整个清朝，它一直维持运作，甚至持续到清朝灭亡后。直到2005年，卫学的旧校舍还被永宁小学用作办公楼。

卫所官员必须别出心裁、另辟蹊径，才能为卫学找到经费支持。15世纪中期，苏州地区的镇海和太仓二卫获准并建一所卫学。二卫官员请求巡抚（一省的行政长官）提供经费。巡抚未能给他们拨款，但却提出了一个别出心裁的解决办法。当地士兵（很可能是军余）

---

① 《莆田县志》卷九，13页a—b；《兴化府志》卷十五，14页a—b。
② 《石狮市志》(1998)，733页。

会在卫城附近租赁民田。民田赋税必须上缴到远方的仓廪,舟车劳顿,产生费用,因此还要征收额外的运输费。其费率几乎和租额一样多。于是,巡抚安排士兵将赋税上缴到附近仓廪,原来的舟车之费则被用作卫学的资金。①

卫学的行政管理和财务开销,使民政系统的文职官员紧密地介入卫所事务。更重要的是,卫学培养出来的精英群体不再把卫所仅仅视为暂时栖身之地,而是以之作为自己安身立命、一展抱负的主要舞台。随着卫学对民户开放,军户精英与附近地区的精英家族被联系起来。这一切,进一步为卫所社群的形成奠定了基础。

在上述的三个卫里,16世纪时学校的创建与廪生名额的设立对地方认同感产生了显著影响。当地文人向官府请愿建立乡贤祠,最终得到许可。致力于办卫学者即在祠里享受供奉。乡贤祠后来成为精英群体活动的重要场所。卫所成为集体行动的场所与集体认同的来源,这并非出于任何事先的蓝图。引领这些变化的,是恪尽职守的卫所军官,以及运用各种策略追求自身利益的卫所军户。到了明末,军户成员开始在文章里称自己为"卫人"。改朝换代之后,卫所已是明日黄花,但他们依然如此自称。②

结论

本研究项目一大乐趣,就是与年迈的村民坐在一起,一边喝茶

---

① 张益(永乐十三年进士):《新建镇海太仓卫学记》,载于钱谷:《吴都文粹续集》卷七,16页a。
② 想了解与此相关的"卫籍"一词,可参见顾诚:《谈明代的卫籍》。

(或地瓜酒),一边聊明朝历史。他们侃侃而谈,祖辈随抗倭大军英勇杀敌、与收税官吏斗智斗勇等事迹是当地人引以为豪的谈资。近年来,军户后人中的积极分子热衷于重建与祖军原籍之间的联系,并和那里的远亲一同编纂族谱。但对他们而言,始祖的原籍并不是家乡。他们的家乡是他们现在生活的地方——围绕明代卫所发展而来的沿海社区。(该观念是否也适用于他们在厦门、深圳等城市工作和学习的子女,就要另当别论了。)这些社区是如何成为"家乡"的?随着士兵家庭与卫所同袍、与地方民户喜结连理,这里渐渐成为家乡;随着卫学设立并培养出一批拥有地方认同感的文人,而他们又进一步将此认同感散布到社会的其他阶层,这里渐渐成为家乡;随着村民运用可获得的组织、社会和文化资源开辟出一个处理地方事务的场所,这里渐渐成为家乡。

在一些地方,昔日卫所已与周围社区融为一体。但在另一些地方,时间长河未能泯灭卫所的独特痕迹。某些前身是卫所的地方,今时今日仍是语言孤岛。这种独特的方言被称为"军话",与周围社群的用语大相径庭。[①]具体到沿海地区,迟至明代末年,依然存在以军家方言岛著称的卫所。当地的语言学家坚称,所城百姓与周围农村百姓之间迄今在语词和音调上犹有差别。[②]自卫所创立到现在已有六百多年的时间,所城后人居然还保留着独特的语言、文化、

[①] 一个广为人知的例子来自福建西南部的武平县中山镇,明朝曾在此设立千户所。当地方言依然保留着江西赣方言的痕迹。参见庄初升:《试论汉语方言岛》;黄晓东:《汉语军话概述》。
[②] "二十五年互调其军于诸卫,故今海上卫军不从诸郡方言,尚操其祖音而离合相间焉。"《闽书》卷四十,25 页 a;《漳州府志》(隆庆六年)卷三十三,697 页。温端政:《苍南方言志》,28—29 页,202—204 页。

社会和宗教元素,这本身已是个异乎寻常的现象。要知道,清初裁撤卫所,卫所已经消失了三百多年,考虑到这一点,上述现象就更不得不令人瞩目了。可想而知,这些遗产肯定是各卫所建立后形成的新社会关系的产物。

两个邻近的卫所,各自和周边社群的关系却可能大相径庭。永宁卫下辖的福全所和崇武所相距不过五十里,一南一北,隔着永宁。今天的福全已和周围村庄水乳交融,不存在任何隔阂,福全百姓和周围村庄的百姓联姻,有着相同的风俗习惯。相反,崇武在许多方面保留了其独特性。我们之前说过,崇武百姓极少和所城外的人通婚。虽然崇武坐落在惠安县境内,但惠安人的习俗并不见于崇武。譬如"长住娘家"的婚姻习俗(即女性在婚后一段时间依然住在娘家,直到生了孩子后才名正言顺地搬入夫家),我们现在还能在惠安农村地区看到这一婚俗,但在崇武却完全看不到。在崇武城墙划定的界限内,如果某个女性身着特色的"惠安女"服饰——头巾、短袄、宽大的黑裤——马上就可认出她是外人。① 崇武所被撤销了数百年,当地依然是一座"婚姻孤岛"。

大大小小的偶发事件有助于解释这一不同。在卫所中,卫学的设立对于地方文人精英阶层的形成至关重要,这很可能同时催生出一种对卫所的认同感。当一地受到倭寇侵袭而卫所成为附近百姓的

---

① 该地区的人类学调查报告显示,各村之间存在惊人的差异。在崇武镇上,调查者并没有发现"长住娘家"的习俗或"惠安女"的独特服饰,但这两种现象却出现在一个相隔仅二里地的村庄("长住娘家"在当地的"历史十分悠久")以及附近的一个渔村(当地妇女身穿传统服饰,"就像崇武城墙外其他村庄的居民一样")。编者将差异归因于"城市化"水平的差异,但是此种解释缺乏说服力。陈国强、蔡永哲主编:《崇武人类学调查》,81页,123页,167页。

避难所时，此地的卫所与周边的关系一般较为密切，甚至直到今天。

"再域化"的进程在各个卫所不尽相同，在卫所内部亦存在差异。对世官军户家族而言，捍卫军职的承继权及其带来的津贴、地位及升迁机会乃是重中之重。拥有这类户籍的人，享受着特殊地位带来的特殊待遇，并拥有很多途径利用他们的地位，因此他们更倾向于保持自己的与众不同，相较而言，他们嵌入社群的程度较低。对于普通军户家族来说，规避兵役更有吸引力，因此融入当地社会是一个更好的选择。这也能解释为何世官家族在历史文献中所占比例高于他们在明军中所占比例——无论是官方史书，还是地方文献，情况都是如此——和普通军户的族谱相比，世官军户的族谱自然更可能提及自家的军户身份（而且世官军户也比普通军户更有可能编纂族谱）。一个数百人乃至数千人戍守的卫所，地方志却只说有数十名驻军，那么我们可以很有把握地认为，这数十人指的是军官而非普通士兵。在单一军户中，家族的正军与军官相对而言更大程度地被军事行政体制吸纳，而军余和舍人则更有可能融入周边环境。

当卫所中的男女成婚时，不论对象是来自其他军户，还是当地家庭，他们建立起新的社交网络，促进了军户在本地的"领域化"进程。随着卫所社群人口增长、日趋复杂，单凭卫所本身的组织能力已无法对之进行有效管理。这些社群不得不运用手头上的政治及文化资源寻找新的自我管理方式。创立学校，兴建庙宇，他们的努力给所属社群带来了一系列意料之外的影响。与其他城镇和农村一样，卫所的庙宇经常充当进行地方管理的主要场所，百姓在这里处理冲突、调解纠纷。卫所百姓供奉的神明经常有别于周围地区的神明，这可能是卫所独特性得以长期维持的另一根源。总体来说，官

明本《清明上河图》局部 台北故宫博物院藏

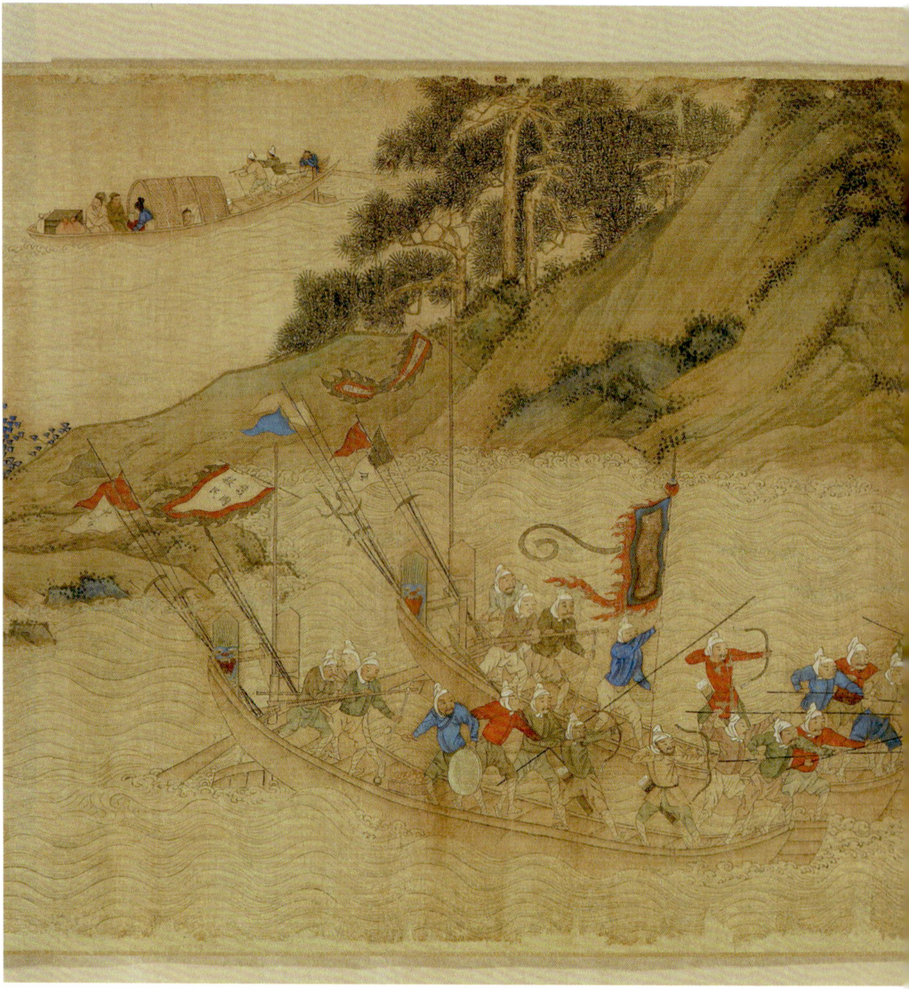

明代《抗倭图》局部 东京大学史料编纂所藏

明茅元升《武备志》所载大福船

《武备志》所载鸟嘴船

《武备志》插图

平海城隍庙

平海城隍

平海镇春节迎神赛会

侯山的玄天上帝

侯山的英武尊王

侯山庙

侯山"游神"时的贡品

狮山真武廟記

清溪泰鞍里雄山真武廟記

清溪泰鞍里雄山真武廟，距城四十里，為陳蘇鄉其時而囂者之狄山，為螢而飛之蓬莱，為貫以東甲繩亘圓騰氣及萬千景。宏敞神樓之廣之堯有林八即，萃建萃表。真武玄帝其閻鄉里人鄒慎蓉，其事乡保譜示，遠近連欲最慕耳於隆慶之六年乃函六布地無金日斯以倾地聖王太子生於神農時誕自毋左脇誕紫葩元号曰秘婦線於武當山蓋曰非玄此山也山有太子坡水有磨針澗故像建禋之工誣落成友人洪子輻君訪余索記蓋哲按之金帝為已蓋有深其說著謂真武無人脩鍊無地可權為水於神為玄武帝之玻騾跡足早嘉撰止為神道誕散
何況相不靈僅於興象也戒非迹耶其祠於萬衆至尊而祀於七地亦為震巨兩暘疾病癘應之壇其恩萬莊嚴何地不格千世界亦為降神分之所鍾一而在今不在岐臨俗人心
明照武皇帝道中使建絡菁峰之殿的鐸而所在精藍布剎縣殽通靈宇英峽太和山為玄武鍊集之區而諧灌過皇之地而祀於神又有俾方於司體為水片神為玄武帝之坡騾跡足早嘉撰止為神道誕散無明明之
二理道法無干歡所頒奉神衆生行敬於第倚圓於淳樸貴著展子祥殿若安於分以其畏祥信禮之事信次殁無明明之
以興起其忠利營賦之本心玄於此玄所謂識戒可以事上帝而神武不貞之真諦也若愚道於三十二相之求相省虚試以吾言一覺之
之假槃付誘進愚倍而其真吾僑調法父毋以软矜而繼以鬼神之德之誠實通以敬忠而歸之頂昆神而不感神不無
賜進士及第一本吉子假桃源里人莊際昌頓首拜書
大明天啟元年歲次辛酉仲春之吉
梅興里人吳任傑瀘源令立石
盧陵贺珍篆额

第一塊侯山石碑的碑銘

啟山潮腴

鬱山致山皆帶石而夷崙雅山多小石礐夕夫石礐故謂之塔以山前最中坦如猴攘地周行之狀故謂之塔□□□□而阻異之龍似宮神者明洪武初胡氏女仙英颯有仙值嬌來近騰空自升不知往望日坐弇于山崩蜂上而展□□□□結如椅形人競奇家縈縣以祀鄉民者從茲無阨開山廟延□里境的之主管詳設薦神雨鳳賓目應識而者從茲火顯神功祈請者□□二神之象讀和分祠別□□山者靈灌以聰鄉人癘災火顯神功祈請者始□日故二神之象□□□武薦維時夫吾鄉山之居謀左蓋巍然以高相望也礐山狀中澄立省□□□□稻盤槓新燭繼燭非以靈異之蹟存耶夫山與神相遇以永固理宜也亦山下尚□□□□化里李鍾旺有廟有廟之灣負巌整石崭屼廟疑水葉葉日□□□□□骨斤□□□殘槳掃紙不洞巫覡神醉歓且歌神鹽神出誦無無□□

大清雍正二年甲辰間四月穀旦康熙戊子科擧人兌性謙□□□□□
先君雍正己酉在京下女甲辰家居衆區□□□□□□□□□□
願者君愿□道獃家卯以他事□□□□□□□□□□□□□□
忘而還留未就今年秋神諗非余兄第適余合□□□□□□□□
神其姓七一時皆禱為言因慕遠涉斯與侯可諾華□□□□□□
化在宋真宗威平五年十月初四日午時稽具百有七□□□□□□
勒封英武拿王山廟德為鷲峙石屏寺末遭燬明初林□□□□□
雖萬其廟自在也則神之不朽者自□□□□□□□□□□□□
始於鄉人其廟灵可加鄜□泊乎墨灣海此碑晨忙其無□□□□□
夫其為之也不可不多則其事神之心必逺神其與此碑晨忙其無□□□
乾隆十三年戊辰十月朔日男進士濟泰薰洗□□□□□□□□

第二块侯山石碑的碑铭

家譜小引

清源泉郡名山也。其西北之峰境屬南安。內有五世祖琳芝公子孫居之,築廬於南安之雙路口,即清源西北峰。幸聚州處相繼絕稱。望族也。今效世系必求水源木本處得而畧紀焉。我舊鎮開基祖光德公南安齋也配鄒趙氏生四子,長景華次景忠三景和四景炎住居於南安雙路口。不幸公逝,母子啣依,適遭元亂群雄鑫起,兵燹孔熾,當道卽中行省相貼穆爾守漳郡,迷里鐵實守泉路兩項誅求,增納粟米,傷於財奉行力役,困於征當斯時也,誰不欲適彼樂國乎。時蓋元至正二年也。于焉挈家遠颺,負骸而走自泉至漳,出漳而浦,求所為鞭長不及之地,於以息肩而托足焉。斯已幸矣。顧瞻周道,南至海濱,地名舊鎮,見夫山峰拱揖,潮水環繞,為舟楫往來之區,商賈貿易

漳浦鄭氏族譜

蒲氏選簿

外黄查有

蒲英晉江縣人高祖蒲媽奴洪武十六年克泉州衛事二十一年調福州右衛所百户洪熙元年老曾祖蒲月父蒲福係嫡長男年幼優給景泰六年故無嗣父蒲壽係嫡孫年幼優給正德二年老英係嫡長男皆本衛所百户

[一輩] 蒲媽奴 已載前黄

[二輩] 蒲榮 舊選簿有宣德九年十月蒲榮年十七歲係福州右衛後所試百户蒲馬奴嫡長孫祖原係經旗

[三輩] 蒲壽 舊選簿有天順三年九月蒲壽年十五歲晉江縣人係福州右衛後所試百户馬奴係經旗因下西洋公幹四遠陞前職欽依本人仍替試百户

[四輩] 蒲英 舊選簿有正德二年十二月蒲英晉江縣人係福州右衛後所試百户蒲馬奴嫡長孫祖原係經旗轉名照例已與實授百户係優給令出幼欽襲實授百户

[五輩] 蒲敏 舊選簿查有嘉靖十九年二月蒲敏成晉江縣人係福州右衛後所年老百户試百户蒲英嫡長男伙與世襲

[六輩] 蒲茂 舊選簿查有嘉靖二十七年十月蒲茂年十八歲晉江縣人係福州右衛後所故試百户蒲敏成嫡次男...

[七輩] 蒲國柱 年九歲係福州右衛後所故世試百户蒲茂嫡長男年七歲係故試百户蒲茂嫡長男比中一掌

萬曆二十三年八月大選過福州右衛後所試百户一員蒲國柱年七歲係故試百户蒲茂嫡長男俸優給三十年終住支

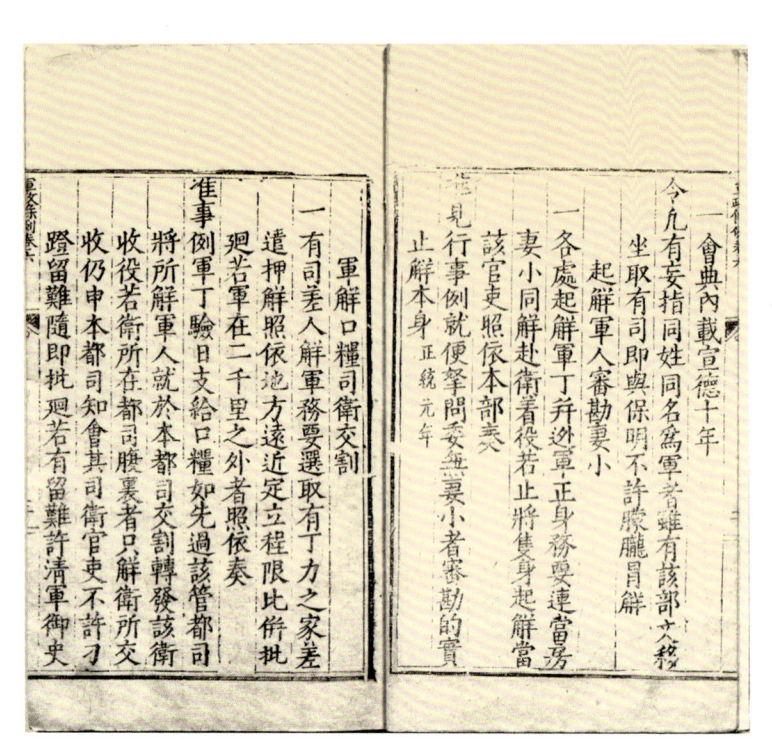

谭纶所撰之《军政条例》

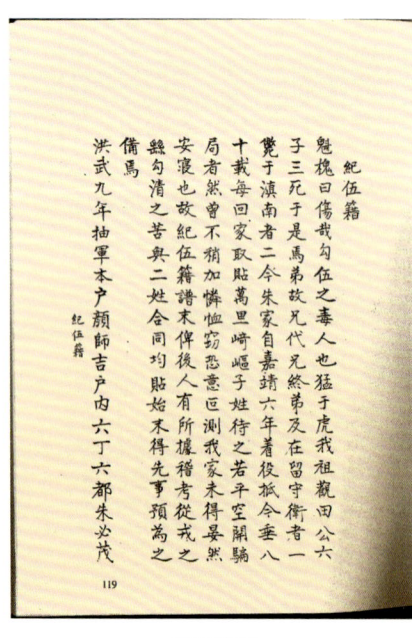

一、会典内载宣德十年令凡有妄指同姓同名为军者虽有该部勘合坐取有司即与保明不许朦胧解。

一、各处起解军丁并边军正身务要连当房妻小同解赴卫着役若止将隻身起解当该官吏照依本部奏见行事例就便掣问委无妻小者审勘的实止解本身。正统元年

军解口粮司卫交割

一、有司差人解军务要选取有丁力之家差遣押解照依地方远近定立程限比俗批廻若军在二千里之外者照依奏准事例军丁验日支给口粮如先过该管都司将所解军人就於本都司交割转发该卫收役若解军人都司知会其司卫官吏不许刁蹬留难随即廻批若有留难许清军御史收仍申本都

颜氏族谱

纪伍籍

魁槐曰伤哉勾伍之毒人也猛于虎我祖颜田公六子三死于是马弟故兄代兄终弟及在留守卫者一觉于滇南者二今朱家自嘉靖六年着役抵今垂八十载每回家取贴万里崎岖于姓待之若平空闲骒局者然曾不稍加怜恤窃恐后人有所据稽考从戎之艰勾清之苦与二姓合同均贴始末不得先事预为之备焉

洪武九年抽军本户颜师吉户内六丁六都朱必茂

李仁渊丁《龙潭村陈氏族谱》中所发现之地契

作者与郑振满教授在海澄看碑文。在碑文上覆盖一层面粉,是为了让其内容更易辨识

作者在金门珠山村的一处老宅挖掘搜集田野资料

方带有军事色彩的祀典会逐渐被民间宗教信仰取代，这些信仰或是由士兵从原籍带来的，或是为本地百姓所本来尊奉的。清初，作为行政单位的卫所被撤销，供奉民间神祇的庙宇有效地取而代之，成为主宰当地人生活的基本单位。我们将在第六章、第七章继续追溯这些庙宇在清代及以后的历史，借以了解明代国家机构留下了哪些影响深远又出乎意料的遗产。在一些地方，庙宇实际上成为地方自治的场所。它一直扮演着这样的角色，直到19世纪末、20世纪初人们开始对民间宗教大肆挞伐为止。

第三部分

在军屯

In the Military Colony

第五章

遭构陷家门逢厄运　诅书吏屯卒雪冤情
军屯内的制度套利

透过一张又一张冗长的谱图、一篇又一篇俗套的传记,族谱背后的麟阳鄢氏家族史充满戏剧性,部分情节甚至令人难以置信。故事以飞来横祸降临兴旺之家开篇,这只是噩梦的开始,祸殃接踵而至,鄢家几乎倾覆。几名幸存族人卧薪尝胆,最终克服种种困难,东山再起。我们要讲述鄢家的故事,就必须把目光转向明代军事制度的另一组成部分:为卫所驻军提供官俸军粮的军屯。

〔第一世〕

入闽始祖奉议大夫金华公,讳识,字知几,江西抚州府临川县人,家于四十七都中天堂。以经术起家,登明洪武甲子科举人。初选四川嘉定州荣县知县,升授浙江金华府同知,旋署知府事。故称为金华公云。

公莅郡,治声为诸郡最。适寇警邻疆,邻疆失守。公先与于川谷理事,至是聚委咎于公,乃论公戍延平中卫,一卅知者咸为扼腕。公不为辩,怡然曰:"君犹天也。天命之矣,又何辞戒?"家人束装就道,会遘疾,先行期而卒,葬抚州原籍。

始祖妣杜氏淑真宜人,原籍名家女,事金华公,聿全妇道。公卒时,有子三人:法真公、舍孙公、法春公。妣携之以入尺籍,戍延津。至永乐二年,奉红牌例,改调分屯吾永之麟阳(初名利洋),有田三十亩,营室限柄坊居焉。草昧之初,险阻备尝,实称首功云。葬麟阳榜里,坐丙兼午。

男:法真、舍孙、法春。

〔第二世〕

法真公,字伯定,行三。金华公长子,生卒葬难后莫详。

妣刘氏,原籍人。生卒葬难后莫详。

男:琼、璇。女一,适洋尾林棠子嵩(嵩于吾门难后,赎回法春公子瓘于连江,是有功德于吾宗者,故书之。)

公状貌魁梧奇伟,一饭能如廉将军,而性喜刚克,以故不谐井里。尝与乡豪顾瞬有隙,又与二十都陈子希争名山院檀樾主。希不胜,两人尝切齿欲龁公而无繇。会邓茂七骚乱沙尤,时瞬为都司吏目,希本都司吏也,因合谋诬公党贼具首。

〔第三世〕

…………

璇公,字仲章,行五。舍孙公子。生宣德丁未,卒宏〔弘〕治己酉六月初六日,寿六十三。

妣白湾张氏,生卒莫详,合葬草坪尾,坐丑兼癸。

男:铤、铎、铜、钦。

正统戊辰之难,公已出行,至郑坑。张妣止之,曰:"可去矣！行，罪且不测，如宗祀何？"乃与男铤二人驰走白湾，并得脱，寻复故业。成化甲午，建大厦五间于限柄坊，至今赖之。（族孙材笔）[1]

生活于明初的鄢家始祖被称为金华公，因其曾于浙江金华做官。鄢家正是在金华遭逢第一场大难。浙江"倭寇"猖獗，金华公是当地唯一成功剿灭"倭寇"的官员。同僚忌惮，合谋构陷。金华公被弹劾，因一个莫须有的罪名没入军籍。就在鄢家动身前往驻地时，金华公去世了。这对他而言或许是件幸事。毕竟，他是个遭人陷害的好人。

金华公遗下妻子和三个儿子。他们"入尺籍"，被调入闽江上游的延平卫。[2] 永乐二年（1404），鄢家又被调往附近的永泰县，奉命耕种属于延平卫的一分屯田（参见图15）。屋漏偏逢连夜雨，鄢家再次厄运临头。金华公的长子鄢法真性格刚烈、脾气火爆，"尝与乡豪顾瞬有隙，又与二十都陈子希争名山院檀樾主"。不幸的是，鄢法真的对手都是当地有权有势之人。他们也出身军户，任管屯书吏。两人对鄢法真怀恨在心，伺机报复。正统十二年（1447），邓茂七发动起义，两名书吏趁机诬陷鄢法真勾结叛军、意图谋反。

审理此案的判官，让鄢家雪上加霜。判官直言，只要鄢家肯出钱打点，事情不难平息。但令人没有想到的是，鄢法真与乃父一般为人耿直、刚正不阿。他拒绝行贿，坦然接受审讯，最终罪成判死。

---

[1] 《麟阳鄢氏家谱》卷三，1页a—2页b。
[2] 原文中鄢家被调到延津卫。但"延津"应是"延平"之误。

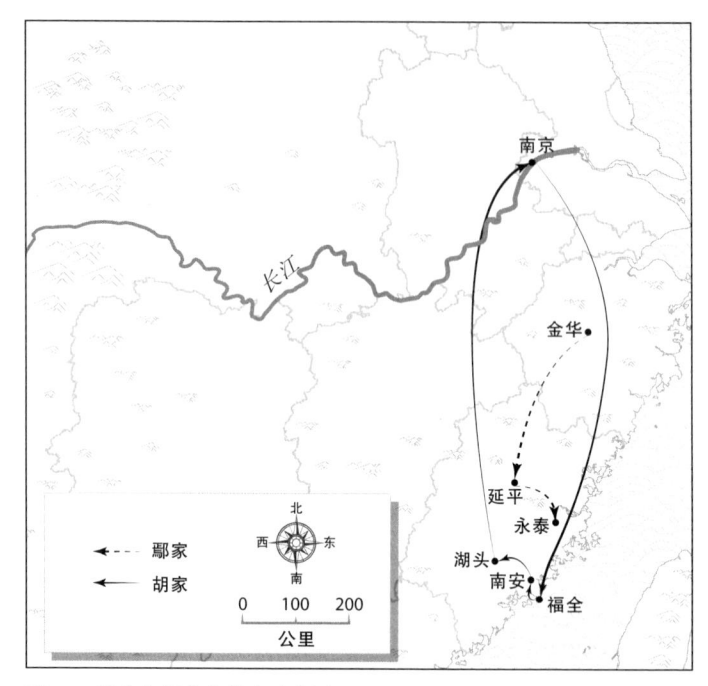

图15　鄢家与胡家的故事示意图

临刑之时,他向天发下誓愿,死后定化成厉鬼,将陷害自己的两名书吏绳之以法。言毕,引颈就戮。①

鄢法真犯的是滔天大罪。"谋反"位列"十恶",乃明代律法中最严重的罪行。除了鄢法真本人,他的"九族"也惨遭株连,同时

---

① 据说鄢法真于永乐二年(1404)被调到永泰,而书吏在近五十年之后才报了当年一箭之仇。或许鄢法真与书吏的关系在几十年间不断恶化,而鄢法真在受到攻击时,已经垂垂老矣。一个更可能的解释是,鄢法真被调到永泰的年份记载有误。或许到了编纂族谱的时候,众人已经不记得确切年份了。但是,既然大家都知道朝廷在永乐二年(1404)改革军屯制,族谱的编纂者便认定他们始祖最有可能在这一年来到永泰。《麟阳鄢氏家谱》卷三,1页a—2页b。

被处以极刑。经此一案,鄢家数十名族人罹难。只有几人侥幸逃脱,一名鄢家少年逃往附近城邑躲藏,一户人家先是收留了他,而后却又将他出卖为奴。

终于,鄢家时来运转。据族谱记载,是孝道挽救了整个家族。鄢法真的侄儿鄢璇是鄢家第三代中唯一逃出生天之人。他本想远走高飞,但妻子劝他三思。她义正词严地说,保存性命固然重要,但如果这意味着抛弃祖先坟茔,那就因小失大了。鄢璇被妻子说服,决定到妻子的娘家暂避风头,最终幸免于难。①

数年之后,鄢法真沉冤昭雪。幸存的鄢氏族人得以回归永泰老家。在那里,他们恢复了军籍。鄢璇也"复故业",重新获拨鄢法真的那分屯田。否极泰来,鄢家迅速复兴。鄢璇之子生于家道中落之时,如今则做了商人,家财万贯。鄢璇之侄(亦即鄢法真孙辈中的另一人),同样靠经商赚了大钱。在往后的日子里,鄢氏后人还将读书应举、步入仕途。

鄢法真的仇家下场如何?诅咒应验了。他肯定在阴曹地府告了他们一状(此类冥府官司是中国民间宗教的常见元素),并最终胜诉。根据一个世纪后编纂族谱之人的记载,鄢家"嗣续至今,而三氏〔两名书吏加上索贿判官〕子孙反无噍类"。鄢法真的死后复仇远不止于此。判官死后,其身患残疾的弟弟流落街头,以乞讨为生,

---

① 其他家庭成员得以幸存,他们的姻亲扮演了关键的角色:"璇与铤之免,以张氏妣止之徒白垱;瑾之免,以黎民母,而钰之免,以舅氏林岳。"就连被卖掉的男孩,也是被他的姨丈救出来的;他的姨丈找到他并将他赎回来。《麟阳鄢氏家谱》卷一,3页b;卷三,2页a。

最终竟是靠鄢家的施舍度日,身后也未能留下子嗣延续香火。①

鄢氏族谱是否可信?对先人进行夸张的,甚至子虚乌有的描述,在族谱中屡见不鲜。但此类描述一般都在彰显家族积极、光荣的一面。令家族蒙羞(哪怕是蒙冤)的记载却极其罕见。因此,这则故事应该有值得挖掘之处。另一方面,我确实没有找到任何相关的佐证。②然而,即使我们摒弃金华公遭人陷害、鄢法真死后复仇的情节,剩下的核心故事——发配充军,运乖时蹇,然后东山再起——是相当可信的。无论鄢家有何背景,无论他们是家道中落的地方精英,还是被征入伍的平头百姓,被调往福建便意味着彻底的"解域化",他们被迫背井离乡,于一个陌生的、艰苦的地方安家。"解域化"催生出"再域化"的反作用力,新环境滋生出新关系——有些和谐融洽,有些则剑拔弩张,如鄢法真与两位书吏之间的恩怨纠葛。

我们可能认为,几经灭顶之灾的鄢家会当逃兵,从军事系统中彻底抽身而出。鄢氏族人却不是这么看问题的。鄢家一经平反,他们立即找回自家获分的屯田,重拾在军事制度中扮演的角色。尽管屡受朝廷官吏的陷害,他们依然没有脱离军籍。此后鄢家的家族史,成为本书第一章所示策略的一个极佳的阐释。鄢家努力让军籍带来的好处尽可能惠及更多的族人,同时将其带来的负担尽可能限制在一个最小的范围内。他们显然认为身为军户有利可

---

① 《麟阳鄢氏家谱》卷四,2页b。
② 金华公的姓名并不见于他原籍地或他据称曾经服役过的地方的记录——当然,地方政府可能在他身败名裂之后删除了他的姓名。延平地区的县志记载了他的姓名,但是这并不能说明什么;这个故事可能通过他的后人进入县志里。

图。数百年后，明王朝行将就木之际，他们依然在表面上尽职尽责地执行着军中的任务。①

制度

明代军队的士兵，大多数其实根本不是真正的士兵，至少不是大家想象的那种从戎之徒，而是务农之人。即使是在明初，各卫所中仅有少数正军做着我们通常认为的士兵工作——练武、出操、巡逻或偶尔奔赴战场。其余正军都是面朝黄土背朝天的农夫。他们很像民户，但与民户绝不相同。

想要理解这一表面上的悖论，就必须追溯到明朝开国皇帝朱元璋身上。一个刚建立的国家在解决征兵问题时，要在几个方案中做出选择，军队财务及补给问题的解决也同样如此。其中一个极端是"征服型国家"（conquest state），它将战利品作为军队主要的乃至唯一的收入来源。形式更为复杂的国家一般则会向平民征税，以此满足军事开支。②

"吾养兵百万，不费百姓一粒米。"③这句长久以来为人津津乐道，但很可能是后人捏造的话，很好地概括了朱元璋解决军队后勤补给问题的方针。世袭军户制度的设立旨在确保明军拥有持续而稳定的兵源。军队的后勤补给体制则致力于确保军队能够自给自足。

---

① 《麟阳鄢氏家谱》卷三，10页a；卷四，2页b—3页a。
② Margaret Levi, "Conscription: The Price of Citizenship"对此进行了理论上的说明。
③ 《明神宗实录》卷五百八十七，万历十七年十月乙亥，11239页。

上述两个方针，实际上是同一计划的两个部分，其背后的逻辑是相同的。朱元璋希望他的军队成为一个自给自足的封闭系统，既不需要投入新的人力，又不需要提供额外的供给。有能力喂饱自己的军队，必然是一支亦兵亦农的军队。

为了实现军队的自给自足，明初，朝廷恢复了一项历史悠久的制度：屯田制。"屯田"一词的核心含义便是由士兵开垦并耕作田地。据估计，明末时，军屯面积占到全国耕地总面积的百分之十至百分之十五。[①] 在各个卫所，部分士兵负责垦殖屯田，为执行军务的同袍提供粮米。这些亦农亦兵的屯兵没有生活在卫所里，而是和其他农民一起散居在乡间。他们的社交世界非常不同于那些居住在戒备森严的卫城或所城里的士兵，在军屯及其周边地区的微生态中，他们有着自己的策略，追求自身利益的最大化。

为了更好地了解屯田制的实际运作，我们还是先来看一户军屯人家的具体经历吧。胡家和第一章的倪家一样，并非出于虚构，而是真实存在的，他们生活在明代福建，他们的后人现在依然生活在那里。明初，胡家生活在安溪县湖头镇外。正如倪家仅有只言片语的资料，我们对胡家亦知之不多。他们于洪武九年（1376）入军籍。当时，周德兴在福建大规模垛集抽军，胡家被征入伍，在"胡六仔"名下受编为世袭军户。类似于之前登场的一些家庭的情况，胡家属于"正贴军户"。该军户由胡氏、王氏和林氏三家组成。胡氏族谱不惜笔墨地将各家在军户中的身份写得清清楚楚，因为不同的身份承担不同的义务。理论上，王家为正军户，军户的具体义务要由其

---

① 参见王毓铨：《明代的军屯》；Liew, *Tuntian Farming*, 2-5.

承担,王家无法履行时,义务将转到林家和胡家身上。林家为贴军户,率先承责。胡家为凑军户,只有在王家和林家均不能完成义务时,才会轮到胡家出面。

> 明洪武九年,抽充南京留守左卫军。二世诒斋公,以胡六仔姓名,与林遂帮、王丙仔轮当。王为正军,林为贴军,胡为凑军。至宣德三年,照例拨回永宁卫福全千户所寄操,后收入李世康名伍屯田。至嘉靖十四年,三姓合约,轮各十年,租轮收,米轮纳。至隆庆四年十月,内本卫所分给二帖,一付林遂,顶种故军王拱政田;一付王丙仔,顶种故军倪宗显田,不登胡六仔名字。①

明初,三家轮流出丁补伍。② 胡家的第一个士兵胡六仔抽充南京。宣德三年(1428),该正贴军户被调回福全所(亦即在第三章中登场的蒋家担任千户之地)。这次换防,肯定是拜"自首政策"所赐(导论中的颜氏族人也通过同一政策得以回到福建)。胡家所在军户没有长驻福全。不久之后,他们又经历了一次调动。此次调动的性质与之前不同。他们依然在福全所辖下,而非调入另一个卫所。这纯粹是一次功能性的调动。他们如今奉命耕田,为卫所驻军提供军粮。

这令胡家进入了军屯体制。明帝国的各个卫所均配有耕地,并

---

① "祖屯",《安溪胡氏族谱》,1417页。
② 这很可能是当初征兵的条件,但也有可能是这三户人家的自行安排。参见《明太宗实录》卷三十九,永乐三年二月丁丑,652页。

会拨出一定比例的士兵前去屯种。比例视当地情况而定，考虑的因素包括卫所的战略地位与区域的土地肥力。军事威胁愈严重的地区，承担作战任务的士兵便愈多；土地愈贫瘠的地区，负责屯种的士兵便愈多。一般而言，在边地，屯军数量占总兵力的百分之七十；而在腹里，这一比例上升到百分之八十。①

福全所的部分屯田坐落在南安县，胡家即被调入那里的军屯。胡六仔（也可能是另一位胡氏族人）在南安获派一块屯田，亩数也要视当地情况而定。福建的标准是一军受田三十亩（大约两公顷，差不多有两个足球场那么大）。每块屯田都会授予一位特定的正军或军余，这些田地有时也被称为一"分"屯地或一"名"屯地。它们都被记录在屯田黄册中。这些黄册好比民政官吏用来记录民户土地所有情况的鱼鳞图册。

无论被分配到卫所还是军屯，世袭军户的核心原则始终如一。每户人家必须按定额派出一名男丁到军屯耕地——他的姓名就登记在屯田黄册上。当他变老或去世时，军户需派出替役者。上任正军的军屯分地将由替役者继承，后者的姓名也将加入屯田黄册。久而久之，和卫选簿一样，屯田黄册看起来就像一部族谱——一部记录军屯军户为明代国家服役的族谱。但是，耕种军屯和戍守卫所之间存在重要差别。卫所正军通常是军户中唯一一名当兵的人，而军屯正军则实际上并不是独自承担屯田的全部农活。和中国历史长河中的所有农民家庭一样，他和直系亲属共同劳作。

---

① Liew, *Tuntian Farming*, ch. 4；马文升（1462—1510）："请屯田以复旧制疏"，载陈子龙编：《皇明经世文编》卷六十三，3页a—5页b。

根据第一章中粗略估算的亩产数据,三十亩的军屯分地应该能够生产六十石左右的大米。明初数十载,朝廷规定福建屯军每年向官府上缴二十四石大米,比总收成的一半还少一点。半数上缴的粮米会发还屯军,作为其每月的口粮。这一半粮米被称为"正粮"。另外一半则被称为"余粮",会运至卫所,供给官兵,作为其军粮。每个士兵每月的官俸军粮应是一石大米,理论上屯军和卫所驻军待遇相同。永乐二十年(1422),为了鼓励屯军恪尽职守,朝廷将余粮减半,每名屯军每年仅需上缴十二石大米。官吏还发现,整个安排根本不需要这么复杂。与其先缴纳收成再逐月发还,还不如让屯军自我管理,显得更为合理。正粮被取消了,屯军只需上缴六石大米。令人费解的是,尽管"正粮"之名不再使用,上缴的六石大米依旧被称为"余粮"。就这样,到了15世纪中期,福建屯军对官府的主要义务是交出六石粮米,大约相当于他们军屯分地平均收成的十分之一。①

胡氏族谱并未提及胡六仔和另外两个家庭起初是如何协商分担军屯义务的。但在一百年后的嘉靖十四年(1535),他们约定"轮各十年,租轮收,米轮纳"。换句话说,他们用以分配纳粮责任的原则和卫所军户用以分担兵役的原则如出一辙。此时,三户人家的后人已不再亲自耕作,而是将田地外租,交由佃农打理。胡家甚至搬回了安溪老家。但是,正如勾军官吏只关心缺额是否有人顶补,而不管顶补之人来自何方,管屯官吏最关心的是余粮是否按时上缴。至于正军人在哪里,或屯地由谁耕作,都无关宏旨。

---

① 《大明会典》卷十八,334—335页。

胡家一直很重视自家的军屯分地，并认真对待规管体制的规则和程序。我们之所以知道这一点，是因为胡家将两份隆庆四年（1570）的"帖"抄入族谱，记录着他们获得了两名已故屯军的军屯分地。两名屯军很可能没有在世亲属，管屯官吏干脆将屯地转到胡家名下，保证余粮的缴纳，从而省却了寻找替役者的麻烦。万历十二年（1584），朝廷勘合土地，相关文书有胡家军屯分地的记录。当时，胡家族人已将这份文书收入族谱，在接下来的五百年里，该文书被抄入各个版本的族谱中。他们的一丝不苟，使我们有机会一窥来自明代地方册籍库的官方文书，虽然文书本身与收藏该文书的府库已湮没于历史长河中。当前的版本经过重新排版，我们已无法看到文书的原始样貌。但我们可以从内容推测出其最初的格式。它很可能类似于现代的表格，上方是印刷的抬头，下方是手写的正文。印刷体抬头阐述文书主旨，并说明该如何填写，此外还包括永宁卫指挥奉旨丈量土地的命令。抬头后面是主要内容，在原始文书中肯定是手写的，记录土地勘合的结果。

> 至万历十二年，奉文丈量，再给二帖分管，如旧抄给。付王丙仔文帖：
>
> 永宁卫指挥使司马，为丈田亩、清浮粮以更民困事，准卫掌印兼管屯指挥使干关，蒙钦差督理屯盐兼管水利道福建按察司佥事刘宪牌，准布政司照会，奉按、抚院案验，题奉勘合，丈量过通省屯田粮额，备案行司，即使转行屯田道，行所属，将今次丈过屯田，逐户查造源顶故军姓名，开载坐落地方四至号段，各军田帖另填拨换执照等因到道。除通行外，为此票牌，

仰本卫管屯官照依事理，即将所丈过实在四至号段填送卫用印，赴道挂号给照等因。蒙此，理合就行。为此，遵将原拨丈过各军实在屯田亩数四至号段文册逐户依式照填由帖，依蒙呈送挂号，给付本军执照，务遵今丈过实在屯田亩数四至号段管种，依期纳粮，毋致抛荒，亦不许诡寄冒顶。如违查出，本田追夺，决不姑息。须至帖者。

计开福全所屯军王丙仔，系本所百户柳毓芳所屯军，顶故军倪宗显本邑屯田一分，坐贯南安县九十都土名等处。今丈实田七段共三十亩，辨纳本邑粮六石。后田被水抛荒，止实纳五石三斗五升五合。

一田，佛内垄一亩五厘五毫三丘，东至雷君贞田，西至杨凤鸣田，南至李春田，北至李继宗田。

一田，佛内乾一亩四分三毫三丘，东至澄献及李春田，西至杨凤鸣田，南至李继芳，北至山。

一田，门口垄不等丘七亩二分八厘二毫，东至侯家田，西至李继芳田，南至山，北至杨凤鸣田。

一田，铺后五亩一分五丘，东至黄以敦田，西至山，南至雷中田，北至杨凤鸣田。

一田，崎坑垄不等丘八亩七分五厘五毫，东至自田面，南北至山。

一田，乌桥垄二十九丘五亩三分五厘，东南至侯家田，西至戴以选田，北至山。

一田，至黄埔山地园一厢一亩五厘。

共三十亩，东北至林凤翔山，西南至山。

万历十二年十二月□日,给付王丙仔执照。①

屯地共有七段,表格列出了它们的方位和面积。正如我们所料,屯地总面积为三十亩,共需缴纳六石余粮。由于洪水导致部分田地受涝,官府稍微减少了相应的税负。

洪武初年,胡家成为军户,被纳入军事制度。永乐时,他们成了亦兵亦农的屯军,或拨一分屯地。万历初年,他们除了负责最初的军屯分地,还获得了更多屯地。事实上,他们与屯地的关系将持续到明亡之后。我们会在第七章看到,直至清朝的乾隆年间,世袭军户制久已废除,胡氏后人仍在缴纳与军屯体制相关的赋税。

大多数官方史料对军屯制度持负面评价。早在永乐年间,就已有朝廷大员抱怨军屯制名不符实。户部尚书郭敦(1370—1431)在奏疏中写道:"各卫所不遵旧例……虽有屯田之名,而无屯田之实。"军屯税粮远少于规定数额,意味着卫所军粮供给不足。数年之后,江西左布政使上报:"各处屯种卫所下屯军人,百不遗一。"②数据肯定有所夸张,但问题无疑十分严重。有些屯军被征调去作战,他们留下的名额却一直无人顶补;有些则当了逃兵;还有些要被迫为军官或其他官员做苦役。屯田则不是荒废,就是被他人非法侵占。

此后的事态依循税收赤字的一般规律持续恶化,陷入亏空愈来愈大的恶性循环。泉州本地人朱鉴(1390—1477)在请求赋税减免

---

① "祖屯",《安溪胡氏族谱》,1417—1418页。
②《明宣宗实录》卷五十一,宣德四年二月乙未,1224—1225页;《明英宗实录》卷十八,正统元年六月丙午,356页。读者或许会想起,第三章开头提到的盘石卫兵变正是拖欠军粮导致的。

的上疏中道出了这个问题。急于完成征税指标的官吏不择手段,对屯军敲骨吸髓,以致"无力者典卖妻孥",造成更多屯军的逃亡,并使得余下屯军的负担愈来愈重。面对亏空,官吏的对策是重新分摊税负,从不考虑屯军拥有多少军屯分地。其结果是,有些屯军尽管已不再耕种屯地,却仍旧必须为之上缴余粮。①

为了确保税收,地方官寻人替代逃兵耕作荒废的屯地。"军余"——正军在军屯的眷属——是逃兵现成的顶替者。官员们开始允许乃至强迫军余耕种屯田,是为"顶种"。这就是倪宗显名下屯地归入王内仔名下的来龙去脉。

来自军屯的余粮日渐减少,愈发难以满足卫所官俸军粮的需求。在明帝国的部分地区,官府通过"开中法"解决军粮短缺问题。该政策规定,商人若想取得盐引(食盐贸易许可证),必须向边境地区输送粮米。②福建官吏也曾实行过该政策,并多方尝试,反复调整。有段时间,军队的军饷甚至就是食盐。但军饷不足的应对之策主要还是仰赖抽取民户赋税。这无疑严重违背了开国皇帝朱元璋的初衷。但此时朝廷上下一致认为形势逼人、别无他选。官府命令民户将部分赋税上缴到附近卫所。早在洪熙元年(1425),镇东卫就已在向福清县百姓抽税了。最终,在福清县令的坚持下,卫所粮仓搬入县城,从而免除了百姓为缴税而长途跋涉之苦。久而久之,民政系统和军

---

① 朱鉴:"请减屯军子粒禁单奸弊疏",载丁陈子龙编,《皇明经世文编》卷三十五,261—262页。林希元(同安人,已在本书出现过几次)也指出了类似的问题。林希元:"应诏陈宙屯田疏",载于陈子龙编:《皇明经世文编》卷一百六十三,20页b—26页b。
② 关于明代开中法,参见 Puk, *The Rise and Fall of a Public Debt Market*。Puk 的分析集中了开中法对近代早期中国公共信用市场的影响。但是,我认为他对于盐引投机行为的出现以及国家的反应的解读可以轻易地被纳入制度套利的框架里。

政系统相互交织，如民户的赋税愈来愈多地使用白银，而军屯"余粮"也逐渐以白银上缴。①

在北部边疆，屯田大多都是来自开垦荒地。每分屯地皆由一整块耕田组成，而属于同一卫所的屯地则连成一片。福建是另一类型的边疆，这里没有可供开垦的广袤土地，没有可资开拓的边疆界域。在福建，屯田大多是元明鼎革之际的荒废之土与明初强征的寺院之地。因此，一分屯地往往由零零散散的多块耕田拼凑而成，与民田交错相间。②官府只能将闲置的隙地和荒地划为屯田，因此军屯很可能会远离其所属的卫所，甚至往往跨州越县。不少沿海卫所的军屯都分布在内陆山区（见图16）。朱鉴写道："所拨旗军屯田，俱系深山窎远处所。山岚瘴气所侵，军民亡故不少，以此惧怕前去。名虽下屯，实在卫所。"③屯军不愿亲至军屯，并非仅是因为害怕瘴气。他们都来自沿海地区，缺乏开垦高山土地所需的技能。即使他们或他们的子孙掌握了这些技能，当地恶劣的环境条件依然让农事困难重重。农具、种子、肥料只能靠人力运输，部分地区甚至连灌溉用水都要肩挑背扛到山上。（有一次，我和永春县的一位老人聊天。他是屯军的后人，热心地帮我寻找晚明一封遗嘱提到的军屯方位。老者仍然能够辨认出大部分屯田的所在

---

① 关于这个过程的早期阶段，参见《明太宗实录》卷十九，永乐元年四月壬申，349页。《明实录》的另一处颇为详细地叙述了镇东卫如何经历这个过程，参见《明宣宗实录》卷三十九，宣德三年二月癸亥，753页；关于百姓越来越多地以白银上缴赋税的过程，参见《明宪宗实录》卷二百，成化十六年六月丁丑，3724页。参见杨培娜：《濒海生计与王朝秩序》，43页及其后；彭勇：《明代卫所旗军经济生活探研》，171—174页。
② 《古田县志》，73—75页；《福州府志》卷七，23页a—b。
③ 朱鉴：《请减屯军子粒禁革奸弊疏》，载陈子龙编：《皇明经世文编》卷三十五，261—262页。

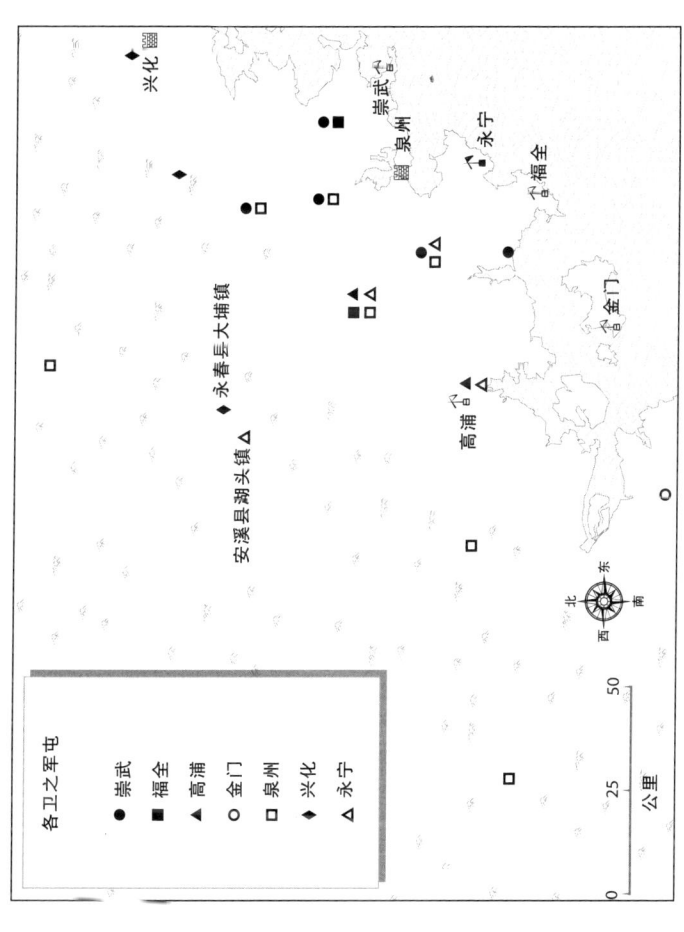

图 16 部分军卫及它们所支持之卫所的大概位置示意图

地,并一一为我说明。他举手指深山,那里浓雾缭绕,布满山坡的层层梯田依稀可见。)

我们有理由说,军屯体制的历史就是一个持续衰落、最终失败的故事。毕竟从长期来看,军屯制确实未能实现令卫所自给自足的预期目标。但是,我们在这里无意探讨军屯制的失败原因,也不想描述其衰落过程,正如我写本书的宗旨不在于展现明代军事制度的失败一样。我想要揭示的是,随着明代军事制度演变,百姓如何顺势变通地与之打交道,如何在力所能及的范围内利用制度的具体特征实现趋利避害。即使军屯制没有实现其初衷,它势必对一般民众——无论军户还是民户——的生活影响深远。

徐仕盛评告书吏　祁彪佳怒斥刁徒

存世文献中有关土地的诉求和纠纷的记录,有助于我们了解14世纪入伍屯军的后人如何与军屯的制度遗产打交道,如何以他们自己的方式一边规避制度,一边利用制度。我们之所以能够再现这些家庭策略,乃是因为它们被记录了下来,正如第一章讨论过的那些"优化处境"策略的情况一样。因此,虽然盗窃、偷懒等行为也是制度运转的必然组成部分,但我不会讨论它们。部分相关文书,如赋役黄册,产生于屯军与军屯行政机构之间的互动;而其他材料则产生于他们与法律体系之间的互动。明朝百姓常常通过司法系统解决土地纠纷,记载当时家庭将大量时间、精力投入法律诉讼的史料可谓汗牛充栋。福建军户也不例外。军户将来自这些互动的文书抄入族谱,有时甚至将之刻上石碑。地方推官的判牍则构成另一类信息来源。由两位著名推官刊印的判牍，就收录着事涉屯田纠纷的案件摘要。他们已经是我们的老朋友了：颜俊彦，这位在第三章中告病推脱审案的广东推官；祁彪佳（1602—1645），在第二章中的四川访客案件就是他办理的。判例判牍既描述了诉讼当事人的所作所为，又记录了他们的辩护之词，因此可以帮助我们挖掘当事人的行为动机。

从上述多种多样的史料中，我找出了二十六份文书，它们均涉及东南沿海地区军屯土地纠纷问题，其中多数发生在万历年间（16世纪末与17世纪初）。二十三份来自福建，三份来自广东。① 它们通常会提供丰富的背景资料——地契的文字内容回顾了土地产权的变化；公正的案件判决要求推官掌握纠纷的来龙去脉。因此，这二十六份文书所透露的信息，实际上可以追溯到它们产生之前很久很久的事件，涵盖的范围也远远超过它们所处理的具体问题。

在文书中，土地被买卖，被抵押，被继承。此外，还被擅自挪用，被非法占用，或被以虚假的名义登记在册。土地所有权的获取、强化或争夺，有时会借由到官府注册或提交书面资料的方式完成。卷入事端的各方并非总是自愿的参与者，他们有时甚至到事后才意识到自己的相关权利发生了什么变化。"交易"一词无法囊括以上种种可能性。因此，我会用不那么直接的土地转让"事件"一词，来描述土地所有权或使用权的转让以及对这些权利的诉求。二十六份

---

① 判牍还记载了好几个涉及军户，但对于土地种类语焉不详的案例。我将这些案例排除在这段分析之外。

表2 涉及军屯土地转移的实例

标识	事件	来源	时间
1/5/01	徐君爱（及其兄君道）以六十七两的价格将军屯分地售予汪二观	祁彪佳《莆阳谳牍》，107页	约1624—1628之前
1/5/02	汪二观将所获土地在官府注册，得到土地所有凭证（"屯道帖"）	祁彪佳《莆阳谳牍》，107页	约1624—1628之前
1/5/03	判官准许徐君爱加价二十五两赎回售予汪二观之屯地	祁彪佳《莆阳谳牍》，107页	约1624—1628之前
2/21/01	黄建昭获拨军屯分地	颜俊彦《盟水斋存牍》，537页	约1630年之前
2/21/02	黄建昭将屯地租给李代滋和伍世穆耕种	颜俊彦《盟水斋存牍》，537页	约1630年
2/21/03	黄建昭将屯地转让于王德	颜俊彦《盟水斋存牍》，537页	约1630年
2/21/04	黄建昭寻求从王德手中赎回屯地	颜俊彦《盟水斋存牍》，537页	约1630年
4/24/02	倪宗显获拨军屯分地	"祖屯"《安溪胡氏祖谱》，1417—1418页	明初（？）
4/24/03	倪宗显将屯地转让于王丙仔	"祖屯"《安溪胡氏祖谱》，1417—1418页	1584年之前

文书提供了总共八十一起事件的信息。表2列出了部分事件。将这八十一起事件合在一起看,我们便能拼凑出一幅描绘人员、土地与制度在本地军屯中互相作用、互相影响的全景图。

不同文书有着不同体裁,为不同目的而生,旨在支持某个特定立场。其内容并不公正客观。判牍固然可能如实阐述了案件的来龙去脉,但它们被书写下来,主要还是为了突显判官对案情的洞察力和判断力。当一户人家将官府判决铭刻于石碑之上时,他们实则在表达对案件的某种特定理解的公开支持。文书涵纳了人们的指控、诉求和解释。但如本书所参考的大多史料一样,我们利用上述文书时,并不需要接受这些指控、诉求和解释的字面意义。在讼事中,即使原告对被告的指控纯属捏造,但原告显然认为提出这些指控将很可能令推官做出对己方有利的判决。无论指控之事是否确凿无疑,它们或多或少都是有可能曾真实发生的。

从天启四年（1624）到崇祯元年（1628）,祁彪佳任兴化府（即平海卫和莆禧卫所在地）的推官。他也常到福建其他地区审理案件。他在职业生涯中碰到过许多纷繁复杂的案件,其中之一,乃是一位名为徐仕盛的贫寒屯军指控两位负责文书记录的书吏唐琏、夏叶（他们和陷害鄢法真之徒从事同类工作）。本案涉及十三项不同指控。祁推官展开调查。两名书吏对指控一一给予回应,表明自身清白无辜。他们的辩解看似合理,但整起事件显然另有蹊跷。祁彪佳得出的最终结论是,徐仕盛因失去军屯分地,对两名书吏怀恨在心,所以才草率地对之提出诉讼。他拒斥了徐的每一项指控,宣判两名书吏完全无罪。将孰是孰非的问题放到一边,祁彪佳对每项指控的调查和分析透露了大量的信息,可以告诉我们明末福建军屯体制如何运作，以及人们如何在体制中筹谋算计。

屯道一件势占事 杖罪 徐仕盛等

审得唐琏、夏叶系屯军，非操军也。国制屯与操异。屯军所入之正赋俱解给操军，故操舍一人只许一分，户只许二分，而屯军不然。查例称屯册见在之数县，仅屯军、屯户有壮丁三四十名，虽拨与十余分，亦不许诸色人告争退佃。盖明诏所限，原不为屯丁设。屯丁足数，方许操舍顶补，载在屯志，班班可考也。

今徐仕盛讦告唐琏一款，称琏将徐继贤名屯私改唐扬。今查琏侄唐扬兑徐继贤一屯，用价五十八两。其先继贤与其兄顶自故军谢禄者，徐仕陞系卖主，现在可质。前立契时仕盛且为作中，乃不告之于万历三十七年，而告之于今日，何也？

一款称琏将汤国选名屯私改唐瑞，近经府断，唐琏收利已多，量减原价，令百户汤镕取赎，无容再议。

一款称琏将汤国屏一屯私改汪政初，查本屯现为政初营业，即仕盛牵证之魏如玉系本屯小甲，其催粮俱至政初家，且不识唐琏为何人，乃云琏之私改，诬甚矣。但屯政原有听赎之例，今百户汤镕备银愿赎，应将汤国屏原典价八十五两还政初，赎回原屯。至于汤国屏代粮五年，计米三十石，相应折作赎价。

一款称琏将徐君爱名屯私改汪二观，查二观于十三年前出价银六十七两，系故军郭寿仔屯，寿仔兑之徐恕，恕故，徐君道退兑二观，小甲刘健聪可质也。

一款称琏将屯诡寄陈吉，查吉系本县书办，小甲僧细只至吉家催粮，倘唐琏营三窟于其中，可以欺他人，必不可以欺五年催粮之小甲，此理之极彰明者。

一款称琏将张亚善名屯私改唐何，查本屯系福清，唐琏执称，并无唐何之帖。即仕盛又云复改林用矣。夫屯帖之改，申自卫所，给自本道，此岂私契之可以屡改者？何什盛忽云唐何，忽云林用，无定名耶？

一款称琏将李生奴名屯私改唐□祖，查此屯系琏祖屯，相传已久，生奴之所从来即顶屯之，琏且茫不可问矣。

一款称琏将余乡名屯私改唐瑚，查唐瑚一屯李中居半，唐瑚一半卖与李宗熹，后若中一半并归之宗熹，买者、卖者授受昭然，即使果系唐琏影匿，而今已明为李生有矣。

一款称琏将唐义一屯诡寄游经，查本屯亦属福清，未据屯帖难以审究。

又徐仕盛讦告夏叶一款，称叶将徐甫名屯私改夏姓，查项朝衡原兑自仕盛，出银六十两，后朝衡开垦，复兑与夏叶，兑银七十五两。仕盛之告，盖利本屯开垦之后，非复原业之填沙者，欲归之为己业，其如项朝衡之若执何？

一款称叶将蔡亚兴折屯私改夏环，又一款称叶将李关仔折屯私改夏环，据环称原只一帖，因本屯沙拥水冲不足一屯，遂将别屯归并，另立夏环一帖，旧帖未换，遂有两帖。此语出自环口，因未可深信，然多顶无碍之例，正为环等屯军设也。不然环正宜匿其一帖矣，乃昭然二帖同名，以开告讦之门耶？环虽愚，不若是也。

一款称叶将虎亚安折屯私改夏云，查夏云亲伯夏文，使夏姓不宜多屯，则错在文不在环也。况夏文又原应有屯者乎？

总之，唐琏、夏叶之诡寄宁必其无。然而执有道帖，认有正丁，证有小甲，可以无深求矣。徐君爱等祖屯虽不忍俱抛，然当卖之时有价有契，今复何言？计唯有赎之一路，而君爱、仕盛等又穷军也，将何以赢金博寸土乎？仕盛蔑宪刁逞，杖之。①

首先，尽管官员们长久以来持续强烈批评军屯制的衰颓，但直到明朝末年，该制度的核心内容依然运作如常，并被祁彪佳视为理所当然。军屯分地依然划拨给一家又一家军户，屯田黄册依然更新着一代又一代屯军。至少在部分军屯，余粮依然被大力征缴，当数额不足时，依然会引起各方的关注。书吏还在誊抄并更新军屯文书，祁彪佳因此得以通过查阅"屯志"厘清某块屯地的泥泞历史。当屯地被转让时，都会登记入册——以类似于胡家族谱所载表格的形式——并往往制成一式多份，分藏各处。耕种屯地之人需要时刻持有一纸凭证，以证明自己是屯地的合法拥有者。祁彪佳否决徐仕盛的一项指控，正是因为他拿不出相应的凭证。在另一起案件中，一名士兵向祁彪佳同时出示了新旧两份凭证，新帖是对旧帖的修订和替换。祁彪佳感到纳闷，毕竟该士兵可以只出示对己有利那份，而隐藏另一份。若非他所言属实，又何必拿出两份凭证，甘冒不必要的风险呢？他"虽愚，不若是也"。②军屯成员各司其职，至少在某

---

① 祁彪佳：《莆阳谳牍》，142—144页。
② 祁彪佳：《莆阳谳牍》，144页。

些时候，他们都恪尽职守。为了核实另一项指控，祁彪佳招来军屯小甲（负责督促屯军上缴余粮的管屯官吏）问话。虽然军屯制不断堕落，但只要还在运作，就能为置身其中的人们创造各种"战略机遇"，而这正是徐仕盛一案的题中之义。

不过，即使整个体制运作如常，事情还是分明出现变化。其中一个显著的改变是人口。正如卫所军户人口不断增殖，使他们面临生计上的挑战，经过数百年发展的军屯军户人口也大幅增加，出现类似的危机。王朝的官员们清楚地意识到，无论是卫所还是军屯，人口增长都会带来大麻烦。[①]这引发了是否应该将军属遣回原籍的激辩。卫所军属的就业问题难以解决，但军屯军属却别有他法。留在军屯体制中的人家，可以接管那些或逃之夭夭，或拖欠余粮，或财务困难的屯军的军中分地。屯地的接管存在多种途径：通过官方正式登记获受耕田，通过购买获得屯地的使用权，或通过欺骗巧取豪夺。

明王朝建立伊始，百姓就开始自力更生地处理问题。在四川及其他偏远地区，屯地不足以养活卫所和军屯的所有人，因此部分军屯军户的成员会到府州县落户。这种做法被称为"附籍"或"寄籍"，以表明它并未违反禁止军户分家的律例。虽然严格来说涉嫌违法，但军户的此类安排却似乎最大限度地利用了自身的困难处境。[②]

如果一个军户家族持续壮大，那么即使部分族人改入民籍，问

[①] 严格来说，移居到农村地区的军户成员可以被分为两类人：军屯士兵（及其家人）以及卫所的军余。由于这两类人都必须设法融入原有的农村社群当中，我并未予以区分。
[②]《明英宗实录》卷一百七十四，正统十四年二月己巳，3375页；《明宪宗实录》卷二百二十七，成化十八年五月甲午，3897页。

题还是会反复出现。祁彪佳必须借助"屯志"才能明晰事态，这令我们不可能无视以下事实：彼时，一个军户可能有多达数十名成年男丁。易言之，明初获派军屯分地的家庭，现在已然发展为人丁兴旺的庞大宗族。此情此景，令一个军户只能拥有一分屯地的限制变得毫无意义。祁彪佳便屡屡表现出对此限制的不以为然。在他看来，一个军户拥有十多分屯地并没什么不妥之处。颜俊彦曾提到一个军屯军户拥有十八分屯地。[①] 推官意识到，军屯制必须与时俱进，才能适应不断变化的现实。

判牍中明显透露出来的第二个新情况是，军屯土地与私有土地之间的界限愈发模糊。屯地在许多方面被直接视为私有土地。屯地地契本身一般不使用"买""卖"的说法——因为屯地正式而言归属卫所——但土地的使用权则显然是在各方人士之间流转。祁彪佳曾审过一桩案子，早在原告提出诉讼之前，屯地的使用权实际上业已经过两次买卖。第二个购买者抵押了屯地，以换取贷款，而贷方则暂时获得该块土地的使用权，因此有权从佃农那里收取租金。[②] 转让屯地使用权和所有权的可能性为套利策略创造了空间。事实证明，军户成员非常善于利用这一空间。

然而，军屯土地和一般土地之间仍存在一个至关重要的区别。当军户和民户就屯地发生纠纷时，一般情况下，推官会更倾向军户

---

① 颜俊彦：《盟水斋存牍》，537页。祁彪佳进一步区分了负责操练的士兵和军屯士兵。或许因为前者理论上依然收到军饷，祁彪佳认为，和前者相比，后者更应该获得屯田。因此，在这两类人围绕屯田起纠纷的时候，他决定负责操练的军户成员只能获得一分屯田，但是军屯的军户成员无须受到这类限制。祁彪佳：《莆阳谳牍》，143页。
② 祁彪佳：《莆阳谳牍》，24页。

一方，因为他们本来就是负责耕种屯田之人。在刚刚提到的案件中，一名李姓士兵（甲）将屯地使用权卖给林姓民户（乙）。之后林姓民户又转而将之卖给刘姓民户（丙）。刘姓民户抵押了屯地，向郭姓民户（丁）贷款。根据郭姓民户（丁）与刘姓民户（丙）之间的约定，若贷款未及时偿还，则郭姓民户（丁）将获得其永久所有权。然而，尽管合同上有这样的规定，推官依然裁决李姓士兵（甲）的后代有权重新获得该屯地的所有权。这意味着，即使屯军或其后人已出售屯地，乃至土地易手数次之后，他们依然保有对屯地的某些权利。

薛良言贪利争土　张三郎破财免灾

薛良言的祖先是一名屯军。"倭患"期间，他当了逃兵，回到原籍，负责的军屯分地自此荒置。后来，一位名叫张三的军余花了一大笔钱，重新开垦了那块屯地。万历四十七年（1619），张三在军屯书吏处登记屯地，获得凭证，确认了自己享有使用土地的权利，履行上缴余粮的义务。拿到凭证之后，他又将屯地租给佃农。佃农对过去的情况一无所知，只认为土地归属张三。数年间，他们向张三交租，没有任何意外发生。

如今，薛良言突然出现，并索要屯地，理由即这是自家祖军获拨的军屯分地。他一纸诉状将张三告上官府（也可能是张三对薛良言提出指控），要求取回自己的合法遗产。案件最终交由祁彪佳审理。

屯道一件灭屯异变事 杖罪 陈云标

审得屯田地瘠粮重，故屯种之军有抛荒以逃者。如军余出顶，屯一分即认屯军一名，每恐以输粮殆子孙之累。故屯不易顶，亦有不肯顶者。薛良言之祖军薛孔安原有屯田三十亩。自嘉靖倭变之后，以田久荒无利，遂付郑均玉耕种，而孔安逃回原籍长泰县。均玉人故，回复抛荒，屯乃属之张三矣。其时开垦已费五六十金，兼之原搭陈敬荣一分，共四十三亩五厘。今佃户黄世杰等皆只知佃张三者，不知三已（以）前事也。良言原系应捕之丁，已经长泰县查明，则是良言应早到卫，顶其原屯入籍，乃数十年来何在？

今以有尺土之利方始出争耶？此良言之当罪也。百户陈云标原系管屯，薛孔安一军久缺，应蚤清勾，何待今日？且近无勾军之文，而以尺土饵之来争，此云标之当罪也。本道万历四十七年之帖，系张三之帖也，黄世杰历来承佃输租系张三之佃也。仍付张三、震夏管业，尚复何辞？然卑馆又有说焉，迩来各卫屯政废弛，屯军零落，故以民户而冒军田者有之矣，以一人而兼数分者有之矣。阅屯志，开诏书内一款，官舍军余名下占种系故军之田，仍与领种代纳粮草，如军见存无田者，即令退还本军为业。近又新奉明旨申饬。若良言者，非军之见存者乎？其愿顶一屯，则永籍一军于该卫矣。倘后日田瘠粮累，良言且任之。以良言之祖军所抛荒，而拨与其子孙耕种，此亦理之当然者。况震夏之父为管屯指挥。司屯者，而割己之业以还故军之子孙，不又为屯政之美善也？然张三开垦已重有所费，且请帖输粮亦已年久，岂宜尽为良言所有。正应拨十亩，令良言管业。请本道新帖仍与张三、震夏,一体照下则例纳穄价,良言、云标杖之。①

祁彪佳调查发现,原来的屯军(亦即薛良言的先祖)逃逸后,官府曾下令征召替役者。若薛良言履行义务,当时就到军屯报到的话,他自然而然会继承屯地,也就不会出现现在的局面。然而多年以来薛家蓄意违抗勾军命令。祁彪佳怀疑薛良言与当地军官沆瀣一气,因为该军官一直没有采取任何行动追查薛良言的行踪。薛良言之前东躲西藏,"今以有尺土之利方始出争耶"?

祁彪佳推测,张三对屯地的投资,使地价上涨,而薛良言希望趁机捞一笔油水。他的解决方法,恰似将军户应对服役的策略搬到司法领域:将薛良言对土地的特别诉求量化、货币化。祁彪佳允许张三保有土地,但命令他赔偿薛良言一笔钱。尽管这看起来对张三有失公允,但祁彪佳认为,要使整个体制得到应有的尊重,就不得不如此。

判牍中好几起事件的基本叙事模式皆类似于薛良言与张三之争:一名屯军在过去某个时刻将自己的军屯分地转让给了另一方,而如今则希望重新索还屯地。在徐仕盛的案子中,他寻衅指控两名管屯书吏,称自己过去将军屯分地转让给第三方。该人开垦屯地,而后又以一笔更高的价格将之转卖给其中的一名书吏。由于盐碱化,那块屯地已变得贫瘠,徐仕盛希望索还,重新垦殖,恢复地力。推官祁彪佳对个中原因一清二楚:徐仕盛不过是眼看着地价上涨,想

---

① 祁彪佳:《莆阳谳牍》,141页。

要从中谋财图利罢了。

　　黄建昭是一名拥有多块屯地的屯军。他把其中一块租给两名佃农，租期三年。后来，佃农又将屯地转租给另一人。黄建昭对他们提起诉讼，要求取消租约。他为何要这么做？唯一符合情理的解释是：地价上涨，土地升值了。这也可以解释两名佃农决定转租屯田的原因。①

　　拥有土地是一种稳健的、低风险的投资。这为制订策略创造了可能性。如我们所见，获授军屯分地的军户日后可能出于各种原因失去对屯地的使用权：或是为规避赋税负担而逃逸；或是被部署到其他地方、投入其他任务；又或是自愿出售、转让屯地以换取现金。若地价上涨、土地升值，他们便会努力索还屯地，从而大赚一笔。为达目的，他们在一个独特的规管制度内申说自己的特殊诉求。易言之，他们是在利用军屯土地与一般私田之间的差异进行套利。

　　上述做法在某些方面类似于当时普遍存在的"活卖"制度。在明清时期的土地买卖中，卖方往往以低于市场价的价钱售出土地，并在一定时段内保留退还款项、收回土地的权利。买家如果希望获得完全的土地控制权，就必须拿出额外的款项，一次性或分成多次地付给卖方，具体金额由双方商定。步德茂（Thomas Buoye）认为，至少18世纪之前，推官和诉讼人都把从祖辈继承下来的土地视为不可让渡的遗产，和一般商品不同。因此，无论何时，卖方赎回地产的诉求都应当获得准许。步德茂发现，将土地视为有别于一般商品的"祖产"，这种挥之不去的想法实际上可能是世人抵抗商品化浪

---

① 颜俊彦：《盟水斋存牍》，537页。

潮的最后防线，也可能是道德经济在面临危机时的垂死挣扎。①

屯地交易与一般的"活卖"之间存在关键差异。军户竭力索还失去的屯地，实际上是企图将土地与纯粹受市场力量支配的商品区别对待。但是屯地的规矩绳墨并非基于一套社群共享的标准。事实上，适用于屯地的是另一套规管制度，与普通土地大不相同。屯地交易中的矛盾，并非是市场经济与道德经济的冲突，而是官营经济与市场经济的对立。我们的两位推官也意识到此点，一再指出屯地性质不同于一般土地。祁彪佳写道，"军屯与民田不同"，因此要区别对待。②诉讼人在官营经济中提出诉求，以求在市场经济中获得优势。

当屯地使用权处于模糊状态，两名推官都倾向于将之判给军户一方。两部判牍中，争夺屯地的双方明确分属民户和军户的案件共有六起。③其中两起，推官直接把屯地判还军户。另两起中，推官准许或命令军户以卖出价赎回土地。还有一起案件，推官先判土地充公，然后将之交给军屯，再由军屯重新拨派给另一军户。只有在薛良言这一起案件中，推官允许民户一方继续拥有土地，即便如此，他还是命令民户向军户支付补偿金。样本数量虽然不多，但意味深长。推官竭尽所能地将屯地保留在军屯体制之内。明朝推官与他们的清朝同行一样，多半已经认识到穷苦农民也有生存的权利，在威

---

① 关于"活卖"，参见杨国桢：《明清契约文书研究》，30—33页；Buoye, *Manslaughter, Markets and Moral Economy*, 227。彭慕兰指出，"活卖"属于某种保险制度；根据这种保险制度，卖主同意接受较低售价，换取赎回土地的保证。参见"Land Markets," 128。
② 祁彪佳：《莆阳谳牍》，107页。
③ 颜俊彦：《盟水斋存牍》，375页，537页；祁彪佳：《蒲阳谳牍》，24页，42页，60页，141页。

胁到某户人家生计的土地交易案件中,他们很可能会采取另一套标准。但是,他们是否拥有学者所谓"道德经济"意识,在我们所见的史料中并非问题所在。推官之所以认为屯军即使在变卖屯地之后,依然保留索还的权利,乃因为这是军屯的规管制度拨派给屯军的土地。尽管明代福建的政治经济发生着种种翻天覆地的变化,屯地的转让仍然受到很大限制。军户利用此种司法倾向为己谋利。

当军屯士兵实施了一个让人哭笑不得的糟糕阴谋(至少推官如此描述),这项特权更是显露无遗。陈进是广州卫的一名军官,他将一块屯田的长期使用权卖给名叫居兆觉的民户。① 之后,陈进和亲戚陈元岳串通起来,将居兆觉赶走。

刁军陈进　杖

> 审得陈进以左卫旗军与陈妙游告争赡军屯田,三道有词,见批戎厅,未经审决,而即以所争之田得银七两二钱批佃乡民居兆觉,原中唐秀宇可证也。乃串族元岳诡认新军,夺其佃而并赖其银,觉能默然而已哉?合照数还本银,田听戎厅案结。仍加责拟杖示惩。②

陈元岳声称自己不久前被征入伍,成为屯田兵,分得了那块

---

① 材料中并没有写明转移土地使用权附带的条件,而是使用了"批佃"一词。广州地区军田转移的例子并不多,因此我们无法确认这个名词的含义,但这很可能是部分福建文书里出现的"承顶"一词在广州地区的对应名词。由于涉及军田的土地转让文书没有(多半也不能)使用"售卖"等说法,而转移的土地并不归卖主所有,这类交易被称为长期租赁。
② 颜俊彦:《盟水斋存牍》,375页。

屯田。因此，居兆觉必须将屯田让出。陈进和陈元岳希望迫使居兆觉放弃田地，同时拒不归还他购田的款项。推官无奈之下，感叹道："觉能默然而已哉？"陈进根据一套管理制度的条例将土地转让给居兆觉，然后企图根据另一套管理制度的条例迫使他放弃土地。根据适用于一般土地的规管制度，没有理由阻止陈进转让那块田地。但反过来，他和陈元岳又辩称屯田的规管制度适用于这块田地，基于此，居兆觉对土地所有权的诉求不可凌驾于军屯将土地分配给陈家的事实。①

民户也可以利用两种管理制度之间的差异套利。民籍苏祥五的土地位于深山之中，毗邻军籍蔡孺仲的屯田。苏祥五阴谋夺取那块屯田。

按察司一件抗占事　杖罪　苏祥五

　　审得蔡孺仲之屯田与苏祥五之民山连毗，蔡孺仲田一派二十亩，成熟已久，其道单与佃户俱犁然在也。祥五以其田连己山且近己房，欲让夺之。于是诓该县给开荒之帖，内载五亩余。夫县帖之不若道单明矣。且田久有主，何为开荒？祥五于此伏吞噬之谋，情诡而计狡矣。及令祥五开五亩之佃人李太九等，则皆其祖若父佃之蔡氏者，与苏绝不相干，被佃户纳租，其厚薄彼此均焉，何仇于苏？何亲于蔡？而认蔡田不认苏田，祥五即百口，何以自解乎？武断横民，恃刁谋业，一杖犹未足蔽辜，

---

① 如果采用这个解读方式，就必须稍微改动出版的《盟水斋存牍》的句读。即"……以所争之田得银七两二钱批佃乡民居兆觉，原中唐秀宇可证也。"原句读为"……以所争之田得银七两二钱批佃、乡民居兆觉、原中唐秀宇可证也。"

田仍归孺仲收管。

苏祥五到县衙门告状,称当初分配给蔡孺仲的屯田后来荒废了,是自己将之重新开垦为良田。他似乎盘算着蔡孺仲拿不出土地所有权的证明文书。但是,苏祥五的如意算盘落空了。蔡孺仲拿出了登记证。而且他的佃农,也就是苏祥五声称自己雇来复垦土地的那些人,证实了蔡孺仲的说法。起初,推官考虑到佃农可能和苏祥五存在芥蒂,或者故意偏袒蔡孺仲,但后来他否定了这种可能。蔡孺仲的佃租出奇地高,除非他确实拥有屯田的所有权,否则那些佃农没理由站在他一边。祁彪佳看穿了苏祥五的伎俩:苏祥五希望利用军屯当局缺乏详细记录的空子,通过非法手段将军屯土地转换为民田。"田久有主,何为开荒?"①

两名男子复垦了三十亩田地,这正好是一份标准屯田的大小。其中一人前往当局登记土地,并承担了相关的税负。现在,另一名军户男子企图占有这三十亩地。

本府一件势占事　杖罪　叶鸣益

审得王民瑞垦田五亩零,谢童垦田二十五亩零,受业五十余年矣。谢童之田原系民田,因兴华卫折色缺少,故垦熟拨助军粮,与民瑞之田相去亦远。叶鸣益一旦欲夺而有之,据称,万历四十五年经前县王与,何至天启五年方给帖?明系假帖混争,况王、谢输粮已久,鸣益向尝在梦中,今始告争耶?原田

---

① 祁彪佳:《莆阳谳牍》,436页。

应还民瑞与童营业,鸣益假帖附卷,杖之。①

他声称这些田地是万历四十五年(1617)分配给他的屯田。但是,他能够出示的最早的文书,是一份编纂于天启五年(1625)的名册。祁彪佳认定名册是伪造的(更准确地说是以不正当的手段取得。名册本身很可能是一份真的文书,但却是由当事人通过贿赂弄到手的。)他将田地判给复垦的两名男子。那块田地的地位有些模糊。它被登记为民田,却看起来像屯田。这使它成为两套独立规管制度的管理对象。军户士兵尝试利用自己在其中一套规管制度的特殊地位,从中渔利。祁彪佳拆穿了他的诡计:军户或许享有索取屯田的特权,但这种特权不适用于他们假称为屯田的田地。

屯田既给持有者带来好处,即耕作田地或收取地租的权利;又带来义务,即上缴余粮的责任。一些策略便是通过将两者剥离营私舞弊。这就是厦门附近马銮村中一段碑文背后的故事。碑文为林希元所撰,内容是称颂(以及祝福)杜家逢凶化吉。我们已经好几次提到林希元了。虽然林希元从未做过正军,但他出身于同安的一个军户。抗倭指挥官朱纨曾指名道姓地指斥他,说他是与"倭寇"和走私者狼狈为奸的最卑劣的福建文人。②

杜家于明初被征入伍,调入德化县的一个军屯。正德十三年(1518),他们顶替了某个绝户了的军户,接收了另一份屯田。不久,杜家又失去了这两份屯田的使用权。他们声称被地痞流氓霸占了田

---

① 祁彪佳:《莆阳谳牍》,12页。
② 参见本书第三章。

地，当然也有可能是他们自己将使用权出售了。不过，杜家并没有因为失去土地的使用权而豁免相关税务，他们依然为两份屯田缴税。他们央求军屯文员豁免税务，却徒劳无功。此时人丁兴旺的杜家，设立了一个旨在合理分担税务的内部机制。这并不意味着他们对自己的处境感到满意。到了嘉靖十九年（1540），杜家的一名长辈决定行动起来。

同安杜氏复业记

安人杜氏之先，有曰得禄公者，从戎远卫。宣德中，寄操吾泉，出屯种于德化。其田在德化万山中，土豪虎食其地，吏治弗能究，屯田没者十之六。屯军郭良观绝，正德十有三年军余杜楚又顶种其田，田尽没于豪右，实即空名。二田税粮，每岁族人轮输，有因之倾产者。后先胥沿，莫能改也。嘉靖一十九年，其家之老有曰严者，毅然曰："田在豪右，税在吾家，国法其谓何？杜氏子孙谁任其咎？予不能甘而食矣！"乃选其族之才者三人，曰乔绎，曰汝椿，曰庸朝，以收复之事责成之，以亲杨旺为之相。三子欣然受命，相与谋曰："田不复，咎诚在我。然讼形靡常，费不可豫，族产贫富不一，头会门敛，不亦难乎？"曰严曰："必待众举，终弗举矣！吾四人者，当任之耳。"乃以身先之。于是咸捐囊以应，遂讼于屯道金宪曾公，受牒下县推理。土豪机变，事沿之，枉羁三年。匪特靡财，几亡其身。曰严语三子曰："功不成，匪特吾家世受其敝，且取笑于人。子其勉之！"乃益励志，恳诉于曾公，案行二府尹。侯始执其豪，鞫还荒熟田一百三十六亩。由是故物始复，官租岁输，无空败之患。族众曰信等相与议曰:"非四人,不及此。吾侪受其庇,宁有既乎?今其勉矣!功不可泯。盍以田历年与之,其租出入皆归焉?匪特偿费,且酬功也。"曰严与三子曰:"始议复田,本为门户除敝耳。受若田,是商贾也,固让不可。"曰信等曰:"田复而偿不受,匪特有功,义可尚也。其可忘乎?"乃相与谐子,乞言勒之石,以彰其功。次崖子闻而叹曰:"四子其贤乎?复百有余年之业,劳己之力,费己之财,而不自以为功,谓非贤者能之乎?昔鲁仲连却帝秦之议,聊城之将封爵不受,万世高之。予观四子,其闻仲连之风而兴者乎?昔孔子相鲁,齐人惧,乃归所侵鲁郓汶阳龟阴之田以谢过。鲁筑城于此,以旌孔子之功,因名谢城。今勒石以纪曰严及四子之功,亦鲁人意也。予奚辞?"乃备始末,为之记。

明嘉靖二十五年岁次丙午十月谷旦,林次崖敬撰并书。[1]

杜家质问:"国法其谓何?杜氏子孙谁任其咎?"杜家决定筹钱打官司。他们的对手诡计多端,百般阻挠。案件被拖了很久,来自各地的官员都牵涉其中。最终,杜家取得了部分胜利。官府下令将土地归还杜家,使杜家得以"官租岁输,无空赔之患"。

马銮杜氏遵循军屯的运作体制争取免除他们认为的不公平的负担。杜家之所以要承责,乃因屯田的赋税已经和其使用权分离开来了。有人也许会问,杜家为何没有申请豁免赋税,或请求将税负转移到当前的土地占有者身上。我们不难看出,这种做法将会徒劳无

---

[1] "同安杜氏复业记"(嘉靖二十五年),集美华侨大学图书馆所藏碑文。

功。当地军屯的官员，只关心能否收齐赋税。他们没有豁免杜家赋税的动机，因为那只会给自己添麻烦，迫使官府从他处填补缺口。因此，杜家唯一能打动这些官员、引起他们兴趣的方法，便是声称自己处境艰难，可能没有能力缴纳赋税。这样一来，官员们就产生了将土地使用权归还给杜家的强大动力，唯有如此，才能使杜家更有可能在未来的日子里上缴赋税。

杜家可能根本就在撒谎，他们在此前某个时候出售了土地，但继续承担税负，这能让他们抬高地价。但是，假设杜家人所言属实——没有理由拒绝这种假设——我们可以揣度对方，也就是"土豪"的想法。明代，对于任意一个企图非法侵占土地的投机者来说，屯田具有很大的吸引力。因为屯田没有被记录在县衙门定期更新的鱼鳞册上，侵占土地的非法行径不易曝光。此外，不法之徒之所以觊觎屯田，可能还有一个更有诱惑力的原因。如我们在第二章所见，世袭军户有资格豁免徭役，因为军户的一名成员已通过服兵役的方式，履行着为国家提供劳动力的义务。根据明朝的律法，这种豁免权有一定的限制——报告本户必须承担的徭役时，军户可以少报一名壮丁——但事实上，军户一直无须承担任何徭役。即使在徭役被摊入田赋，成为一项附加税之后，军户依然享有这种豁免权。既然负责耕作屯田的军户无须承担徭役，这意味着获取屯田所有权不会带来徭役附加税。有明一代，徭役附加税有增无减，所以豁免权愈加宝贵。

如果以为每户人家都能够采取一致行动，在和军屯制度打交道时总是以集体利益为先，那就大错特错了。祁彪佳的判牍里有一个案子，说的是一户人家的个别成员以对自身有利的方式在军屯中工作,甚至不惜损害族人利益。

本府一件占屯大惨事　答罪　易天养等

　　审得郑元辉随母至易国器家,因冒屯三分。元辉死,国器之子文雪已得一分矣。前审以文雪无俱得之埋。囯器尚有弟国名、国庆,名子禹卿应得一分矣,庆子舜华亦应一分。舜华无子,禹卿子天养继之,则天养得舜华一分,亦情理之当然者。已经族众处明,两造以亲相讦,薄罚惩之。①

郑元辉的母亲在丈夫死后嫁给了易国器。易国器因此成为郑元辉的继父。郑元辉拥有三份屯田。他去世时,易国器的亲生儿子易文雪认为自己有权得到这些田地。但易氏族人不同意(图17)。他们决定,屯田应在易国器和他两个兄弟的后代中平分,每个支派获得一份田地的所有权。尽管郑元辉当初并非以光明正大的方式得到这三份屯田,易文雪还是毫不犹豫地请求县令审理这起官司。实际上,他告了两次状,令祁彪佳不胜烦扰。祁彪佳写道,平分屯田的办法"已经族众处明",是"情理之当然"。而易文雪则以滋生事端被处以罚款。

　　族人努力通过非正式的内部调解处理家族纠纷,这让我们想起黄宗智的研究。他的研究显示,非正式调解和正式法律行动之间存在着复杂的关系。县官经常试图将案件推回非正式领域,而百姓则

---

① 祁彪佳:《莆阳谳牍》,24 页,185 页;Philip Huang, *Civil Justice in China*, 10–18。

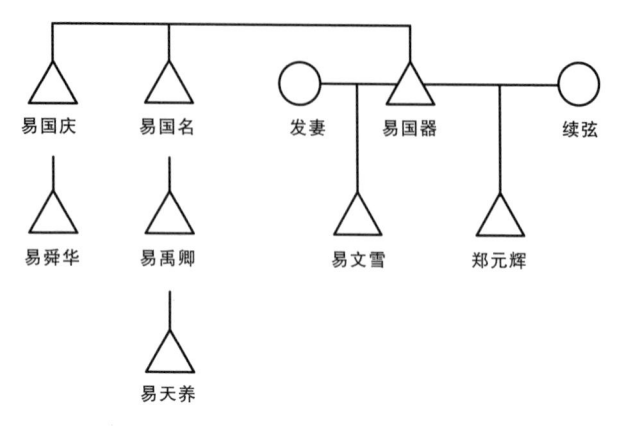

图17 易家

利用正式法律行动的威慑力,以求在非正式的调解中得偿所愿。易文雪的案子兴许就是如此。他对非正式调解的结果非常不满,希望以向县令告状为要挟,使族人更改决定。当他们拒绝时,易文雪决定将威胁付诸行动,但却弄巧成拙。

尽管祁彪佳对本案的记载非常简略,我们依然可以从中了解双方的论点。易家本身肯定属于军籍,因为易文雪在打官司的时候,显然不认为屯田有被没收的风险。易文雪认为土地继承应当遵循挑选补伍正军的基本模式。他顶补了同父异母兄弟的正军身份,因此也应继承这个身份带来的权利和义务。他的亲戚反对套用这一模式。他们可能辩称,屯田的所有权属于易国器之父留下的祖传地产的一部分,应该公正而平等地在他的后嗣之间分配。他们也有可能从屯田条例的角度考虑此事。根据条例,没有任何屯田的军余,只要愿意承担税负,都有资格得到屯田。当然兴许两种论证模式均为他们所用。本案各方的共同点是,他们都希望借助体制的规则,借助军屯田地与私人土地既类似又不完全相同的特征,从中捞取好处。赢家非此即彼,本案双方无疑都力争胜诉。

李仁渊博士从一本族谱中找到了两份17世纪初的文书。文书显示,当事人有意利用行政方面的调整捞取好处。核心策略成功的关键在于,官员们倾向于将屯田分配给和军屯有关的人,无论是正军还是军余。第一份文书刊布于万历三十四年(1606),由建宁左卫军屯指挥使发出,内容关乎古田县(位于闽江中游,距离福州不远)的一块屯田。这块屯田曾经属于一位名叫高兴的军屯士兵。高兴死后,屯田转到了高胡二手中,他很可能是高兴之子。但是,高胡二长期欠缴余粮,"历久屯种,蒙县追并莫纳"。因此,本身也是屯军的肖元照"顶种"了高家的屯田。换句话说,田地已被军屯收回并转交给肖元照。

> 建宁左卫军政管屯指挥使王,为乞恩更帖事。据本卫前所屯丁肖元照状告,缘照本所屯丁,先年有附屯军人高胡二、高志□、高炫□,共□□伯高礼明,原顶故军高兴屯田一分,载粮四石五斗一升二勺,坐落右田县三十四都,土名大石□等处地方,田□□□四至,载在册贴为明,历久屯种,蒙县追并莫纳,当官告退,蒙地与照顶种,因照居住建宁府城,去县隔远,不便纳粮,随蒙将粮拨赴本卫,秤纳殊远,便见奉明文,清查屯户的名住址合情,告乞更帖执照,以便管种输粮等情,据此业照,先为替征屯粮,事蒙钦差巡视海道,带管屯监水利福建按察司副使沈宪□前事,备仰本□,速查屯种人户,务要的名住址,方许顶种等,因蒙此除□照外,令□前月,除候□详,本道外

合行暂给贴照，为此贴，仰本丁即便前诣屯所，查照丈量屯田，逐亩沿洼，用心布种，依期输纳粮储，毋得拖欠及卖弄界至□用典兑，不许抛荒，失额□□，取究不恕，□至帖者。

右帖给屯余胥元照执照。
万历三十四年三月十三日给贴一道

到了某个时候，古田县衙门要征收这块屯田的余粮（当县令着手填补附近卫所的赋税缺口时，这种情形并不少见）。胥元照本人居住地距离建宁左卫更近。显然，他没有亲自耕作屯田。他人在建宁，地在古田。所以更准确地说，他只是在管理这块屯田，且很可能将之租给了佃农。这份文书是胥元照的请愿书，祈请县衙门允许自己直接向卫所上缴余粮。胥元照要求回归军屯制的初衷，乃是希望将余粮直接交到卫所，以供正军之需，而非徒费周折地通过当地县衙门缴粮。

征收军屯余粮与提供卫所军饷的错综复杂，导致了两种互相重叠的赋税制度的出现。在原制度下，余粮直接上缴卫所；而在另一种混合的制度下，余粮由州县官员征收，然后和补贴一道送往卫所。胥元照希望将适用于自己的赋税制度从后者转变为前者，因为这能节省时间和金钱。他希望利用某种规管制度（而不是另一种）以节约开支。这就是赤裸裸的制度套利行为。他的要求得到批准——从卫所的角度来看，关键的是纳税人上缴了余粮，至于到哪儿缴粮，则无关紧要——但他被告知必须填写相关的文书。

二十四年之后，胥元照又来到了衙门。虽然缴粮地点的问题已被解决，但他认为异地管理地产还是不太方便。如今，他想放弃屯田的所有权，将其转让给另一个人。毫不意外，接手田地的是一名军余。

> 立转根屯契，人系建宁府左卫前所军余胥元照，上年顶得古田县三十四都三保高礼明屯田一户，坐落三十四都三保秋竹坪等假共田七百台，载粮四石五斗三升，且照路途隔远，管业不便，托得中人常广，引进三十四都四保屯余陈显显出头承顶，三面言议，根出价银五十两，正亲手收讫一完，无钱分厘，其田崇祯四年退还陈家，管业纳粮，其有官帖一张，付办陈家为照，其有畠粮约，过辛未冬，系是陈家往府秤纳，其上年田粮，胥家知当不涉陈家之事，其田不明，系胥家知当二家耳，愿各无反悔，□□口说无凭，立字亲笔根契一张，及由帖付办陈家，子孙，永远为照者。
>
> 崇祯二年九月□日立根契人胥元照

表面上，记录是次屯田转移的文书和普通地契无异，但两者之间存在着一些有趣的差异。"售卖"一词没有出现在文书里。普通地契大都会说明卖主取得土地所有权的方式，包括继承、购买或其他途径。这份文书也不例外。胥元照解释自己通过"顶种"取得了屯田所有权，而当前的买主愿意出钱"承顶"。这些用语显示，屯田并非一般的私有土地。它依旧接受一个不同的、拥有自身官僚要求的行政系统规管。尽管买卖屯田是违法的，实际上，大家一直在这么干。[①]

[①] 这些地契是李仁渊在《龙潭村陈氏族谱》中发现的；陈家很可能后来买了这些土地。

并非所有的案例都涉及制度套利行为。有时，发生的一切可以更好地用"贪污"这个简单的词汇描述。如同军户被登记在专门的簿册里一样，屯田的相关文书也被收藏在专门的册籍库里。这些册籍的存在，既是推动系统运作的部分因素，又为书吏和其他官员创造着既得利益。白瑞德（Bradly Reed）对四川巴县（今重庆市巴南区）簿册的研究，首次向世人揭开了相关书吏和官员的神秘面纱。正是他们，书写了我们今天赖以做研究的大部分文献。白瑞德的研究主要基于19世纪的案例。但根据祁彪佳的判牍，这些人物罕见地在那之前三百年就出现了。

屯道一件赃蠹事　杖罪　杨修

　　审得杨修系永春县书办，时有屯军林节者新帖未领，以修指之也，故致讦告。今两造骈词求息，将旧帖先付节收回，候申详印发换新帖，似当准从。然杨修索贿之情不能尽洗，姑杖惩之。萧老春一帖亦未领，修官银未纳，新帖未发，似亦有据，令其与林节一同领换可也。①

林节是一名驻扎在永春县的军屯士兵。他获得了一块新田地，但没有向衙门登记注册。他从未填写过相关文书。县衙门的一名书吏指控林节非法占有土地。林节则提出反诉，控告书吏的一些不正当行为。祁彪佳立即洞悉了案件内情，迅速解决了纠纷：书吏试图收取土地转让的登记费用，而林节拒绝交钱。祁彪佳通知林节提交

---

① 祁彪佳：《莆阳谳牍》，141页；Reed, *Talons and Teeth*, chs. 2 and 4。

必要的文书，判处那名书吏杖刑。书吏原来是一名惯犯。他被发现曾收取登记费用，却未发出正式文书。显然，书吏之所以多次受杖刑却不为所动，乃是因为他的岗位有太多油水可捞了。

但是，更新屯田制度的文书并不仅仅是文员和官员为了捞取油水而强加于不情愿的人民的苦差。遵守制度的规则，显然有助于强化地产主人对土地的所有权，即使日后出现官司，县令审案时也不会轻易否定这种所有权。登记制度认可人人对地产的所有权，因此大家明白时刻更新相关文书的价值。

结语

明代初年沿海防御系统刚建立的时候，数以万计的家庭被重新安置在新设立的卫所中。为了给卫所提供补给而创办军屯，意味着进一步将大量军户转移到周围的腹地。和中国其他边疆不同，东南沿海的屯军不是直接复垦空闲土地。他们被分派到的是充公或废弃之地，零散地分布在民户的私田中间。他们必须与新环境打交道，努力安家立业。他们所面对的挑战，他们与附近的居民群体之间的关系，完全是朝廷制造出来的问题。这个问题通过日常政治得到了解决。无论是原居民还是外来者，无论是民户还是军户，都利用管理制度的重叠和漏洞，在地方经济中占尽便宜。

制度套利就是利用差异谋取好处，或是自身的真实处境和自己在管理制度中的位置之间的差异，或是多种管理制度之间的差异。在本章中，我们为上述两种套利类型提供了好几个案例。薛良言是军屯士兵之后，尝试索回其祖先荒废的土地，祁彪佳对该案的判决显示，他自己很清楚薛良言的所作所为属于制度套利。起先，薛良言置身于军屯的规管制度之外，因为这么做对他有好处。如今，他又发现身在军屯制度之中有利可图，因此要求回归。祁彪佳担心，如果将屯田归还薛良言，他日后可能还会出尔反尔，再次尝试退出体制。如果忽略张三的权益，似乎也不合情理，毕竟他承担了复垦土地的费用，并一直上缴余粮。祁彪佳的判决，意在防止原告利用制度套利，既享受军籍带来的好处，又规避其负担；同时，也是承认乃至量化原告因身为军户而拥有的特殊权利。

许多官员，包括祁彪佳以及批准胥元照请求的管屯官吏在内，意识到军屯田地愈来愈趋同于私有土地。但他们依然坚持两者并非全然相同，而是分属不同的规管制度。他们承认军户有索回这些土地的特权。面对军田"民田化"的大潮，他们力挽狂澜，然而恰恰正是他们的所作所为，使制度套利成为可能。军户十分清楚这一情况，并试图以之牟利。我们屡次在文书中读到，一旦发现有利可图，军户便会要求行使特权。祁彪佳对此类要求心存疑虑，有时亦会断然拒绝。但是，军户要求索回屯田的事实表明，他们将制度套利视为一种可行的、合法的策略并广泛使用。

明朝覆灭后，顾炎武撰写了一部体大思精的历史地理著作，表达了对明朝灭亡的无限惋惜。他总结了明朝后期福建军屯制的种种弊端，写道："或有田无军，或有军无田。"顾炎武之意，显然不是说真的没有田地或士兵。他以士大夫的口吻，指出现实情况与规管位置之间的差别。简单来说，"规管位置"指的是规管人员眼中的情况。顾炎武发现，规管人员眼中的现实与日常的现实之间存在差异。他继续写道:"或一军三四屯、一屯而二三军共者有之。"[①] 无论明代经济经历怎样天翻地覆的变动,开国之时建立的规管制度一直左右着经济的运作,直至王朝灭亡。

在特殊的土地登记制度下,屯田无论怎样私有化,都始终有别于一般的私有土地。军户经常试图利用自己可以索还屯田的特权浑水摸鱼。他们把屯田当作私有土地卖给民户,然后凭借自己的军籍身份,不用掏任何费用就能讨回土地。有时,他们会等地价上涨后,再以最初的售价赎回土地。有时,他们则将土地的收入和税负分开来算,从中渔利。地价上涨时,卖家通常会想办法赎回当初有条件售出的土地,军户也不过是服膺这一大规律罢了。但军户的独特之处在于,他们在利用规管人员眼中的某种现实进行套利。所有屯田的出售都是有条件的。明代国家用以管理土地所有权和使用权的体制互相重叠,产生漏洞,为军户"巧施妙计"加以利用。军户的策略显示,在明代中国东南沿海地区的社会环境中制度套利行为层出不穷。

虽然很多人选择当逃兵,但是还有不少人选择留在体制内,为何如此?这些策略有助于解释个中缘由。根据太平李氏族谱记载,李家祖籍在边远的四川,始祖是一名"从征",他的哥哥是太祖朱元璋的支持者,战功赫赫。哥哥去世后,他继承了下级军官的军衔,最初被派驻福州卫。15世纪初军屯重组期间被调至永春县。在永春县军屯,他担任下级官员,同时耕作李家的屯田。他的儿子、孙子

[①] 顾炎武:《天下郡国利病书》卷二十六,105页b,载于《四库全书总目》卷五,2226—2227页,2002年标点版。

和曾孙都"继总屯事"。曾孙那一代,李家变得十分富裕。李家始祖的曾孙积累了庞大的地产,达五千亩之多。地产收入为李家提供了巨额经费,用以为祖先祭祀、供子侄读书。又过了几代,李氏族人已是科场得意、飞黄腾达了。①

经济史专家业已证明,中国人善于利用土地所有权维持并提高自身地位。农村居民发展出各种策略,以类似于当代金融工具的手段"金融化"自己的土地使用权。拥有屯田的军户在此基础上更进一步。②他们不仅利用自己的土地使用权,还利用某些土地和某些家庭所享权利的模糊性,尽可能地为己谋利。民田和屯田的管理制度,各自独立却又相互重叠,为他们创造了套利空间。

尽管享有特权,军户成员面临的挑战仍不容小觑。他们必须解决很多大问题:如何融入周围的本土社群?如何在一个全新的、时而充满敌意的环境中为自己和子孙后代创造一个光明的未来?他们绞尽脑汁、想方设法:有时,他们会渗入并接管包括寺庙在内的本土社区组织,从而在社会中发展并维持独立的共同体认同;有时,则以个人和家庭为单位,融入当地社会,成为其中的一分子。我们将在第六章讨论这些策略。

---

① 这个故事是根据太平李氏宗祠墙上的族谱写成的。
② Brandt, Ma, and Rawski, "From Divergence to Convergence: Reevaluating the History behind China's Economic Boom," 54–55, 71–72.

第六章

施巧计军户取民籍　联乡谊一庙奉二神
屯军与百姓社会关系之处理

到一座偏僻地区的小庙及一个更加偏僻的山村寻找明代军户生活的线索，听起来似乎有些古怪。但是，湖头侯山庙的仪式与达埔林氏家族的族谱，让我们得以一窥明代军事制度如何在数百年间形塑了当地的社会生活，以及这些制度的遗产又如何持续影响着当地的社会关系，直到今天。

故事始于湖头。湖头镇位于安溪县东北部。从泉州府和永宁卫出发，往西北内陆方向走即可到达。这里是一个直径六公里的圆形河谷盆地，周围尽是陡峭的山丘。清溪横贯其中，经泉州入海。自古以来，湖头便钟灵毓秀，名士辈出，包括康熙皇帝的亲信李光地（1642—1718）。在前文中，我们已见过本地几家军户。还记得第一章登场的清溪李氏吗？他们是李光地家族的一个支派，其补伍族人曾哭诉"远行役维艰……不无人逸我劳之惮"，家族于是为他置办了产业作为补偿。此外，湖头也是屯军胡六仔的故乡，我们在第五章中讲过他的故事。

朝廷既从湖头征兵，又将来自其他地方的士兵分派湖头，因为湖头是永宁卫下辖一处军屯的所在地。要了解湖头屯的历史，就不能不走访侯山的一座小庙——它是我们最好的史料。湖头是来苏里——当地人以清溪为界,溪东为来苏里,溪西则为感化里——数十个村子中的一个。2014年2月初,大年初六,为了准备一年一度的游神仪式,当地百姓把侯山庙的"大王公"和"上帝公"的神像请出,暂时移到山下的上田村。"大王公"的正式尊号是"英武尊王",他满面虬髯,眼神凶恶,令人生畏。"上帝公"的正式尊号是"玄天上帝",他皮肤白皙,胡须修剪得整整齐齐,手持宝剑,头戴朝廷官员的乌纱帽,比"大王公"要面善多了。

上田村是单姓村,男性村民都姓李。今年的仪式将由该村负责筹办。古时候,众人会在游神的前一晚将神像安置于李氏宗祠。① 如今李氏宗祠早被拆除,改建为小学。于是,只好委屈神像在货仓休息一晚了。(∗)

大年初七,村民在天亮之前排好了队。走在最前方的是一伙打扮成清朝兵勇的男村民,他们举着象征县令权威的沉重木牌,告诫旁观者要"肃静""回避"。为迎合现代男性的审美,一群穿着紧身旗袍、浓妆艳抹的妙龄女子被安排加入"清兵"的行列。紧随其后的是一支由一百多名村民组成的队伍,他们手持灯笼、条幅、阳伞和锣鼓。接着是村民雇来的表演者,或舞狮、或杂技、或奏乐,演出地方传统戏曲的"南管"演员则乘车随行。再后面是四名身披精美刺绣礼服的农村长老,以及几位受雇做法事的道士。他们后面跟着一辆卡车,神像即安置其上。为整个队伍殿后的是"炮车",这是一辆安装着音响设备的敞篷皮卡,纯属现代人对传统习俗的改良。

---

① 来苏李氏和生活在西溪对岸感化地区的李光地家族属于两个独立的家族。

"炮车"播放出炮火轰鸣之声,可以在烟花爆竹燃完后继续烘托起现场的气氛。轰鸣、火花和烟雾是节庆必不可少的元素。

游神的第一站是二十里地外的关帝庙,众人在那里举行"撷火"仪式,以祭拜关公。寺庙太小,无法容纳整支队伍,所以只有神像和一小拨核心成员可以进入。寺庙住持是一名香花和尚[1],他会在门口迎接众人。住持的妻子——香花和尚可以娶妻——从旁协助,在丈夫诵经时,准备点燃煤火。她发着牢骚,抱怨游行队伍来得太早:"大王"和"上帝"拜访"关帝",既然几位都是帝王,身份尊崇,大可不必如此着急忙慌地赶在天亮之前到达。而后,煤火被引到香炉里,在扇风助燃下,火焰熊熊燃烧。整个仪式至此圆满结束。游行队伍启程返回湖头。

清晨时分,游神队伍分成"内乡"和"外乡"两组。"外乡"队沿着湖头平原的外围行进。在接下来两天里,他们将每日步行好几个钟头,前往更偏远的村庄。核心成员留在来苏里,组成"内乡"队伍,沿着事先拟定的路线从一个村庄来到另一个村庄(图18)。虽然只是虚拟的参与者,但我们和村民一样,在某一时刻只能出现在一个地点。就让我们就跟着"内乡"队伍走吧。美溪村是头几个停留站之一。在平日用来晒谷、打谷的场地,神像被安放于一排桌子的上位,各家各户都将自己的祭品摆到桌上。村中妇女负责呈送贡品——这是她们首次于本场节庆活动中现身。家家户户带来一盘

---

[1] 时人使用"香花僧"一词指称中国东南地区的某种佛教仪式专家。这些专家自己并不使用这个名词;他们只是把自己称为"和尚"。他们披缁削发,不过一般没有受过多少正式的佛学培训,也不遵守佛门戒律。他们为自己所属的社群主持各种佛教仪式,以此养家糊口。参见Tam, "Xianghua foshi"。

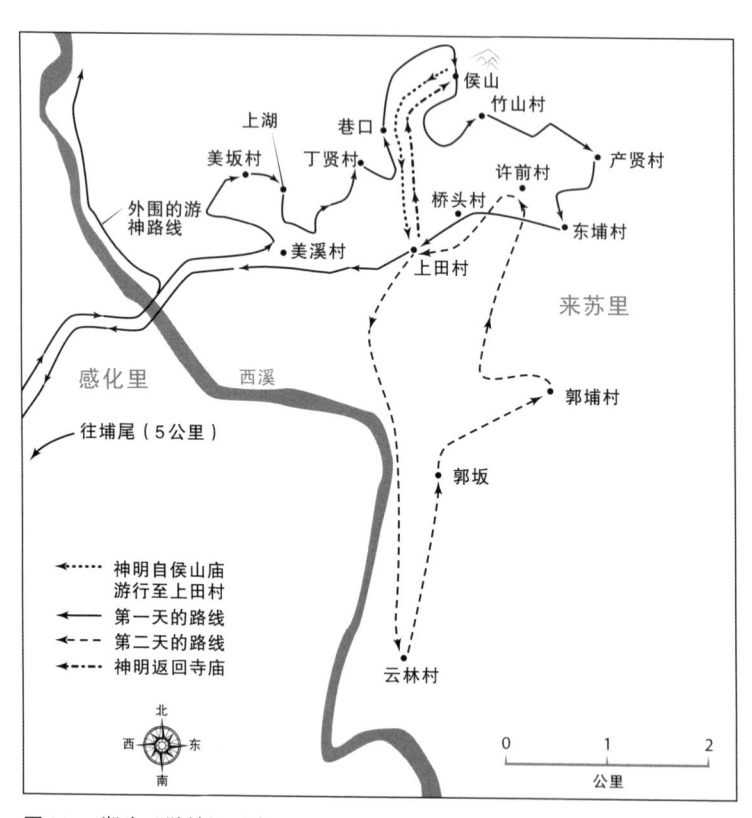

图 18 湖头"游神"示意图

盘食物，大家争先恐后地抢夺最好的位子[①]——这也是我们在本场活动中第一次看到村民虔诚信仰的外露：女人们挚切地向神像行礼，她们伸手触碰神明的座椅，将点燃的线香插入香炉，张开手掌，轻轻呼扇，将缕缕轻烟扑到自己脸上。

在各个村子，村民都行礼如仪。道士们搭建起一座简单的神台，在音乐伴奏下诵经、鞠躬、献祭、舞蹈。表演虽然隆重，仪式的核心内容却并不复杂。百姓向神明上供，自报家门，祈求神明的保佑。然后，以村为单位，各村的男子抬起沉甸甸的轿子——神像就坐在轿子里——绕着神台奔跑，开始一场竞技性的表演。他们跃过噼里啪啦作响的烟花爆竹和熊熊燃烧着的香灰冥纸。一圈又一圈地跑，整个场面热闹非凡。等上一队大汗淋漓、精疲力竭后，下一队将接过轿子。东道主竭力让到访者全部累趴在地。该环节结束后，队伍重新整装，继续前行。神明享用过的供品则被本村村民打包带走。回到家中，他们大快朵颐，津津有味地享用这些美味佳肴。

接下来两天，游神队伍穿梭于来苏里的各个村庄，上述流程将重复十数次。第三天，神明回到上田村。学校操场上，上田村民置办的贡品之多令人咋舌，包括每家都要拿出一头猪来。经过一整天的祭拜仪式，人们最后一次燃放烟花，道士随即宣布节庆圆满完成。村民迅速将供品拿走。众人作鸟兽散，学校操场再次恢复往日的冷

[①] 祭品既具有丰富的象征意义，又具有很大的差异性。每个家庭都会准备一只鸡，而且必须以同样的方式准备好——鸡心必须放入鸡嘴里，鸡脖子下方必须安放一块鸡血。大家知道必须以这种方式准备，尽管自己也说不出所以然。与此同时，部分祭品只能出现在2014年。这些祭品包括啤酒、红酒、火龙果（在几年前从东南亚引入当地）以及一罐罐的丹麦奶油曲奇。祭品包括珠宝、金表和一沓沓钞票，显示着这些神明除了相貌举止类似官员，还像官员一样贪污腐败。

清。夜幕低垂，神像被抬回侯山庙。整个游神庆典至此告终。

和神明所在的庙宇一样，游神庆典的很多内容看起来没什么特别的。对于任何一个过去二十年在华南农村地区生活的人来说，一切都习以为常。但事实上，具体的仪式细节背后自有其历史渊源。我们今天所见之仪式的许多方面，皆是明代军事制度带来的新社会关系的产物。虽然制度早在几百年前已土崩瓦解，但仪式仍经久不衰、流传至今，并为我们提供了一个途径，令我们得以更好地理解历史中的日常政治。它们构成了一种不同类型的档案，书写着地方政治的历史面貌。

本章将通过两则故事探索军屯军户的社会生活。第一则故事载于族谱，讲的是一位身世不明的神秘男子突然来到军屯，惹出许多是是非非，该故事旨在揭示军屯军户如何利用并操纵明代户籍制度。第二则故事则有关侯山庙，旨在说明初来乍到的军屯军户如何设法融入本地社群。乍看之下，两则故事唯一的关联不过在于它们的发生地相距不远。实际上，它们各自展示了军屯日常政治及其影响的不同侧面。无论在军屯还是卫所，军户都必须适应周围的社会环境并建立新的社群。这是一个复杂的过程，涉及形形色色的日常政治，但在史书中却有蛛丝马迹可寻。本章的两则故事会将日常政治采取的两种形式呈现到读者面前。

生人归故里　相见不相识

16世纪中叶的某天，一个陌生的年轻人出现在达埔村（隶属于湖头镇西北紧邻的永春县）。随行的兄弟两人则与村民相识。他们解释道，陌生人是自家失散已久的侄儿春仔。他们的父亲佛生老来得子，可惜这第四个儿子英年早逝。他留下一个孤儿，是为春仔。（如同族谱常常出现的情况，春仔在不同文书里的称呼有所不同。为方便起见，我会一直使用"春仔"这个名字。）遗孀改嫁，携春仔离开，从此音信全无。如今兄弟俩费尽周折，终于寻得侄儿下落，将他带回家来。

这则温馨感人的故事见于19世纪完成的林氏族谱，编纂者乃林家后人林良焌。他坚信自己手定的家族史准确无误，因有"军繇"——兵役登记簿——为证。这只能说明，林良焌拥有明代军籍黄册中有关林家的记录，亦即林家所留存的军籍黄册副本（原本则藏于京师的黄册库）。

根据"军繇"，林良焌写道，原籍同安的林家于洪武二十年（1387）被征入伍，派戍永宁卫。七年之后，各地驻军换防，他们调入兴化卫。林家在永宁所属百户由骆氏家族世袭百户长之职。永乐二年（1404），该百户被派到达埔耕作屯田，于是百户长骆果毅、林家正军林尾仔和另一位叫马得的士兵来到了达埔。

洪步林氏世系参考

谱系纪："安公洪武二十年充永宁卫，二十七调兴化卫，安传尾仔，始宅永春九十都猿步居焉。"又纪："尾仔传普济，济传观，观传佛生。"查永乐二年甲申尾公入永，正统三年戊午而佛生公失尾公。虽无年纪可凭，然按军繇载林安仔已故、勾丁林尾仔顶补情节推之，极至五十余年左右，恐未必多此世次。且明载："林尾仔偕男林赤毛、林普济、林观等，受本折色屯田九十都桃源里。"并本所旗甲马次怡嘉靖十一年壬辰控聪公状供有："祖马桧,永乐二年蒙拨永春九十都屯种,生父马荣。"时次怡供年五十二。以供年推之,次怡系生于成化十七年辛丑。上溯至马桧入永之年,共七十八年。以同拨屯永之旗甲马桧,传马荣,传马次怡,明系三世。而我祖尾公又是旗丁,系同是年入永,正统三年戊午年生佛生公,成化九年癸巳生聪公,比马生较早八年。此例恭参观并按军籙,盖尾公至聪公当是三世,应无五世之理。阅崇辉公辨疑,驳天启丙寅谱录普济为三世祖,观为四世祖,误修兄弟为父子者,确非臆见。更查宏〔弘〕治六年癸丑阄约,载林文积生有三男,长男永华,次男永昱,三男永昭。内云:"上祖房屋田园,分作三阄。"年月下一出"情愿分田人林彦明",一出"情愿分田人林永昭"。又正德五年庚午阄约载:"林赤毛生有三男,长男彦明,次男彦远,三男彦花,作三阄分。"年月下出"林彦明",列为礼字号。正德十年乙亥阄约载:"林佛生生有三男,长字曰彦明,次曰彦远,三曰彦花。"内云:"先年不幸父故,明颇年长,二弟尚幼。"年月下俱有花押。按佛生公成化二十二年丙午卒,至宏〔弘〕治六年癸丑巳作八年,故文积阄约一出彦明,一出永昭,难未一见,可知佛生兄弟有三人矣。其聪公兄弟三人,两次阄约,一载父林赤毛,一载父林佛生,是赤毛即佛生公讳,无疑也。再查次怡供有云:"本所林聪,正德十五年庚辰将伊新堍门口及后垅田二段立约与次怡,对换猿步地基,前去起盖房屋住居。正德十六年辛巳,次怡将原换田及地基尽户立契,缴卖与林聪。至嘉靖元年壬午造册,次怡见父马荣已故,户籍难除,林聪要得入籍收产,议将林安立户。今遇重造黄册,林聪径将马荣户籍倒除,就以林安立户等因。"按安公传尾公,即文积,即尾公字也。尾公生赤毛、普济、林观等,永华、永昱、永昭是其字也。兄弟三人,彰彰明矣。赤毛,佛生公之讳,永华盖其字也。是佛生公系尾公之子,生本祖聪公、祖叔发公、美庐公三人。至正德十五年庚辰及十六年辛巳,聪公方始明买猿步地基,立祠祀祖。嘉靖元年壬午,聪公乃买得马姓所籍陈福甲内,班列林安,立户收产。年纪实据,昭昭可考。详查细按,庶得其真因。前误混世次,谨将的查阅约及供状,恭按军繇年纪事情,特笔录此,以俟明者,其共鉴之。

嘉庆十一年岁次丙寅瓜月之吉,十六世孙良焌顿首拜,谨录。①

洪步林氏世系

林氏基祖讳尾公者,谱传为同邑同和里四都康顺人也。同之先世,有可益、可贤二公,明赐进士理学名宦次崖先生讳希元公,举本祖安公同派。安公于洪武丁卯年从军永宁卫,甲戌年调兴化卫。安公传尾仔公。永乐甲申年,尾公奉文屯种永春九十都,始卜居阔步山麓池仔后田中,以为肇基始祖。追祀安公祖、考,礼不忘其所由生也。尾公军繇,传赤毛公、普济公、观公,而赤毛公生聪公、发公、美庐公三人。本祖聪公生道渊、道浦二,渊公生和靖、和举、和顺三。浦公生和中一,是为长

---

① 林良焌:"洪步林氏世系参考"(嘉庆十一年),《桃源洪步林氏八修族谱》,27—28页。

房。发公生妈养、光福、光进三;妈养生祖生、祖才二,光福生祖居、祖应二,光进生和仲、和季二,是为二房。美庐仅生妈成,成仅生公养,是为三房。……而传至文维、崇伍、祚源、裕允、中兴,今复见芳行,一十有九世矣。克昌厥后,其兆于斯乎! 本乡洪步,遗传旧名缓步,为宋休斋陈先生从紫阳朱子所卜迁。自尾公肇基以来百有余年,俱是守旧田庐,至聪公始克光大前业。乃于正德庚辰,偕弟美庐、侄妈养,复买得马姓所承陈家地基,增建祠宇。有睥睨者,公极力诘争,而后得之。今我子孙等获以光前裕后者,皆其功也。厥后兵燹之变,堂宇倾圮。万历庚子年,本祖春公同存兴、存义公力定大谋,改立癸丁今向,而鼎新之。桃陵颜延榘先生发曰:"高山仰止水长流。"美哉! 犹昔儒臣胜地,良田可耕,书载读久矣。为今哲士芳规二聊,寓意深远。凡我后人,景而仰之,增而崇之,续续绳绳,以引以长,则蕃衍盛大,丕振厥绪,为无穷矣。

嘉庆十一年岁次丙寅瓜月之吉,十六世孙良焌顿首拜,谨识。①

我在本书中反复使用的方法之一,就是将官方史料中的一般内容和私家族谱中的具体信息放在一起对比参照。达埔诸家族为此类比较提供了异常丰富的机会。本书登场的大多数家族并未见于任何传世的官方史料。但是,骆氏百户长、林尾仔和马得很特别。他们不仅出现在林氏族谱中,而且还于明代的永春县志露面。该县志完

---

① 林良焌:"洪步林氏世系"(嘉庆十一年),《桃源洪步林氏八修族谱》,29页。

成于16世纪中叶，编纂者正是我们的老朋友林希元。县志记载：

> 兴华卫后所百户骆果毅屯，在九、十都。见在屯种二名：马得，今马次怡；林尾仔，今林聪。①

由此可见，林家对本族历史的记述——依林良焌所言，乃是将"军繇"摘选抄入族谱——和16世纪的官方县志内容没有出入、完全吻合。

林聪是林尾仔之孙（在族谱的其他版本中，一说是林尾仔的玄孙）。身为正军，他名义上承担起林家在军屯的义务。在林聪的努力下，林家家道兴旺。但他同时与马家结下仇怨。马家不只是屯军，还是军屯的一个小官（"旗甲"），负责征收屯田余粮。最迟至正德十年（1515），两家人犹相安无事。当时，马家的马次怡还为林家的分家画押（遗嘱涉及军屯分地的分配，因此可能需要旗甲画押才有效力）。但两家的和睦并不长久。问题出在林聪振作家声、招惹嫉恨。"曾为仇家马姓所睥睨，几机□者数矣。"②围绕马氏族人的一块地，两家人的矛盾激化。林聪希望在那块土地上修建祠堂，因此提出用另一份地产进行交换。马次怡反对，并将林家告上官府。两家接连打了好几场官司。林聪最终胜诉，林家祠堂依其所愿建成。按照惯例，林家将判决书抄录下来，若日后纠纷再起，他们便可以之示人，平息事端。直到19世纪初，林家依然存有该判决书副本，

---

① 《永春县志》，160—161页。
② 陈泰："聪公小传"，《桃源洪步林氏八修族谱》，33页。

因此林良焌在编纂族谱中得以参考。

根据林良焌的记载,林聪决定利用重造黄册的机会,和马家划清界限。嘉靖元年(1522)前后,林聪借口马次怡之父的去世造成簿册记录混乱,提出"要得入籍收产,议将林安立户"。林安是林尾仔早已故去的父亲、达埔林氏的始祖。①

到了16世纪初,林家对自己屯军的身份感到不满,于是另谋出路。逃兵不在考虑范围之内。因为林家在达埔有房有地,甚至还有一座祠堂。林聪想出的办法是让林家进入民籍。之所以要从一个规管制度跳入另一个规管制度,是因为林聪认为这么做符合自身利益。在这个决定的背后,林家肯定还别有安排。要实现户籍改换,林聪必须确保自家对军队的义务——上缴余粮——得以履行,或者由其他人同意代缴。若非如此,书吏肯定不会允许此次改籍。地方官员很可能这么认为:只要赋税的事一清二白,有人按时、足量缴纳余粮,那么接受类似安排也未尝不可。如我们在第五章所见,地方官员十分清楚军屯人口增加带来的挑战,只要税收不中断,对百姓的非正式安排,他们都睁一只眼闭一只眼。

在力所能及的情况下,明代福建的许多军户往往会做出类似于林聪的安排。还记得第五章提到的被诬陷勾结邓茂七的屯军鄢法真吗?他的两个后人就通过这种手段更改了自己的户籍。鄢法真的一个孙儿从商并成为富裕的地主,然后利用"附籍"的相关规定,到县衙将自家入籍为民户。另一个在事业上取得更大成就的孙儿也采取了同样的做法。鄢家依循可预测的轨迹蓬勃发展;商人将自身的

---

① 林良焌:"洪步林氏世系参考"(嘉庆十一年),《桃源洪步林氏八修族谱》,27—28页。

商业资本转化为文化资本,通过子嗣的"学而优则仕",再进而将文化资本转化为政治资本。①

在族谱的描述中,本户从一个规管体制跳到其他规管体制的行为,要么是奉公守法的无心之举,要么是面对当权者暴虐无道的逼迫而无奈采取的应对之策。然而,在官员的查勘中,有时现实完全是另一副模样。嘉靖二十一年(1542),一名广东官员在更新龙川县赋税清册时,发现一桩复杂的情况:

> 又有守御所富军收买民田秋粮几二百石者,多以女口寄籍,畸零避差。苟随宜增加,则丁粮通融,支应里甲,答应均平。但军属卫所,民属有司。若以军余立户,县与所皆有征役,是二差也。查得:各县军职置买民田,则以官系籍;余丁置买民田,则以女口系籍。今宜钦遵明诏,官舍、军余置买民田,一体坐派粮差。正军不许立籍,止以余丁一名承户,明注军由来历,以杜逃避之奸;应当民粮差役,以绝包陪之累。②

龙川县一名富有的正军拥有大片土地,他本应相应地承担起沉重的徭役。但是,他将土地登记在自己的妻子和家族的女眷名下。正军本人享有徭役豁免,家族中又没有其他成年男丁和这些田产有关,他希望借此得以规避徭役。县令自欺欺人,佯装万事万物简单有序。"但军属卫所,民属有司。"可惜现状并非如此。许多家庭实

---

① 《麟阳鄢氏家谱》卷三,6 页 a—7 页 b。
② 《惠州府志》卷五,36 页 a—b。

则兼军户和民户于一身。①

在两种规管体制间左右逢源，是旨在逃避各自义务的策略。15世纪的一名官员注意到，一些"寄籍"的家庭拥有十多名成员。但是，其中只有一两个真正在籍，其余皆"隐瞒在家"。

> 各卫所官军户下多余人丁，比先有例，除存留帮（贴）正军外，其余俱于附近有司寄籍纳粮当差。中间有等奸诈之徒，一家或五人十余人，止用一二人寄籍有司，俱各隐瞒在家，卫所执称寄籍。有司拘役，却称尚在军伍。及至正军役缺，买嘱该管官吏，朦胧造册，原籍清勾。②

当州县官吏前来征召徭役时，卫所军户成员会声称自家正在军中服役，因此拥有徭役的豁免权。当卫所官吏试图将他们登记入册，以备日后补伍清查时，他们便转而声称自家已入民籍，正在承担相关的里甲徭役。当勾军官吏威胁要告发他们投机取巧时，他们则会贿赂书吏，混淆视听，期望勾军官吏放其一马，向原籍军户要人。这当是制度套利行为的一个经典案例了。

让我们现在回过头来继续讲林春仔现身达埔的故事吧。还记得吗，春仔是在两个伯伯（林发和林美庐）的陪同下归来的。两个伯伯向乡亲解释，这个陌生人其实是他们已故父亲林佛生的幼孙。他

---

① 他想到的解决办法就是只允许军余，也就是非现役军人，取得民籍。不仅如此，当军余入籍为民户的时候，他们必须清楚申报自己的军人背景。这是为了确保必要时可以将他们强征入伍。
② "存留军余充实军务"，戴金：《皇明条法事类纂》卷二十四，1057—1060页。

们找到他,将他带回家。到目前为止,这仍是一个阖家团圆的感人故事。但接下来的情节发展更加精彩。早在春仔归家数年之前,亦即嘉靖元年(1522),达埔的三兄弟平分了父亲林佛生遗留下来的产业。不同版本的林氏族谱收录着不同版本的分家文书。19世纪的族谱编纂者林良焌所见版本仅提及佛生三子,即林聪、林发和林美庐,他们的姓名和族谱记载完全吻合。但是,在另一版本的文书中,三兄弟将一分产业留存,以待他们日后可能回乡的侄子(即过世四弟之子)前来继承,"今思长成回家"。也许这里面没什么钩心斗角的算计,或即便有,至少三兄弟最终回心转意。他们未必想将侄儿的遗产占为己有,他们甚至未必知道侄儿尚在人世。但当春仔有下落时,他们马上修改了分家文书,让四弟的遗产物归原主。于是乎,突然出现在达埔的年轻人,不仅回到了家人的温暖怀抱,而且收获了一分应得的产业。

户籍之事为这个幸福故事平添变数。如我们所知,此时,林聪一家已出钱取得民籍,不再是军户。而春仔似乎并未被视为新林氏民户之一员。从官府的角度看,春仔仍属军户,应负补伍之责。我们之所以知道这一点,是因为几十年后春仔之孙林元英(1564—1621)自己也通过出钱的方式转入民籍,从而免除了本家的世袭兵役。由此可见,林元英不属于已然自林聪时便成为民户的林氏家族,其祖父林春仔也不是,他肯定仍在军籍。[1]既然如此,春仔所属的究竟是哪家军户呢?

现在的达埔林氏为自家与同安林希元的关系深感自豪。谁又不

---

[1] 林元英一支最终出了好几名官员,暗示着他们努力取得民籍,和参加科举考试有关。

希望能与一位声名显赫、富甲一方的士大夫沾亲带故呢？达埔林氏之所以肯定两家有血缘之亲，乃是因为在明朝时，达埔的一位林氏族人曾到林希元宅邸拜访，与之"认族"（即根据族谱提供的证据，确认两家出自同一先祖）。现代林氏族谱的编者将林希元所撰有关同安林氏的一篇文章照搬入族谱，却没发现该文实则在质疑达埔林氏的说法。

〔同安林氏〕国初分为三，曰上头，曰下头，曰向边。下头在吾家之左，背空向满，坐午面子，为予家左辅。上头即予家，下头因予家而得名。向边与予比肩，而居其东，故曰向边。自国初分户为二，上、下头予一户也，祖曰林可益。向边一户也，祖曰林可贤。可益分为里班，从军北京武清卫。可贤分为甲首，从军永宁卫。军民异籍，而祭业犹共之。祖遗田若干，在官田海荡九分，坐麝圃埭外。下头子孙有曰清保者，避军役，逃入永春卓埔，闻其枝叶亦繁，庶先大夫尝令人求之军，军不认。予修永春志，求之不得。予为寺丞，曾来认族，予在京，族人纳之。①

林希元的文章写到，其家的一名正军当了逃兵，跑到达埔。如我们在第二章中知晓的缘由，正军逃逸势必会令整个家族忧心忡忡。林希元之父心急如焚，害怕此事一旦被官府发现，勾军官吏将会上

---

① 林希元："同安林氏叙世录"，《桃源洪步四房林氏三修族谱》，17—18页。这段文本没有署名，但是它肯定是林希元所写，因为文中出现了"予修永春志"的句子。

门索人。他找到逃兵,却未能成功劝说其重返岗位。几十年后,林希元应永春县令之邀编纂县志,曾试图再觅逃兵下落,但求之而不得。后来,逃兵的子嗣自发回到原籍"认族"。

考虑到两个故事的发生时间以及其中的共同细节(包括"认族"),林希元笔下的那名逃兵只可能是村民称为春仔的男子。所以,这位达埔的神秘访客究竟是何方神圣呢?他只是一名设法混入名门望族的逃兵吗?他真的是林佛生的孙儿、随母亲改嫁来到林希元所属军户的吗?也许林希元及父亲将正军的达埔之行误认为是逃逸,而他其实仅是回家探亲罢了。一个有趣的可能是,史料零散的记述背后隐藏着本书第一章谈到的"代役"策略。完整的故事也许是这样的:林希元家族收养了春仔,目的是让这名孤儿承担本族的兵役。我们已经见过有些家庭实行过此策略。林希元一家认为,春仔有责任补伍,因此从他们的角度看,春仔返回达埔无异于临阵脱逃。又或者是达埔林氏安排春仔服军役,作为补偿,他获得了林佛生的部分产业。(若春仔的身份确如族谱所言,则达埔林氏采取的是"集中"策略;若春仔是一名外人,则林氏采取的应是"代役"策略。)①

不幸的是,我们缺乏足够的证据来对这些充满矛盾的叙述做出判断。这位明代的"马丁·盖尔"的真实身份注定是一个不解之谜。但无论事情的真相如何,谜团本身反映出了明代百姓如何策略性地运用多重户籍身份,最大限度地降低自己在国家户籍制度中所要付

---

① 这则故事在不同族谱里的多个版本为我们提供了一个难得的机会,能够一窥"罗生门效应"在建构家族史过程中的作用。我假定编纂者不过是一时疏忽,才收录了故事的某个版本,削弱了自己希望讲述的版本的可信度。但是,它也可能反映了另一种我所不知道的策略。

出的成本。他们在两个互相重叠的规管体制间来回摇摆，置身于他们认为对自己最为有利的体制之下。这是明朝风格的制度套利。

作为社群的军屯

在第五章中，我们看到军屯军户如何制订并实行策略，以获取、持有土地，同时接受、限制或逃避税负。本章的第一部分展示了他们如何靠各种策略管理自己的户籍身份。上述这些经济和行政方面的策略只不过是他们历史的一部分。当初林尾仔及其眷属、百户骆果毅和另一名屯军马宣初到达埔之时，他们除了要设法应付自己所身处的国家体制，还要筹划如何与彼此、与当地居民共同生活。卫所制度让人远离乡土，不得不开创新生活、建立新社群。屯军和军属的定居之所，并非是在一道围墙之内，他们不是生活在大体同质的军事社群之中，而是必须融入已有的社群，和这些社群建立关系，与左邻右舍和睦共处。由此可见，军屯制催生出了新的社会关系。

当地居民肯定不会欢迎这些初来乍到的屯军和他们的家属。他们肯定认为，这些军人和军眷将会和自己争夺有限的资源。这些军人和军眷在国家的地方体制中的特殊地位给予他们不公平的优势；和一般百姓相比，法律似乎对他们有所偏袒。莆田一部族谱对明代初年屯军的到来颇有怨言。"兵久野处，渐横习乱。掠民财，毁民室，官不能禁。"最终该家族组织一支民兵队伍，武装对抗这些士兵。[①]某些地区屯军和当地居民之间的紧张关系持续了数百年之久。根据

---

① 《奎山王氏族谱》卷三，6—7页。

明代末年祁彪佳的记载：

> 前件看得，诏邑军骄而民悍。如沈姓之与南诏所军睚眦成怨，疾若寇仇，哄而散，散而复哄，凡三阅月矣。最后山川坛一举，辄以生死分胜负，横矣哉！刀箭丛生，即不复睹清宁世界矣。首先持刀刺伤沈教者，非韩旺乎？盖旺为争鸟首祸之人，其凶愤似较余人为倍甚。虽陈一元一矢相加，亦称致命，而此处当已先后分重轻。微一元之贯矢，而刃伤尽足夺教之生矣。重创以为乱民之戒，固亦法所必惩者。①

侯山两块断裂的石碑

对于调到湖头的屯军和左邻右舍之间的关系，无论是官方史料，还是族谱都只字未提。但是，我们可以从侯山庙的故事中一窥他们之间的交流互动。换句话说，我打算在下一节里讲述这座乡间小庙的历史——不是作为中国宗教永恒的、历久不衰的精神的体现，而是作为六个世纪以来地方政治的产物，以及数百年来到庙里进香的不同香客之间的交流的产物（时至今日，这些香客的子孙后代依然会来侯山庙祭拜）。

重现这段历史，要求我们利用某种独特的"档案"，也就是从观察当代仪式中整理出的"档案"。和该地区大多数的乡村庙宇一样，侯山庙最重要的仪式是一年一度的游神会。1949年之前东南沿海地

---

① 祁彪佳：《莆阳谳牍》，590页。

区乡村庙宇的游神会一般都会在农历正月举行。在中国台湾地区，这些节庆活动大体上没有中断。在中国大陆，这些节庆活动在20世纪80年代重新开始涌现。游神会的空间范围各不相同。有些神明只在本村游行；有的则到访与本村保持特殊关系的社区；还有另一些神明举行长达数天的巡游，到访周围数十个甚至数百个村庄。神明定期到访该地区的各个村庄，并不只是反映某些既有的社会结构。游神会还带有"展演性"（performative）——它能够创造、强化或挑战社会关系。任何一个游神会的游行路线，都是信徒群体被重复定义的过程的产物。换句话说，庙会就是区域史的产物。游神会的游行路线，是某种政治想象的具体表现。

当然，将21世纪初举行的仪式用作描述数百年前历史的史料，是一种冒险的行为。当代仪式很容易地被描绘成"残留或流传下来的传统、过时或前现代模式"，忽视这些仪式的现代性和历史性。① 如果仪式可以作为社群内不同的个人和群体进行政治或物质竞争的平台，它就能反映出当代的和历史的动力。我们还应该出于其他原因，警惕这种历史连贯性的假设。当今中国村民举行仪式时，他们都会有意识地根据国家政策描述这种表演仪式。村民举行仪式的方式，必须允许他们标榜仪式具有"宗教性质"（意即符合国家对宗教的定义）或者是"文化遗产"。如果他们不按照这种方式描述相关仪式，或者他们的描述缺乏说服力，

---

① 年度游行仪式的详细介绍，可参见Dean, *Taoist Ritual and Popular Cults*, 64–69, 99–117；想了解这些仪式如何在象征层面及社会层面上强化关系，参见Allio, "Spatial Organization in a Ritual Context,"以及Sangren, *History and Magical Power in a Chinese Community*. 也可参见Dean and Lamarre, "Ritual Matters," 57.

那么政府就有可能视之为"封建迷信"或者贴上一些更加负面的标签。

但是，另一方面，传统主义（traditionalism），也就是把传统传承下去的想法，意味着节庆活动的主办者都会尽可能地根据自己的记忆复制仪式。仪式的参与者都对仪式的神通深信不疑。我们无须详细列出具体的法力——无论是祈求神明保佑，还是强化或挑战社会秩序——从而承认那法力是很重要的，对参与者而言是至关重要的，甚至是关键的。因此，决定仪式是否正确举行的那些环节，包括遴选领导或限制参与权的条规，或者游行队伍必须经过或避开的某些地方，都是必须认真对待的事情。对于这些环节，众人不得敷衍了事，更不得轻易改变。

我们将今天看到的仪式和其他种类的史料（包括民间传说与修复庙宇香油钱的记录）结合起来，有时能够挖掘出这些条规演变的历史。一间庙宇的仪式不仅像可供人阅读和解读的文本，还像一个可供发掘的考古遗址。每一层沉淀物都是某个历史时刻的产物，而每个历史时刻又是后来的仪式性组织和行为的铺垫。通过这种方式研究区域史，尽可能重构某种仪式在不同历史时刻的不同环节，实际上是在挖掘一段层层累砌的历史。

湖头镇的居民或许不会对我采取这种研究方法感到意外。他们很清楚仪式在自己生活中的重要性。人类学家王铭铭收集到当地一首打油诗，很好地反映出该地区的文化地理。"长坑一虎蛇鹿轱猫，湖头一花锣旗鼓枪，下安溪一鳝鱼鳖蚕蚝。"①湖头镇因其丰富多样

① 王铭铭：《西村家族》，58页。

的仪式而著称——这一点都不奇怪，因为仪式正是不同群体建立彼此关系的一个主要手段。

我们的第一个任务就是尽可能明确湖头在各个历史时期扮演的不同角色。当朝廷于14世纪在湖头设立军屯时，湖头并非一片荒无人烟的处女地。今天生活在湖头镇的好几户人家都是明代初年湖头本地居民的后代。他们当中的多数人是民户，一些人则拥有军籍。在明初，军户的一名成员将会被强征入伍并调到他的驻地。如我们所看到的，从此以后，他的直系后代将会履行本户替补军役的义务。因此，在一般情况下，留在湖头的原籍军户将会随着时间的推移变得几乎与当地社群的民户没有区别。为了使文字表达更简洁明了，我将把他们称为民，以便和调到该地区的屯军区分。

我们在第四章开头读到胡家的故事——作为派驻军屯的军户，胡家就属于这类家庭。我们知道，早在明初，胡家就已经生活在湖头，因为那是他们被强征入伍之地。①

林家也属于这类家庭。和胡家一样，他们的一名男丁被强征入伍后，先调到南京，然后又调到南安充当军屯士兵，为永宁卫提供军粮。那名正军从此定居南安；林氏族谱并未记载他和他的后代与侯山老家的家人之间的任何联系。② 到了明代中期，当林家初次编纂族谱的时候，他们已经无从追溯林家早期的历史，而族谱中对林

---

① 《安溪胡氏族谱》，1417页。
② 林家可能是与胡家组成复合军户的三个家庭当中的第二个，但是鉴于现存史料不足，我们无法断定。无论如何，这两个宗族被入籍为军户，说明军户普遍存在于当时的福建地方社会。

家来到侯山的记载也自相矛盾。①但是，所有材料一致指出，林家始祖很久以前曾在泉州当官。这名官员的儿子被称为八郎；他不是文质彬彬的君子，只是一介武夫。林八郎三十多岁时，受命组织民兵队伍，剿灭实力强大的匪帮。他往内陆方向追击匪徒，在湖头侯山山麓和匪徒战斗，但被匪徒杀害。林家族人找到了他的尸首并把他安葬在一个叫儒林的地方，然后在附近定居下来。

> 世清公官任泉州路同知，而世清公之男名福龙，生居宗行第八，号为八郎，始迁居于清溪来苏，年三十，有五都督府嘉其勇敢，授搭命，封为保义郎，同领义兵，随带章公香火剿捕贼首薛世冲，至本里长圳岭，与贼交锋，中矢殒命，及男尚春公收其柩，与妣卜葬山麓，结草庐，于场居焉。尝游于凤山石岩，筑静室以居，后迁于下莲，号地为儒林，舍当山之地，付里人建庙崇奉真武上帝，塑章公神像祀于庙东，塑八郎公像祀于庙西，书林氏祖祠，今人称曰"开山地主林八郎公"是也。②

儒林林氏族谱所记载八郎的故事还提到另一个重要的细节。当他在湖头英勇殉难时，"随带章公香火"。具体来说，和第四章提到的潘海安一样，林八郎随身携带香灰；香灰取自供奉一个名叫章公的神明

---

① 相关历史事件的先后顺序被进一步混淆，因为该县历史文物管理委员会办公室为了标示林家始祖坟墓、于1998年树立的石碑，雕刻师傅尽管知道最近考证出来的林家始祖生卒年，却错误地将1785—1819年当作其生卒年。
② "林氏谱说"，《清溪儒林林氏族谱》。这则故事见于林氏族谱以及其他明代史料。我第一次听说这则故事是2011年，由附近一间寺庙的看守人为我讲述。

的寺庙香炉。笼统而言，他把章公视为自己的守护神供奉。①

在侯山，章公被世人称为英武尊王。林八郎死后，包括林八郎后代在内的当地居民初次兴建供奉章公的寺庙。章公粗犷的外貌印证了当地的传说。在章公被神化之前，他的地位十分卑贱；他烧炭为生，以致他面色全黑、性格粗暴。除此之外，我们对他所知甚少。但重要的是，他最终修道成神明。他被称为"尊王"，表明他被八郎带到湖头之后就成了当地的守护神，也就是负责当地社群福祉的神明。这或许是这个社群首次迎来守护神；另一种可能是，侯山本来就有一个无名的守护神，直到现在才被追认为章公。我们不难想象，当时肯定出现过这样的场景：村民供奉神明，祈求神明保佑家人平安健康，本年风调雨顺、五谷丰登；他们向神明祈福，请求神明保佑当地免受灾异影响。当地村民肯定会举行迎神赛会（很可能在农历正月举行）；他们还会给神明供奉祭品并大摆筵席，可能还会举行游神会和戏曲表演。林八郎把章公带到了湖头，厥功至伟，因此大家又在庙里为他立祠。这间神祠被称为"祖坛"。因此，林八郎的后人在侯山庙的组织里享有特殊地位。②

这样来看，到了14世纪中叶，至少两户人家（或许还有更多）已

---

① 湖头的章公并不是名气较大、和德化石牛山相关的位列"法主三公"之一的张圣君。这两位神明的姓是同音的，不过他们的形象和传说都不一样，侯山庙与遍布闽南和台湾地区的"法主三公"仪式网络并无明显关系。关于"法主三公"，参见叶明生：《闽台张圣君信仰文化》；关于张圣君信仰文化的分布地区，参见 Dean and Zheng, *Ritual Alliances of the Putian Plains*。
② 据林氏族谱记载，弘治四年（1491）林家人再次主持侯山庙重修和扩建工程。当时，林八郎的后人林廷斌（1441—1501）安排将三官大帝神像安置在侯山庙里。"林廷斌传记"，《清溪竹山林氏族谱》卷三，4—5页。

经在当地扎根。①几代人在那里生活,有祖坟、农田和其他产业。这一切都受到守护神的保佑;他们为守护神修庙,并享有神庙赋予的特权。

来苏里的社会结构在明代初年发生了翻天覆地的变化。许多土地都被卫所接管,划为屯田,分配给军屯士兵。②和附近的达埔不同,我们目前看不到相关的官方记录,因此无从得知这些屯军是谁。但田野调查能提供一些线索。今天好几个宗族的文字资料显示,他们的祖先是屯军。根据洋头颜氏族谱记载,颜家始祖于明代初年来到洋头;他的玄孙被强征入伍并调到广东。颜家始祖肯定是一名正军,而他的玄孙则是一名军余。上仕洪家讲述了同样的故事;他们家从前也是屯军。③

我们还可以从其他家族讲述的族人迁徙的故事,得知他们的祖先大概也是屯军。产贤村村委书记为我转述了该村董家代代相传的故事;故事提到董家祖辈很久以前从石狮迁移到金门,再来到湖头。今天的石狮即从前的永宁卫;金门是永宁卫下辖的千户所;湖头则

---

① 我们能够更清楚地了解西溪对岸感化里的情况。自宋代末年以来,李家(李光地日后将出生于李家)就已经在那里定居下来,并在明代初中期成为当地势力最大的宗族。李家山的头几个当官的中,有一人主持修建了李家祠堂,李家是感化里最早修建祠堂的宗族之一。一直到今天,李姓依然是湖头最大的姓氏,而绝大多数湖头人都自称来自这个支系。同样聚居在感化里的苏姓居民比李姓居民少得多,为当地第二大姓。苏氏族谱称苏家自从元代末年即已定居此地。因此,到了明代开国的时候,今天当地的两大姓氏就已经定居在湖头。《恒产苏氏族谱》,3 页。
② 明代的安溪县已登记的耕地达到人约十四万亩。永宁卫的好几支部队在安溪县拥有军屯,明初屯田总面积达到 16400 亩,约占耕地的百分之十。永宁右卫在来苏里和另一个区拥有 1500 亩屯田。如果我们假设一半的屯田在来苏里,那么士兵们就分到了那个区的 750 亩屯田。假设每个士兵分到了三十亩屯田,被调到那个区的士兵应该有二十五人。《安溪县志》卷一,26 页 a,27 页 b—28 页 a。
③ "四世尔用传记",《洋头颜氏族谱》,25 页;"世系表",第一至第五代,《安溪湖头洪氏始祖》。关于征募军屯士兵,参见于志嘉:《帮丁听继:明代军户中余丁角色的分化》。洋头村如今已经成了桥头村的一部分;上仕村则成了上田村的一部分。

是永宁卫下辖的军屯。叙事围绕着一系列军事调遣行动展开。①

其他家族的族谱声称本族在明代初年就来到苏里，但未提替补军役的事情。竹山林家声称本家始祖在洪武年间来到苏里；族谱的其他资料，包括宣德元年（1426）购买墓地的地契，都充分地证实了这一点。至于林家始祖为何选择在竹山安家，族谱只写道他从内陆的龙岩前来安溪游学。②这可能是林家后人为了掩饰本家始祖不光彩的历史（很可能是当兵期间被派到竹山），后来胡编的故事。生活在侯山山麓的另一户人家郑家也有一部十分简略的族谱；郑家最后一次编纂族谱是1941年。族谱详细记载的第一个族人是生活在该地区的郑家第四代成员；他生于成化十二年（1476）。③这确实很难说明什么，但是我们至少可以据此总结出，他们可能在14世纪末定居侯山。

我们可以据此大致推测出湖头屯军后代的家庭。他们包括洪家、董家和颜家（这几户人家肯定是屯军的后代）以及竹山林家和郑家（这两户人家有可能是屯军的后代，参见表3）。这份名单并不完整，只包括了那些依然生活在湖头镇并且还有族谱的军产后代的家庭。毫无疑问还有其他断了香火或迁移到别处的军户家庭。我曾多次穿越湖头镇，详细调查，我认为上述表格大概便是后代依然生活在该

---

① 董家有一部1949年以前编纂的族谱，但是他们不愿让我翻阅它。和闽北地区的一些宗族一样，董家遵守"封谱"的家规（这种做法在当地并不常见）。只有在编纂新版族谱或族人之间起纠纷，不得不翻阅族谱时，才能拆封。当地村民允许我翻阅他们不久前编纂的族谱，而族谱中的记载和当地口头传说是相符的。《产贤董氏族谱》，16页。
② 《清溪竹山林氏族谱》，3316页。
③ 郑氏族谱一个更早的版本编纂于康熙四十三年（1704），留存至今的序言写到本家族谱"失于兵燹"，因此他们无从得知家族的起源。（郑家一名前辈的传记写道：本家"被倭寇剽掠，流离有年"，导致族人遗失祖先牌位。既然湖头距离海岸线并不算近，这也清楚表明，16世纪"倭寇之乱"不仅仅和日本人有关，也不能被简化为"海盗问题"。）"佛保公传记"，《清溪侯山郑氏族谱》，93页。

地区的屯军的完整名单。

表3 侯山各家族的户籍地位

屯军	可能是屯军	民户/原有居民
洪氏——上仕村（现已被纳入上田村）	竹山林氏——侯山	胡氏——侯山
董氏——产贤村	郑氏——竹山村	儒林林氏——竹山村
颜氏——洋头村（现已被纳入桥头村）		

现存所有史料都没有清楚讲述原居民与军屯士兵及其家庭交流互动的情形。无论是法律档案还是判牍，都没有记载来苏里的案件。但是，侯山庙的历史本身为我们揭示了这段过去。侯山庙一间废弃的外屋里藏着两块石碑，每块石碑都已经裂成数块。第一块石碑刻成于天启元年（1621）；碑文作者是庄际昌（1577—1629）。庄际昌是附近的永春县人，万历四十七年（1619）状元，他是一个享誉全国的知名人物。他在碑文中称侯山庙为"真武庙"，意味着该庙建立至今已发生了重要变化。儒林林家用另一个名字指称侯山庙。他们为了纪念章公，将该庙称为"英武庙"。若将"英武"和"真武"翻译成英文，差别似乎不大，但是在中国宗教的世界里，两者差异非常大。像章公一样的当地小神，并不能用"真"这个名号；"真武"专指众神当中法力最强大的神明，亦即历任明代皇帝的守护神北方玄天上帝。自古以来，众人一直将真武大帝作为玄天上帝来供奉。真武大帝不仅被人格化并且作为勤于修身的降魔斗士跻身道教众神之列，明代皇帝大力倡导真武大帝崇拜，更大大地提高了他的地位。尽管明代以前真武大帝崇拜只存在于华南地

区的几个地方,皇帝的倡导使真武大帝崇拜迅速传播到全国各地。① 真武庙在中国各地卫所如雨后春笋般涌现,并且经常得到高级军官的赞助。其中一间真武庙就兴建于永宁卫(湖头屯军所属之卫)。

林氏族谱的记载和庄际昌所撰碑文还有两处重要的差异。根据庄际昌记载,初次兴建侯山庙的并非林八郎的后代,而是林八郎本人。庄际昌还写道,侯山庙一直都供奉着真武大帝。众人请庄际昌撰写碑文,是为了纪念重修真武庙。郑仙养是主持这项工程的关键人物;郑氏族谱收录了他的生平传记,而我们之前已经认定,郑家大概是军屯军户。

> 仙养公,字有育,号次宇,彬山公之次子。生隆庆辛未年十一月初五日戌时,卒崇祯癸酉年三月初七日酉时。娶傅氏,生万历癸酉年八月二十日寅时,卒崇祯辛巳年八月廿七日申时。合葬本乡崎路尾蜈蚣牙,坐子向午。
>
> 子二:华瑛、华璿。
>
> 公少负豪迈,不专精举子业……万历庚申年,同兄声宇公筑室萧厝前,才落成,适值里中议葺帝庙。众难之,公毅然董

---

① 朱元璋打了一场胜仗之后,将这场胜利归功于真武大帝的护佑,因此将他加入受朝臣祭祀的十位神明行列。靖难之役期间,真武大帝再次显灵,使朱元璋的第四个儿子朱棣顺利登上皇帝宝座,成为永乐皇帝。为了答谢真武大帝,永乐皇帝下令在武当山兴建供奉真武大帝的庞大道观群。尽管广东珠江三角洲平民群体稍微改动了真武大帝的传说,借以树立并强化自身身份认同,他们还是通过真武大帝崇拜表达对明王朝朝廷的忠心,强调自己作为明王朝臣民的身份;刘志伟仔细梳理了这个过程。刘志伟提到,这些供奉北帝的当地民间宗教信仰"保证了该地区对朝廷的忠心,巩固了该地区对中央的认同"。Liu Zhiwei, "Beyond the Imperial Metaphor," 15.

其事。期年,勔垩并拓楠西堂,置炉盂祭器于中,而施薄产,令祝者每岁中元祀庙之功神。公殁,乡送公像于庙。

郑仙养生于隆庆五年(1571);重修真武庙的时候,他是一名年届天命、德高望重的富翁。他在当地举办多项慈善事业,这项工程不过是其中的一项。郑仙养的生平传记提到他确实主持了这项工程,并慷慨解囊,为扩建真武庙、购置法器提供经费。郑仙养传记接着提到,当地人感念他生前做出的巨大贡献,因此在他于崇祯六年(1633)过世之后,也在庙里专设神像祭拜他。每年举行游神会期间,众人都会在真武庙里安放郑仙养的神像。

在今天的寺庙重修工程中,所有的参与者都希望自己的贡献能够得到承认。这类工程一般都由多人集体主持,以确保人人都能沾光。明代末年的情况大概也是如此。因此,尽管真正主持真武庙重修工程的是郑仙养,纪念重修工程的碑文是由上仕洪家的两名当地男子请人撰写并雇人刻上碑的;而我们知道,洪家人都是屯军。这样来看,目前已知的主持这项工程的三个人当中,其中两个人肯定来自屯军的家庭,而第三个人大概也不例外。[①]

至于林氏族谱记载和天启元年(1621)碑刻有所出入的原因,我们可以从两组人——当地居民以及初来的屯军——的交流互动找出答案。如其他地方的情况一样,后者的到来肯定使湖头当地社会陷入混乱。初来的屯军改变了侯山庙的性质,似乎是为了让当地居民注意到自己的存在。他们将自己的神明带到侯山庙。我

[①] 庄际昌:"清溪来苏里侯山真武庙记"(天启元年),侯山庙碑刻。

们之所以知道这一点，是因为当郑仙养和两位洪家族人重修侯山庙时，章公像旁边已经出现了一尊真武大帝的神像。侯山庙成了同时供奉两位神明的寺庙。这两位神明的地位并不平等；大家后来供奉的真武大帝在众神当中的地位远远高于当地居民一开始供奉的章公。在被屯军带到侯山之前，真武大帝和当地社群并不存在任何纽带。他的故事和传说，主题并不是湖头地区的繁荣昌盛；它们所强调的，是尚武精神与忠君爱国。作为一位英勇善战的神明，真武大帝是湖头屯军对当地社会施加影响的最佳媒介。这位新来的神明所象征的，不过是他的信徒（也就是定居当地的屯军）的特质。

因此，我们可以将庄际昌的碑文理解为使侯山庙的起源模糊化的尝试。它声称侯山庙一直都供奉着真武大帝；这一点和我们所知道的真武大帝信仰在该地区传播的时间以及林家自己的记载完全不符。碑文表明侯山庙一直都供奉着两位神明；实际情况是，尽管第二位神明法力更强并且为更多人所熟悉，他却是一个外来者，在世人初次兴建侯山庙数百年后才被引入湖头。

民间传说为这个解读提供了理论支撑。村民们为我们讲述了一则故事：很久以前，来自外地的一尊真武大帝神像在湖头各处游行。当游到侯山庙的时候，真武大帝对侯山非常满意，再也不愿离开此地。神像奇迹般地变得无比沉重，以致他的轿夫无法将他抬起。但是，当地人不愿这位外来的神明留下来。经过协商之后，英武尊王尝试捉弄真武大帝。英武尊王告诉真武大帝，只要他能够使附近的一条小溪倒流，就会允许他留下来。英武尊王失算了；对法力如此强大的神明来说，这易如反掌。真武大帝使那条小溪倒流。因此，英武尊王和林家别无选择，只好允许真武大帝进入侯山庙，甚至将最尊贵的神位让给他。①

当地道士的科仪书也为这个解读提供了强有力的根据。当地一名道士的手稿收藏包括题为《什事咒等等破胎收云科》的一篇文本，内容如下：

> 王公孩子时砍柴烧炭，手脂〔指〕砍着，所以双手抱着，有人叫烧炭王。森林兴盛，白落坑沟而亡。当时很灵验，住猴山后，就此地建一块岩，叫新岩垵。很显赫，识风水。王公香炉飞到侯山庙来，众等才建侯山庙，越来越显。
>
> 又忠义庙，现叫关帝庙。上帝到侯山庙请火，上帝识风水，抬不动，不回。众怒气，王公跳肢〔乩〕童开口，落须定有谷壳流落忠义庙的，流起侯山庙的，神助碰起风流起。这一条又不同意，再落须石板条，如果沉忠义庙的石板浮，才决定侯山庙的。所以大殿让上帝公坐，王公让左边殿。当时越显越强，所以众等越并越多，全来苏里称里祖尊王。各姓人丁太盛，分九甲，上到下镇、白濑，下到五社大演、渊兜、田头、山门、当埔。时□年二月十一日。②

---

① 这则故事的其中一个版本出现在《和谐乡游》，365 页。
② 《什事咒等等破胎收云科》。我十分感激高志峰与我分享这一文本，以及多年来为我在湖头的田野调查提供许多帮助。道教的版本和我的解读不尽相符，因为它暗示真武大帝并不是军屯士兵引入侯山的，而是来自西溪对岸的湖头关帝庙。但是，那间庙从未供奉过真武大帝。

这篇文本收录了最详细的英武尊王生平传记。身为烧炭翁,他出身卑微,在深山老林中不慎失足跌入山谷,伤重而死,之后便成了神明。他的香炉飞到了侯山,于是当地人便为他兴建了一间寺庙。有一天,众人抬着真武大帝神像前来侯山庙请火(就像今天的撷火仪式一样)。真武大帝来到侯山庙之后,便拒绝离开。这令当地人十分恼火。但是,英武尊王通过一个乩童表示,应该让真武大帝显灵,如果能让溪水倒流或石板浮起,他就主动让座。结果真武大帝"越显越强",信徒越来越多,被视为来苏里的"里祖尊王"。"所以大殿让上帝公坐,王公让左边殿。"

根据这个解读,天启元年(1621)重修侯山庙,具体地表现出外来的屯军家庭在侯山庙的权力结构以及周边社群的强大地位。就如当地居民在数百年前将林八郎塑像安置在侯山庙一样,这时大家也把郑仙养塑像安置在侯山庙。根据林氏族谱,林八郎的子孙也在天启元年修葺了林八郎神祠。① 由此可见,天启元年,侯山庙并不只有一项工程,而是同时有两项工程。两项工程彼此相邻,齐头并进;如果当时侯山庙的布局和今天完全一样的话,它们还共用了一堵墙——这一切都隐约反映出两个群体之间的紧张关系。两篇记录了这两项工程始末的文本都对另一项工程只字不提。

在林家人看来,他们被排除在规模更大的真武庙修葺工程之外,

---

① 修葺神祠期间,他们在庙里其中一尊神像的"肚子里找到一则记录"。这里指的是在神像开光时,在背后的小孔里塞入符纸的做法。关于这种做法,参见Robson,"Hidden in Plain View: Concealed Contents, Secluded Statues, and Revealed Religion," 183—185。林廷斌的玄孙发起某种特殊仪式,让林家崇拜那些神像。"林廷斌传记",载于《清溪竹山林氏族谱》卷三,4—5页。

肯定使他们感觉到，当年来到湖头的屯军的后代成了暴发户，并且牢牢掌握了侯山庙的领导权。侯山庙原有的神明，即英武尊王，被迫退居次要地位并由此导致他的信徒低人一等。原有的居民必须反击。他们确实这么做了——他们和整个地区实力最强大的家族，西溪对岸的感化里李家，缔结盟约。

庄际昌碑文所在寺庙附近一间废弃的小屋里，还有另一块石碑；这块石碑同样裂成数块，散落在地。碑文被分成了两段。第一段碑文写于雍正二年（1724），作者是李光地之侄李钟旺。李钟旺的碑文纪念的是18世纪初的另一项寺庙修葺工程。李钟旺笔下的侯山庙与之前的相关叙述又非常不同。李钟旺将侯山庙称为"开山庙"。

嵒□□□□□□□□□□□□□李钟钰篆额，李清滋书，李周祜董事。

嵒山，亦名猴山。以山皆带石而大，《尔雅》"山多小石，磝；多大石，嵒"，故谓之"嵒"；以山前昂中坦，如猕猴据地匍行之状，故谓之"猴山"。下有二庙：一为开山庙，一为龙仙宫。开山庙神者，乡传时有林姓者，号曰八郎，卜居于此，力穑自勤。殁则人以为有道，而俎豆之。龙仙宫神者，明洪武初胡氏女仙英，凤有仙趣，值婿来迎，腾空自升，不知所往。翌日坐寂于山巅绝壁上，而座丁罘藤盘结如椅形。人竞奇之，塑像以祀。今之二神，所以福湖乡水东西之民者，从兹无既。开山庙为一里境内之主，启祥殿疠，节和雨风，实司其职；而龙仙宫分祠别山者，灵湔以昭，为乡人疗瘵，久显神功，祈请者殆无虚日，故二神之表迹于斯山也。庙有修无废，报赛之礼式荐维时。夫吾乡山之居溪左者,截然以高相望也,峇山特陪楼中耸立者耳,而郡、县志各载其名、列其事,截然以高者并不得与焉,非以灵异之迹存耶?夫山与神相凭以永,此自事理宜也,亦山下居人之志也。为作歌曰:有庙有庙山之湾,背负巍嶅石巑岏。庙庭木叶青与丹,春深日照神光寒。出户香烟尚盘桓,新烛继燃旧烛残。案扫纸灰酒不酸,巫报神醉歆且欢。神归神出悄无端,月上树梢风偃管,今年民乐稻蟹蕃。

大清雍正二季甲辰闰四月谷旦,康熙戊子科举人、充性理精义馆分修、吏部拣选知县、感化里李钟旺敬撰。[1]

碑文作者李钟旺死后二十年左右,他的儿子经历的一起特殊事件,促使他们重温父亲撰写的碑文。乾隆十三年(1748)秋天,神明决定"降乩"。所谓"降乩",意即神明附身在乩童身上,并通过扶乩传达信息。在今天的湖头,乩童用一根长叉(或者悬挂着专用毛笔的一顶袖珍型轿子)在地上或沙盘上画符;接着,专家就解读并转录那些字符。乾隆十三年,神明认为必须降临凡间,向李钟旺的儿子传达信息,澄清他们父亲的某些误会。神明解释,李钟旺实际上误会了他的身份。他不是林八郎,而是英武尊王章公。他接着提供了侯山庙早期历史的另一个版本。侯山庙实际上始建于宋代,也就是他被神化之后不久,在宋末的动乱中被毁,最终由林八郎在明初重建。如今这位神明显得更加神秘了。他的信徒"殆将万人,

---

[1] 或许是出于对父亲的敬意,李钟旺的儿子们决定将父亲错误百出的文章和之后修改的版本同时刻在石碑上,而不是简单地更改错误。"侯山庙碑"(乾隆十三年)。这篇文本也见于侯山胡氏族谱。

其威灵所加,跨州越郡,洎乎台湾、海外"。

英武尊王一次次揭露信息,重申自己作为当地社群赐福的侯山庙主神的权威。面对屯军及其后人的巨大势力,这无疑代表了当地传统的复兴。但是,这时英武尊王已经无力重夺侯山庙的主导地位。澄清侯山庙的起源是一回事,将真武大帝这样一位在当地享有举足轻重地位的神明请出侯山庙,难度则大得多。因此,18世纪的侯山庙便成了供奉两位神明的寺庙;两位神明各代表着不同的社会群体。

自那时起,侯山庙众神的地位似乎没有太大变化。英武尊王章公端坐在侯山庙右边。侯山庙左边则是林八郎塑像;某种程度上,林八郎恢复了他昔日的风光。今天——从明代初年以来一直如此——真武大帝端坐在侯山庙正中的神位,左右两侧排列着他的助手。屯军的中心地位在一定程度上被削弱了——他们的代表郑仙养被请出侯山庙,而这可能是英武尊王后来进一步揭露信息、屯军和原居民矛盾激化的结果。

今天侯山庙游神会的路线经过两个群体的后代居住的村庄,在一个曾经分裂的社群里展示双方和睦共处、团结一致的现状。[①]易言之,我们今天看到的侯山庙与游神会代表着两位神明及其信徒经过数百年斗争之后的退让与妥协。

如此妥协在民间传说和当代仪式留下了其他隐约的痕迹。一般

[①] 属于这两个群体的不同村庄也会轮流主持游神会。游神会筹办委员会于2004年将一份破烂的、手写的公告贴在侯山庙墙上,写明接下来八年负责主持游神会的村庄:2004年上田(包括上仕、桥头);2005年美坂;2006年登贤;2007年竹山;2008年许前、外埔;2009年郭坂、云林;2010年产贤;2011年东埔(即郭埔)。另一份写明2009年游神会开支明细的公告进一步确认游神会的费用主要由这些村庄承担。

人的理解方式,既维持着两位神明的独立性,又使之模糊化。我们不妨回忆香花和尚的妻子的怨言——她抱怨,游行队伍无须这么早抵达侯山庙。在她看来,一位神明拜见另一位神明的时间是由两位神明的相对地位决定的。一位地位较低的神明必须适当地对一位地位较高的神明致敬;举例来说,拜见的时间可以安排在清晨时分。据她所言,游神会实际上是两位地位相等的神明会面的仪式;确切地说,是玄天上帝拜见关帝的仪式。两位地位相等的神明无须如此煞有介事地表达敬意。因此,队伍本来可以选择在更合适的时间抵达关帝庙。但读者们必须注意到,真武大帝实际上并没有到访关帝庙。英武尊王是侯山庙的唯一代表。在和尚妻子看来,章公仅仅是真武大帝的使者。

在游行路线的第四站上湖,村庙诸神被请出来迎接来访者。其中最主要的神明是一名红脸官员。一般情况下,这种形象肯定让人联想到关帝,但他并不是关帝。他是詹大师(詹敦仁),亦即安溪在10世纪末设县后的首任县令。当地流传着一则故事:在很久以前的一年春节,詹大师正在巡视安溪各处时,他的随从队伍偶遇侯山庙众神。詹大师看到英武尊王的黑脸,知道他是个身份卑微的烧炭翁,便傲慢地表示拒绝让道。詹大师做梦也想不到真武大帝就在英武尊王身后。众神受到詹大师侮辱,便通过各种手段实施报复,导致詹大师诸事不顺、处处碰壁。詹大师为了消除霉运,便答应侯山众神,他们只要外出巡游,他就一定会亲自向他们请安。即使在他去世并被神化后,他的塑像依然要出来向侯山众神请安。我们也能从这则故事中看到一些蛛丝马迹,显示侯山的两位神明在和外界打交道时,实际上是合为一体的。

当然，我在2014年目睹的仪式并不能作为自清代以来固定不变的传统的体现。实际上，它代表了连续不断的仪式蜕变历史的新篇章。(*)尽管仪式的表演者一般都希望延续传统，他们的仪式一直都很容易受到改变。就连仪式的一些基本环节——譬如乡村联盟的参与程度——都可能发生变化。但是，"内乡"游行队伍的核心村庄，恰恰都是当初参与兴建侯山庙的村庄，加上那些明代初年的屯军构成的社群。时至今日，游神会构建并强化某种仪式网络，既肯定该地区居民的团结一致，又承认两个对立的社群在历史上的分歧。

侯山庙是一座偏僻的小庙。1949年前的中国有数百万这类的小庙。重现一间寺庙与其周边社群的历史是可行的。每次修葺寺庙，并不限于修补破旧的墙面和漏水的屋顶；它可能还涉及重组寺庙供奉的神明和被神化的历史人物。韩明士分析了华盖三仙的民间信仰，总结出中华帝国晚期世人与神明互动的两种不同的模式，即官僚政治模式和个人模式。世人与神明互动时，往往必须在这两种模式之间做选择。① 在湖头，神明本身就是当地人选出来的。重建和修葺寺庙的工程、众人将神明请进和请出寺庙、仪式网络的扩大和收缩、大家在年历中加入或删除活动——这一切实际上是当地政治的宝库。每一次调整和更动反映出社群权力结构的变化，同时也是当时社群内微观政治的反映。从表面来看，祭拜不同神明的仪式以及专业的道士或和尚举行的游行、祭祀和法事可能差别不大。但是，当地究竟供奉哪些神明则是区域史的产物。为何今天湖头那些断裂的石碑依然散落在地上，迟迟没有得到修补、为世人讲述侯山庙的故

---

① Hymes, *Way and Byway*, 4.

事？历史中的紧张关系以及不同叙事之间的矛盾很好地解释了这一现象。

结语：湖头和达埔

我在本章讲述了两则故事，分别发生在两个地方。第一则故事旨在揭示军户如何在明代国家的户籍系统内制订最符合自身利益的策略，第二则故事则旨在揭示被调到某个地区的军户如何催生出新的社会关系。尽管这些故事中的日常政治几乎没有受到国家大事的影响，外头世界的历史有时会产生直接的影响。从那个藏有两块石碑的村庄湖头到神秘的陌生人春仔的老家达埔只有区区几里路。但是，这两个地方却存在天壤之别。达埔周围的平原要比湖头小一些，山丘也更陡峭一些，而且也没有通往大海的航道。因此，达埔一直都比相邻的湖头贫困和封闭。这两个地方之间的另一个差异和本书的主题有着更密切的关系。在明代州县行政系统下，军屯所在的县份属泉州府管辖。但是，军屯在军事系统里的地位并不一样，因为他们分属不同的卫管辖。湖头的军屯负责给永宁卫提供军粮。达埔的军屯负责给沿海岸线更靠北的兴化卫和福州卫提供军粮。对于调到这两个地方的屯军而言，这些地理和行政等级的差异有着深远影响；几百年后的今天，这些影响依然清晰可见。

达埔屯军后代的集体记忆当中最黑暗的时刻，是他们的祖先接受征召，成为现役士兵的15世纪中叶。邓茂七起义时，卫所正军被调到闽北地区镇压起义军，而他们接替正军驻守卫所——读者或许会想起，这就是第五章提到的给鄢家带来灭顶之灾的政治动乱。这些家庭世代耕作屯田,尽管名义上附属于某卫,但此时与之实际上已没有多少联系。这时候卫所的军官来到军屯,将他们集合起来。军屯军官也被严令保证军屯到卫所、再到前线的军粮供应。这意味着他们必须找人接替那些刚被调回卫所的士兵。军官及其前任一直都疏于调查军户的最新状况、更新相关记录;本来军余是接替这些士兵的不二人选,然而军官已经无法查到军余的下落。军官最终将各色人等都强征入伍,军屯因此陷入了混乱之中。

> 福州左右卫屯,则在惠安、永春者也。凡诸令甲,具载会典。第田多在丛山中,军士率从他郡调至,水土不习,以渐逃亡。至末年,沙尤寇发,暂调回屯军备寇。寇乱日炽,田亩日荒,于是始拨余丁,补种故军土田。顾名之曰"余丁"者,岂必故军之子孙房族?而冒顶之弊起。①

当士兵们解甲归田之后,他们发现了问题的严重后果。当地居民趁他们不在,乘机霸占了田地和房产。"旧址殆尽,筑舍无存,被民间侵占,只留一迹。上无以趋公,下无以日食……日与民间争田,年年不休……屯军有赔贴之苦。"②官员们屡次尝试整顿,却徒劳无功。当初分到屯田的家庭当中,官府只查到了其中几户人家的下落。③

和湖头相比,达埔寺庙组织对当地社会结构,特别是民户和屯

---

① 《泉州府志》卷七,17页b。
② "族谱引",《永春汤氏族谱》。这起事件还见于《永春县志》,125页;《泉州府志》卷七,17页b—18页a。
③ 《永春县志》,143—154页。被分配给骆果毅的军田只被马家和林家瓜分。

军之间关系的影响小得多。达埔既不存在明显由军户后代构成的社群，也不存在将这些群体和原有居民联系起来的、清晰可见的结构。在达埔，明代初年屯军融入当地社会的过程实际意味着逐渐融入民政结构，尤其是民政赋税和徭役的结构。更加恶劣的当地社会环境，以及15世纪中叶的动荡，导致大多数的屯军家庭逃出军伍或者断绝香火，最终消失在历史长河里。当地军户家庭并不足以形成群聚效应，让他们构成一个群体，像湖头军户夺取侯山庙主导地位一样反客为主，夺取当地组织的主导权。由军户形成的宗族必须设法适应自己所处的当地社群，但是他们究竟如何适应，在很大程度上取决于当地条件。

朝廷的政策使屯军面对全新的环境；人口增长迫使他们和当地原居民互动沟通，并克服相关的挑战。我在第五章探讨了他们采取的一些具体策略，也就是他们如何利用制度套利在当地土地市场争取好处。军户还必须克服一个更大的挑战，即融入周围社群。本章其实探讨了该课题的两个方面；这两个方面看似非常不同，实际上却和突破该社群建立的限制的需要紧密相关。部分军户（主要是那些有能力向社会上层流动的军户，但不限于他们）运用制度套利的经典模式实现两种户籍系统之间的变换，而两种系统在名义上是互相排斥的。他们入籍为民户，逃避来自当地军官的压力以及被征入伍的风险，并企图保护自家财产，使自家子弟可以更方便地参加科举考试。在屯军达到一定数量的地方，他们就会争取包括寺庙在内的社会组织的领导权，并在此过程中改造这些组织。

由此可见，屯军使用多种方法和手段，有时渗入现有的社会组织并反客为主，从而在整个地方社会中发展并保持某种独立的公共认同，有时则作为个人和家庭融入地方社会，成为当地社会的一分子。当地条件和地方的历史影响他们选择的策略。在某地，他们和书吏勾结起来修改户籍记录；在另一个地方，他们建了一间供奉着两位神明的寺庙。

第四部分

余 音

After the Ming

第七章

认同宗异姓成亲族　作始祖关帝显神威
明代军事制度的遗产

今天，大多数前铜山所的居民住的不再是传统四合院，而是新式的砖瓦房。但是，他们依然在白天敞开房子大门，家庭生活也并不仅仅限于门槛之内。妇女在狭窄的巷子里做饭洗衣，老人则坐在凳子上闲话家常、含饴弄孙。同样地，仪式生活的公共和私人区别依然十分模糊。大多数住家的神台放在面向大街的前厅，街上行人可以通过门道一览无遗。在铜山所的古城墙之内，神坛中央的主神位上，安放的是一尊巨大的关帝神画像，而不像该地区的其他地方那样摆放祖先牌位。关帝占据主神位，大家并不觉得奇怪，一名年老的庙祝告诉我："我们铜山所的居民敬奉关帝为祖先。"这种看法，其实是明代军户制度的遗产。

如今的关帝庙，是整个铜山所最有活力的寺庙。前往关帝庙烧香拜神的信徒总是络绎不绝。关帝的游神会是当地宗教仪式日程中的焦点。与此形成强烈对比的是隔壁的城隍庙，门可罗雀、香客寥寥，城隍神也从不出来游街。现在，铜山所的居民意识到自身的与众不同。他们知道，在距离铜山所咫尺之遥的那些乡镇，世人大张旗鼓地举行城隍神游神会，如平海、福全和其他前卫所社区的村民一样。他们解释，因为城隍神身上的阴气太重，可能带来危害，所以最好对他敬而远之。① 但是，无论是附近乡镇的居民，还是全中国不计其数的、每年热烈庆祝城隍游神会的城镇居民，似乎都对城隍神的阴气不以为意。实际上，关帝在铜山的地位如此令人瞩目，与居民的宇宙观或家族渊源没多大关系。一切都关乎历史，关乎明代军事制度在清初消失后留下的遗产。

制度性遗产制约着每个国家政权的选择。即使是一个通过征服战争建立起来的国家政权，都必然受到前政权的制度性遗产的限制。即使新政权废除或改易前朝制度，制度性遗产可能依然形塑着新政权人民的选择。旧制度的残余元素在脱离了其原有制度背景后，可以作为新局势下日常政治的一部分焕发新生。

明王朝的覆灭，意味着明代军事制度的终结。该制度的某些部分被废除，其他部分则并入了民事行政体系。这是一个缓慢而零碎的过程，从崇祯十七年（1644）明朝灭亡开始持续了近一个世纪之久。但是该制度依然留下了许多遗产，影响所及，甚至不止于那段过渡时期。它们当中的一部分，例如专门税征收的持续存在，是一种自上而下制造的遗产，乃官员们为了应对过渡阶段的挑战而制造的。其他的则是自下而上制造的遗产。体制内的人及其后代，力图保有旧制度赋予他们的特权，或者试图调整该制度的某些部分，以应对新的情况。在他们取得成功的情况下，这些遗产便成了可以在不同背景下重新利用的政治资源。因此，即

---

① 平海周德兴游神会期间，也有人提出了类似的观点。阴阳大师是游神会的随行神明，被认为能够左右世人命运的鬼魂。即使到了今天，每当阴阳大师经过时，老妇都会遮挡她们的孙子，使他们免受侵害。

使在该制度正式走进历史之后，它依然继续制造着新的社会关系。这类将旧的制度安排用于新的制度背景的尝试，我们可以称之为"诉诸先例"策略。

新生的清政权面临统治一个复杂社会的挑战，刚打下江山的满洲人自然而然地借鉴了距离自己最近的明代模式。清政权的合法性，部分地建立在接受天命、恢复秩序的基础上，而使行将崩溃的制度复苏，正是证明这一点的手段。因此，无论是出于现实方面的原因，还是出于意识形态方面的考量，满洲人沿用了许多明朝的制度。实际上，早在顺治元年（1644）清兵入关、清王朝正式建立之前，满洲人就已经开始采用明朝各种制度了。入关不过是加速了这个过程罢了。

明清两代组织结构的相似性，常被视为证明清代"汉化"的传统观念的重要依据。近年来，所谓"新清史"的学者强调了清朝及满洲人历久不衰的独特性。不过，就连"新清史"最坚定的拥护者也不可能同意清政权的所有制度都是另起炉灶。明清体制上的嬗变，既有延续的一面，也有断裂的一面，两者同样重要。但军事制度的情况有所不同。就组织原则而言，征服四方的满洲军队和它的手下败将明军存在本质差别。清军的核心是八旗兵，这是一支世袭制的部队，建立于17世纪早期。入关后，清政权设立了另一支军队，即绿营，由归降的明军组成。部分绿营士兵来自军户，其他则来自职业军人，也就是雇佣军。明代末年，明军的相当一部分乃由雇佣军组成。绿营并非世袭制。清代大部分的时间里，一直维持着这种"八旗-绿营"并立的基本结构。清初统治者似乎从未考虑保存明代世袭军户及卫所的制度，或者将它整合成为国家的第三支军事力量。[1]清统治者从未认真讨论过这一话题，我们无从知晓他们为何没有这么做，是因为他们认为明代制度弊端百出吗？还是因为整合的艰巨任务看起来不可能成功？无论基于什么原因，明代制度必须废除。卫所被取消了。取消的过程在某些地方十分迅速，另一些地方则缓慢得多。世代为兵的军户制度也随之废除，"军籍"正式走进了历史。[2]

这并不意味着从前的卫所就这么消失了，或者卫所社群和其他社群混为一体，也不是说从前的军户就这么销声匿迹于一般百姓之中。本章讨论的就是明代军队遗留下来的制度性差异在清代及之后的长期存在。在这里，如同本书其他部分一样，我着重讨论的不是狭义的军事——募兵、补给、作战等方面——的遗产，而是给普通百姓留下的遗产。我们在前面几个章节读到的家庭和他们的后人，依然栖息于一个早已被正式废除的体制之内。但是，由于众人继续在日常生活中发现旧体制的有用之处，它在被正式废除后依然以意想不到的形式继续存在。了解这些遗产，不仅有助于我们理解明代制度更绵长的历史，还能帮助我们理解清代历史。这是因为，清代制度不仅包括从汉人王朝继承下来的制度，也不仅包括满洲人自创的制度，同时还包括各种制度性遗产。尽管旧制度已被正式废除，但依然存在于清代百姓的日常政治之中。

---

[1] 顾诚：《卫所制度在清代的变革》。
[2] 其中有些例外：利用世代当兵的士兵解决沿着大运河运输税粮的问题似乎是一个很好的办法。因此，清政权保留了承担这项任务的卫所。于志嘉：《卫所、军户与军役》；赵世瑜：《"不清不明"与"无明不清"》。

苦难深重的过渡时期

东南沿海地区的居民在考虑制度性安排之前，首先必须顺利度过17世纪末的严重动荡时期。"剿灭"倭寇之后，东南沿海享受数十年的繁荣太平，而王朝的更迭再次使这里兵荒马乱。顺治元年（1644），首位清朝皇帝在北京登基，之后清朝用了整整四十年才结束动乱，恢复太平。

这段时期的大部分时间里，清王朝的主要威胁来自"国姓爷"郑成功。郑成功出身富商家族，郑氏家族的商业活动曾经横跨日本到东南亚的广大区域。17世纪50年代，郑成功打出"反清复明"的旗号，率领部队攻占沿海大部分地区，包括金门和铜山这样的昔日卫所。郑成功的军队占领铜山超过十年之久。

郑成功在缺乏筹划的情况下，于顺治十六年（1659）不自量力地北伐南京，最终兵败，被迫撤到台湾。虽然郑氏始终声称效忠明朝，但从那时起，直到康熙二十二年（1683）降清，郑成功及其继任者一直维持着实质独立的政权。今时今日的台湾岛上，还有好几个宗族声称本家始祖原是沿海卫所居民，跟随郑成功的军队来台湾。①

为了切断郑氏政权的物资补给，清政府下令将沿海地区的所有居民强行迁到距离大海数十里乃至数百里的地方。前面章节中讨论过的大多数社群都处在"迁界"的撤离范围内。在铜山，清军"推城焚屋，居民逃窜，惨甚不堪，祖祠焚毁，屋舍邱墟，而坟墓亦复

---

① 其中一部族谱是《吴江郑氏族谱》。鲁正恒替我找到并抄录这部台湾族谱，对此我十分感激。

凄然"。① 至于迁离沿海地区的难民下落如何,以及他们如何在腹里安顿下来,我们所知甚少。即使如一些历史学家认为的,部分人留了下来,他们肯定要偷偷摸摸地躲避巡逻的清兵,过着提心吊胆的日子。②

直到郑氏政权覆亡后,清政府才撤销了迁界令。从前居住在沿海卫所的居民开始陆续回家。他们这时才发现,家乡早已满目疮痍。在福全,当地"宫室宇舍煨烬无余"。居民"后渐归复,始得草创第宅,然不及曩昔万分之一"。③铜山陈家的祖坟"前后茂草,被人锄尽"。④现在铜山仍流传着一则故事:在荒废数十年之后,铜山所毒蛇为患,以至当地居民不得不请道士作法,驱逐毒蛇。

清代两户人家为明代赋税交恶

毋庸置疑,和行政上的重组相比,强制迁徙、房屋毁坏、财产流失对卫所居民而言是更直接、更严重的威胁。但是,地方衙门改革以及卫所的废除,最终将对当地社会影响深远。在福建,卫所的消亡过程分为两个阶段。在第一阶段中,卫所本身被解散了,而军屯却依然得到保留。到了18世纪初,军屯也被解散并纳入民州县系统。作为一种制度的卫所,至此不复存在。

---

① "建制沿革修理志"(康熙三年),《南屿陈氏族谱》,9页a。
② 相传梅花林家捕鱼的族人在康熙四年(1665)前往附近的马祖岛躲避风雨。这不禁让人怀疑这是他们移居外海、逃避迁海的尝试。"梅花'调羹境'——林位宫",《梅江林氏族谱》,80页。
③ "光绪三年岁次丁丑春新撰全中谱序",《福全全氏宗谱》。
④ "重修祖坟记",《南屿陈氏族谱》,11页a。

许多清代和民国的福建地方志,往往用"因明之旧"四字概括清初的赋税制度。[①]这些看似简单的记载传达了一个基本事实:尽管经历明清鼎革的混乱,清朝统治者既没有彻底改革赋税制度,也没有实行全面的人口普查或土地登记。即使在消灭郑氏政权之后,清朝统治者依然不认为掌握主要的赋税数据有多重要。在我们看来,这实在难以理解。现代国家将全面、准确地掌握人口统计数据视为有效管理的一个先决条件。前现代中国的官员并不这么想。清初的绝大多数官员认为自己已经接手了必要的信息,足够应付工作需要了。留存下来的明代文书规定每个地方行政单位都必须承担一定的税负。如果当地居民顺利上缴赋税,官府就能够获得所需的收入。如果入不敷出,那么现存的文书就提供了征收附加税的根据。

因此,一般来说,前屯田军户的子孙依然必须承担他们祖辈的税负。如今相关赋税被摊入军屯所在的县份。即使在明亡清兴多年之后,安溪胡氏依然在上缴"余粮"。(还记得吗,"余粮"是明初制度的遗产。这项制度刚实施的时候,士兵们必须上缴"正粮"以及作为卫所驻军军粮的"余粮","正粮"会再以军粮的形式退还给他们。后来,"正粮"被废除了。)第五章中,我们追溯了胡家的历史。万历十二年(1584),他们领取了一块军屯。这块军屯本来在王丙仔名下,因为胡家、王家以及另一户人家共同组成了复合军户。这块军屯地处南安县,然而胡家早就回到了他们湖头老家,屯地显然是被租出去了。军屯士兵不再是农民,而成了地主(至少他们不再耕作军屯。我不知道他们在湖头靠什么糊口)。他们向租户收取

[①] 例如:《龙溪县志》卷五,4页a;《邵武县志》卷十,3页a。

军屯佃租,并将一部分佃租作为"余粮"上缴卫所。三户人家轮流管理军屯,收取佃租,并缴交赋税。清初,军屯制被废除,他们将佃租上缴南安县令。

至清康熙六年,奉旨裁各屯归县征粮,王丙仔屯归南安县。康熙四十年,因惠安、安溪二县屯米缺额,南安屯米溢额,将本邑屯米五石三斗五升五合,内拨二石一斗四升补惠安县林佛保户内,拨三石二斗一升五合补安溪县陈尧时、林大梁户内,内补陈尧时户内二石三斗一升五合,补林大梁户下九斗。

…………

王丙仔一户屯粮田贯南安县九十都佛内垄等处,租被佃抗粮历赔纳租上虽与本里王族帮当,但册只载王姓名字现管。乾隆十四年,王寅淑等自相推诿,赴县呈控,胡安淑、迎淑、训等族议,具诉。至十六年三月十七日,督捕厅朱查前后册载,无胡名字,讯名详振,蒙周爷批断,押令王寅照额完纳结案,是年龚仁观作中,胡安淑佥知邀同王寅淑将此屯田出兑与安九十都黄浩舍、侯开老,掌管纳粮,约无致累,附识备考。①

18世纪初,附近的安溪县和惠安县出现财政赤字,而南安县却是盈余。为了平衡财政,朝廷将南安的部分收入转调安溪、惠安。和之前的王朝一样,清朝统治者并未考虑先将各地赋税集中到中央,再进行分配。他们的措施反而是让曾由某个县征收的某块田地的赋

---

① "祖屯",《安溪胡氏族谱》,1418—1419页。

税改由另一个县征收。王丙仔之田所纳赋税也在转调之列。该田地原属永宁卫福全所军屯。但现在无论永宁卫抑或福全所都已不是实际存在的行政单位。军屯亦被撤销,唯有缴纳赋税的义务留存了下来。更确切地说,县衙簿册的一份文书上清楚明白地记录着应纳税的田地以及承税之户口。明清易鼎,征税的权力也从军事系统转移到民政系统。如今,该权力又从一个民政单位转移到了另一个民政单位。这具体显示出曾属于明代军事体制一部分的军户如何依然受到该制度的实际影响。现在,他们向新的民政单位上缴税粮或等价的白银。这实际便利了他们的生活,因为新纳税地恰好就是本地的民政单位。

三户人家收取佃租,缴纳赋税,数十年时间相安无事。乾隆年间,问题出现了:没人缴纳赋税。王家控告胡家,称该由胡家付清积欠税款。与之前的几个案例一样,我们只能看到胡家的一面之词。胡氏族谱记载,真正的问题出在佃农身上,他们拒交佃租,导致无收入可用来纳税。可是,王家为什么不去告拖欠佃租的佃农,而是将矛头指向胡家?唯一合理的解释是,王家在打官司时,援引了三户人家订立的合约。根据合约,他们承诺轮流负责经营田地。王家肯定声称,既然税负积欠出现在胡家经营田地期间,那只能是胡家自身的问题,和王家毫无关系。官司打了好几年。最终,胡家翻出了万历十二年(1584)的军户黄册并指出,虽然他们从前也许协助过王家缴纳赋税,但胡家的姓名实则没有在黄册中(自然这也有助于我们了解胡家为何决定将黄册录入族谱)。

这场官司的关键在于三家轮流承税的合约是否依然有效。王家主张合约仍有效力。在王家看来,前军屯田地依然是一类重要的财产,应继续受到前朝赋税制度的约束。原先组成复合军户的三家应继续共同承担税负。欠税是胡家之过,因为当时轮到他们营田。胡家则认为,时间已过了两百年,再加上改朝换代,当年的军户籍册应与一般地契无异。王家拥有田地,自然有缴税之责。这是一场关于田地适用哪个规管制度的纠纷。两户人家都试图把田地置于对自己最有利的规管制度之下。对胡家来说最理想的情况是:收取佃租时,大家履行合约;而缴纳田税时,合约则宣告无效。他们还是在利用两个重叠体制之间的差异行事。

县令被胡家说服了。他判胡家胜诉,命令王家付清积欠的税款。但故事没有结束。县令毕竟洞悉整起案件的内情。他下令王家付清欠款后,应立即将田地卖掉。他希望一劳永逸地解决问题,确保自己或继任者不再受到烦扰。各方对田地所有权的诉求纷繁复杂、漏洞百出,他希望堵住这些漏洞。这块田地与一种特定的赋税相关联,但规管制度模糊不清,该由谁承担税负存在不同的解读。无论是王家还是胡家,都希望利用明代管理制度的某些部分为自己谋利。出售田地之后,买家便不能再钻这些空子。他们与前朝军户制度毫无关系。买下土地之后,他们必须承担税负。地主依然必须缴纳被称为"余粮"的特别税,而这项特别税的许多方面是早已被废除的明代军屯制度留下的遗产。县令希望通过消除税负责任的模糊性解决由谁缴税的棘手问题。他的判决,旨在消灭制度套利行为在未来出现的可能。

穷则变,变则通:田家族产转作他用

随着世袭军户的废除,围绕它形成的各种制度理应一并淘汰。

至少表面如此。但这些制度安排了对物质资源的获取和权利，尤其是财产。正如胡家的税负，这些物质资源并没有因为清朝皇帝在北京紫禁城登基而消失。大众仍须管理它们。这又制造了另一种遗产。

在我们主要关注地区以北的杭州附近，萧山田氏和本书第一章讨论的军户相似。在明初被征入伍后，田家为了解决何人担任正军的问题，建立起由各支系轮流补伍的轮替制度。为了鼓励正军履行义务，田家拨出一部分族产收入用作正军的薪俸。到了万历年间（16世纪晚期），家族的内部纠纷引发了一场官司，结果县令判定在役正军有权获得来自族产的收入。明朝覆灭、卫所废除、军户取消都没能改变这一点。康熙十六年（1677），曾经的田家正军回到原籍，要求获得来自族产的收入。没有人质疑他这么做的权利。他和整个宗族拟订了一份协议，以确认自己的权利。显而易见，来自族产的收入现在已完全和其原有功能彻底分离，不再和军役有任何关联。

……又阅我曾祖子受公所录万历二十六年台州田舍中勾补讼词云：洪武二十年，始祖田贵和三丁抽一军，役台州海门卫桃渚所。祖有合同，盟二十年一度，六房轮枝接补，舍中年已五十，男伯敬病，弱不堪差操，思得听继军丁田应龙在籍，逆盟布脱咁乞电鞫以全蚁命等语。望川公亦控县申诉，县主沈公审，据田舍中与应龙，虽系同宗，截然两户，毫无干涉，况田贵和子孙现有继丁田宗宪在册，议杖舍中以警习顽，具由申覆，嗣后伯敬嗣役贵和公云，即是士信公之祖，实无可考。

向有本邑平屋十六间军田十二亩被舍中陆续卖去，仅留军田数亩，每年其子孙旋里收花，至康熙二十年间，有桃渚所长官字宪荣赍符来族收花，偶失其符，被舒章公拾取，长官无凭，后不复来，因将此田助为文道公祭产。伯成公向称匠籍匠田，吾族向称军籍军田。由是观之，伯成公与士贤公同宗而非嫡派明矣。①

签订合约的各方同意，为了方便起见，正军——现在这位正军只不过是名义上的士兵——无须亲自前来领取薪俸，而是可以派人代领。作为安排的一部分，他们制作了一个特殊的文卷。正军可以将文卷交给他委托的代表，而田家会凭借标签确认代表领取薪金的资格。此项安排本应为正军带来不少便利。然而，实际上却事与愿违。正军不知何故遗失了那个文卷。（很可能是有人蓄意捣鬼，因为家族的另一名成员奇迹般地"拾到"了文卷。）当正军于康熙二十年（1681）再次回到原籍时，他没能出示文卷，因此宗亲们让他空手而归。遗失的文卷就在他们自己手里，他们知道正军不可能再来讨钱。这给了他们决定如何处理那笔收入的机会。如果在族人之间平分，每个人就只能收到一些零头。于是，他们决定以之继续作为共同财产，但改变了用途。它成了祭祀本家远祖的族产。就这样，在明代划出来用作正军薪俸的族产，如今成了田氏家族的部分物质基

---

① "田氏始祖"，《萧山田氏宗谱》，1页a—5页a。

础，保证仪式的延续性并加强成员之间的凝聚力。①

这类转换军户族产用途的故事，在清初十分常见，揭露出军户制度的一个完全意料之外的影响，那就是增强宗族内部的凝聚力。我之前基于郑振满的相关研究成果提出了一个观点：总体而言，军户比民户更有可能发展成为有组织的社团型宗族。我的论证是，军户的身份使父系氏族更有可能组织起来，以履行他们的共同义务，而宗族恰恰构成了适合的组织平台。②我依然认为这一论证是正确的，但现在可以提供另一个理据。军户很早便采取设立族产的做法，以履行他们的共同义务。当族产原先的用途不复存在时，它们为倡导理学的当地精英实现其愿景提供了现成的物质基础，同时还成了他们实践其通过亲属关系改造社会秩序的想法的最方便的媒介。但并非中国各地都如此，所以我们必须承认，多余的财产和理学精英不是宗族出现的充分条件。

大城所"士兵"援引先例，请求豁免赋税

粤北大城所城隍庙里竖立着一块石碑，上面的碑文撰写于雍

---

① "田氏始祖"，《萧山田氏宗谱》，1页a—5页a。即使没有经历改朝换代，某些家族还是改变了族产的用途。如我们在第一章所见，湖头感化里的名门望族李家（即李光地的家族）的大多数家庭都是民户。明代初年，李家的其中一个支系因犯罪而被没入军籍。后来这个支系划出了一部分族产；部分族产的收入将引遥远西南地区的止车所得。到了万历后期，这个支系其他族人才始友达起来。李茂桧（天启元年逝世）看到身为"军户"的李家宗亲，心生怜悯，便通过关系将他们调到附近的泉州。既然李家的那个支系不再需要如此庞大的地产，李茂桧就改变了地产的用途。李家正军将继续获得地产百分之十五的收入。其余的地产用作祭祀祖先；后来李家将地产收入充修建宗祠的经费。"太常公"，《清溪李氏家谱》卷三，42页a—45页a。
② Szonyi, *Practicing Kinship*, ch. 3.

正八年（1730）。石碑为"绅衿、里老、军民人等"所建，永久地、公开地记录了当地县令的一个决定。

> 饶平县正堂周为城居例免力役、所地籍属军伍、再叩移销杂派，以除积弊，以均同仁事。本年八月初六日准大城所正堂加三级张备移到县，准此合就示谕东界大城所内军民知悉，嗣后凡奉公务杂派，应照以前豁免，如敢违扰，尔等赴县指禀，以凭究处，宜凛遵毋违，特示。时雍正八年岁次庚戌腊月大城所内绅衿里老军民人等仝立。①

碑文的背景是一次税赋豁免的请愿。长期以来，大城所的百姓一直向县令申诉，横征暴敛的税务官员强征代替"力役"的附加税。他们请求基于一个长期遵循的先例免除相关赋税。"所地籍属军伍。"他们曾多次请求县令"移销杂派，以除积弊，以均同仁"。现在，县令终于同意了百姓的请求。"示谕东界大城所内军民知悉，嗣后凡奉公务杂派，应照以前豁免。"

这里的大城所，指的是从前设立在大城的卫所。雍正八年（1730）时，卫所早被撤销了。当地居民就以"大城所"作为前军事基地上形成的乡镇的名称。明亡清兴，并没有抹杀该地区的战略意义，清廷在附近设立了绿营军营。但是，碑文中的"军"字指的不是清朝的绿营兵，而是明初驻扎在大城所的军户的后代子孙。

他们援引的先例比他们所透露的还要复杂。大城所百姓主张，

---

① "饶平县正堂周为城居例免力役"（雍正八年），大城所城隍庙碑刻。

尽管改朝换代，祖辈在明代户律下享受的特权应该依然适用。前面提到，明代军户已经通过服兵役为国家提供劳动力，因此得以豁免徭役。他们没有理由和民户一样再承担徭役。否则，他们便缴纳了双重赋税。明代朝廷禁止这种做法，倒不是出于保证公平这样的抽象理由，而是因为如此沉重的负担将导致士兵逃逸。明初，"豁免民户徭役"的特权正如其字面义般是对徭役的免除。但是，到了康熙年间（18世纪早期），中国几乎没有人还要服徭役。明代中期的"一条鞭法"将大部分实物税和徭役皆折算成现银。因此，清代所谓的"徭役"，实际上只是附加税的委婉表达。碑文的作者们要求豁免徭役，实则指的是豁免某些附加税。但是，撰写碑文之时，当地居民也不再服兵役了。大城所已被撤销，"军户"这类户籍亦不复存在。向县令请求豁免赋税的人，实际上一方面在说他们享有与祖辈相同的特权，一方面又一字不提他们已不用如祖辈般替补军役，而特权恰是军役换来的。

石碑故事背后还另有内情。大城周边是产盐区。在明代，一些世代相传的灶户富甲一方，他们将钱财投入教育，从而使子孙进入当地的士大夫阶层。他们移居到城里，在社会生活中拥有一定的影响力。他们以及他们后代子孙的姓名，除了被刻在这块石碑上，还出现在大城所其他纪念明清之际的地方领导的碑文中。[①]因此，要求免税的百姓中，很多实际上并非军户之后。这些人的根据则是，大城所驻军曾享受某些特权，而他们又恰恰居住在驻军生活过的地方。

---

① 这部分主要参考杨培娜：《滨海生计与王朝秩序》，234页及其后。

表面上看，县令该驳回他们的请求。他为什么没有这么做呢？有两种可能。第一种可能是，县令决定利用明代留下的记录评估当地居民的税负。这些记录肯定详载了应当征收的税额，以及各税目征收的理由。如果他不用这些记录，则需要编纂新的籍册取而代之。搜集新资料超出了他的行政能力。而且，这么做只会招致地方精英的反对，并给手下的书吏创造贪污和勒索的绝佳机会。利用已有的资料无疑是更简单的办法。但这意味着他必须维持从前朝继承下来的先例，即使订下这些先例的初衷已烟消云散。另一个可能是，徭役作为附加税摊入常规田赋，大城所的百姓业已缴交。这样来看，他们业已承担了恰当的税负，而他们反对的是那些额外的要求。

故事里的所有人都在制度套利。昔日的军户家庭请求维持他们在明代制度下享有的待遇。移居到城里的富裕灶户则请求给予他们军户的待遇。就连县令也不得不采用前朝的管理制度（或者仅是接受该管理制度的逻辑，以支持自己的判决），因为他发现别无选择。众人要求享有旧体制曾赋予他们的特权，这是明代制度的另一个遗产。之所以存在这类制度套利行为的可能，乃是因为两种规管制度被默许同时存在：清朝的体制，存在于朝廷发布的法律和制度汇编之中；明代的体制，则残存于日常的政治互动之中。

旧瓶装新酒：关帝如何成为铜山所居民共同的祖先

清帝国的臣民，和皇帝一样，重新调整了业已废除的明制的原则、做法和记录，以应对新处境下的新问题。关帝在铜山既是神明又是祖先的故事，正是这类尝试的结果。

如我们在第三章所见，自铜山所设立以来，就一直有关帝庙，最早名为关王庙。明朝季年，关公已经获得了现在最为人熟知的名号：关帝。铜山所最初的居民大多是士兵及其眷属，而明末时，当地人口结构多样化。士兵们不是逃逸，就是不知所终。外人移居铜山所，利用当地出现的机会，包括海外贸易的机会。铜山发展成为一个繁荣的沿海社区。明代的铜山地方志虽已失传，但其序言幸存下来，记载着："铜城之中，军民始杂。"① 这些广泛的变化，在当地社群的宗教生活中也有所反映。和中国各地无数乡镇一样，最初由铜山所军官兴建于洪武二十一年（1388）的关帝庙，如今成了一个更大的社群的宗教活动场所。关公崇拜起先被官方规定为国家祀典，现在，铜山所及其周围地区的普通居民也到关帝庙烧香拜神并贡献香油钱。

明亡清兴的灾难到来。经过数十年的艰难岁月，康熙十四年（1675），铜山居民终于获准返回家乡。不久之后，铜山所被正式撤销，并被纳入周围的漳浦县。重建工作异常顺利，或许是因为破坏并不如史料记载的那样严重。南屿陈氏是驻守铜山两百多年的军户，在迁海令废除后的短短十年内，他们就在铜山重建了陈家祠堂。

清初，当返乡居民着手重建地方社会秩序之时，官员也开始重建地方财政秩序。最近，刘永华和郑榕的研究为我们解释了这个复杂的故事。② 如果想要完全理解，就必须更深入地探究明代赋税制

---

① "铜山所志旧序"，《铜山志》重印版（乾隆十六年），309页。
② 刘永华、郑榕：《清初中国东南地区的粮户归宗改革》，81—87页。

度的运作。大城所碑刻昭示着军户豁免徭役的特权,进入清代,这实际上意味着他们豁免根据徭役分配的附加税。如我们在第二章所见,明代徭役通过里甲制度分配。在每个里和甲中,最富裕和最庞大的家族被称为"里长"和"甲首",负责评估并征收辖下所有家庭的赋税和徭役。原则上,"里长"或"甲首"每隔十年要重新委任。但实际上,明初当上里长或甲首的家庭始终占有着该职位,直到明朝灭亡。不仅如此,我们还发现"户"这个词的意义随时间推移而改变。明初,"户"既是社会单位,也是财政单位。随着人口自然增长,最初的家庭变得越来越庞大,数量众多的家族成员分属不同的社会单位意义上的"户",却依然同属一个财政单位意义上的"户"。确实,一个"户"也许包括由祖军繁衍而来的一大家子人。户籍系统里的"户",最终变成评估徭役的主要计算单位。但是,久而久之,财政和社会差异通过另一种方式融为一体——里长和甲首一般都是当地社群的精英。①

尽管财政制度发生了许多变化,里甲制度的基本功能(协调当地缴纳赋税的工作)一直持续到明亡之后。清初官员继续维持这个体制。财政和社会的分离依然存在。根据清初漳州的一段记载:

> 法久弊生,县中应里长者,皆丁多粮多之户,素已欺凌弱户。里户老少,皆称里长,目甲首为子户,为图民。甲户虽班白(斑白)垂老,见孩童里户,必称为叔行。甚至甲户没故,其遗下子女,

---

① 郑振满:《明清家族组织》,242—257页。

里户径为主婚买卖。①

正是这些社会差异带来的烦扰,加上地方士绅的抱怨,促使福建官员大举改革赋税制度。郑智辉(顺治十四年举人)是个饱读诗书的文人,科举及第并当上一个小官,他的家族在明代某个被遗忘的时刻被登记为里甲制度下的低级家庭。康熙二十六年(1687),他致函县令,投诉里长仗势欺人。他请求县衙重新整理户籍记录,给予自家应得的财政地位以及社会地位。他的请求被缓慢地一层一层上递,最终在总督那里获得批准。总督的批准意味着全省户籍记录都要重整,引起各方的反对。恐怕正是出于这个原因,该名总督不久即被调往别处。但是,他手下的官员继续着他发起的这项工作。

陈汝咸(1656—1714)便是总督的一名属下,他于康熙三十五年(1696)担任漳浦县令,即前铜山所所在地的父母官。②为了解决里长和甲首滥用职权的问题,他希望在郑智辉建议的基础上更进一步,撤销相关职位。他的目标是完全废除整个作为中介的里甲制度,直接把税务责任摊派到每个在籍家庭身上。这就要求官府清楚了解各家的实际情况,而陈汝咸也下令展开新一轮人口普查和土地调查。但结果是,这超出了他手下职员的行政能力,并且无疑激起了地方上既得利益者的反抗。因此,他改变了最初的立场,被迫利用现有的户籍记录。现在,每个在籍家庭不用再与介于自己和衙门

---

① "合户始末",《漳州府志》(光绪三年)卷十四,20页a。
② 实行改革的县份的县志里,相关的记载非常简略(有时甚至十分隐晦),导致我们很难理清事件的先后顺序。后人认为由陈汝咸实行的某些改革措施实际上可能是他的前任实施的。

之间的里长和甲首打交道，而是承担所属地区一定比例的税额，并直接向税官纳税。陈汝咸意识到，所谓"户"，既是估算税负单位，又是社会组织单位。他发现，明初以降，户籍记录上的许多家庭发展壮大，他们成群的子孙彼此血肉相连。易言之，它们发展成为我们所谓的家族。对于作为社会组织的"户"，这一点意义重大；但对于作为纳税单位的"户"，却影响甚微。只要同属一"户"的家族合理安排内部事务，他们就能够缴纳赋税，一切都相安无事。

这个解决方案之所以吸引陈汝咸，因为它看似有能力应对未来的变化。一次又一次定期整理户籍记录的尝试均以失败告终，陈汝咸不希望重蹈覆辙。只要一个在籍的"户"的所有子孙继续缴纳他们共同的税负，作为社会组织的"户"会怎么样并不重要。当然，陈汝咸还是触犯到部分既得利益者。从前的里长受到改革的负面影响最大，一些里长群起抗议，引起骚乱。但陈汝咸不为所动，使改革得以贯彻下去。①

根据此项改革，某个在籍的"户"的所有子孙共同承担纳税之责，因此改革也被称为"粮户归宗"。如刘永华和郑榕所表明的，改革将世系关联及宗族组织和法律规定的纳税义务联系起来。一个意料之外的影响是，"粮户归宗"强化了宗族在地方社会中的作用。

但是，改革也制造了新的问题。不是每个人都属于一个在籍的户。在新体制下，不属于某个"户"的人没有任何地位。他们无法参加科举考试，因为他们无法入籍。他们很容易被在籍的邻居占便宜。这种处境下的人积极寻找出路。有些人"寻同姓里长附合"，

---

① "合户始末"，《漳州府志》（光绪三年）卷十四，19页及其后。

与他们协商如何分担税负，以换取入籍带来的好处。①

昔日的铜山军户便属于被排除在新体制外的群体。和他们在大城所的同袍一样，所城和军屯的士兵，不是民户，也从未被入籍民政系统，他们只存在于军户名册里。在明代，这种区分有其道理。但进入清代，他们的地位却成了问题。在铜山以北的晋江县，一个别出心裁的县令允许被排除在新体制外的人重新入籍，再根据致使他们入籍的情况分类。其中一个特殊的类别是"军甲"，指入籍为民政纳税人的前军户。②

有些人找县令交钱入籍。明代人有时也这么做。在永春，汤家下定决心，必须想方设法使自己的地位正常化，以应对强加的额外赋税。康熙三十年（1691），汤家出钱买到民籍，并将汤垟登记为户主。汤家在数十年后编纂族谱时，清楚地记载了汤家的规管地位随时间推移的变动。"祖之始，民转而为兵，兵又转为民。军民兼理，富贵无亏。"③

在漳浦，依然被排除在正式户籍系统之外的前铜山所军户也在寻求解决之道。陈氏族谱显示，将自己附在其他在籍家族名下是陈家的悠久传统："吾族与通铜诸姓，自洪武二十七年调军以来，俱是军籍。所有田地，系就别户输纳钱粮，从无纳户。"康熙四十年（1701），陈汝咸重整税务之时，他扩大了这类传统，将铜山各户分配到现存"甲"之下已经在籍的"户"。

---

① 《漳浦县志》（光绪十一年），214页。
② 《晋江县志》卷二十一，1页b。
③ "族谱引"，《永春汤氏族谱》。

> 铜山各户编作六都一图一甲、二甲。一甲诸姓附入云霄李隆户内，二甲诸姓附入龚谟烈户内。本族即系二甲，内陈姓共配八官丁，即以本族陈得光之名，为八官丁户头名。[①]

这段文字不太容易解读。(该文作者没有故弄玄虚的意图，不过是假定这篇文章的潜在读者足够熟悉文中讨论的制度，可以毫不费力地读懂。)作者希望传达的主要信息是，他的宗族接受并履行了缴纳赋税的义务。根据新体制，登记在明朝课税清册中的"户"——龚谟烈所属的"户"——被确认为一个纳税单位。接着，税务官员找出未入民籍的宗族——没有被列入"户"的宗族——把它们分配到在籍宗族之下。在籍之"户"的税负由分配到"户"的所有宗族分摊。"户"的税负以官丁的形式表示，这肯定代表了徭役附加税的计算单位。某种意义上，从事该工作的官员及书吏都以自己的方式制度套利，他们通过操纵多种户籍体制，确保官府享有源源不断的赋税收入。

陈汝咸的改革，结束了某些作为里长的"户"缴纳赋税的历史，却使另一些"户"成了新的中介机构。现在，负责斡旋前军户与国家政权的中介是那些更早进入民户系统、吸纳前军户的民户。

铜山居民对新安排并不满意，也许是因为社会分层的旧模式死灰复燃，也许是因为新的中介并不公正，甚至横征暴敛，当然，也许两者皆是。十年后的康熙五十年（1711），课税清册再次更新，昔日的铜山士兵采取了行动。

要清楚他们做了什么，我们必须回到关帝庙。关帝庙大殿的一

[①] "丁粮沿革杂记"，《南屿陈氏族谱》，13页b。

侧竖立着一块石碑,碑文撰写于康熙五十二年(1713)。碑额所刻标题为"公立关永茂碑记":

> 考上之世,吾铜乃海外岛屿,为渔人寄居,民未曾居焉。迨明初江夏侯德兴周公,沿边设立,以此壤按粤境,为八闽上游之要区,设为所,以铜山名之。调兴化莆禧众来守此城。官与军咸袭封,是为军籍。里甲丁粮,世莫之闻。
>
> 至国朝定鼎,凡天下卫所,仍旧无易。① 唯闽地炽于海氛,故弃之有籍,反散而为无。天下岂有无籍之人乎?故莘庵陈公于康熙四十年将铜地户口编入黄册,而铜至此有丁粮之事焉。然泛而无宗,傍人门户,实非贻燕善策。
>
> 因闻诏邑有军籍而无宗者,共尊关圣帝君为祖,请置户名曰:关世贤,纳粮输丁,大称其便。
>
> 五十年编审公议此例,亦表其户名曰关永茂,众感谓可。遂向邑侯汪公呈请立户,蒙批准关永茂顶补十七都六图九甲,输纳丁粮,不但得划一之便,且幸无他户相杂,是散而复聚,无而又有,将来昌炽可甲于前。②

关帝庙的这部分碑文,讲述的其实是铜山人抛弃中介,与清廷建立新关系的故事。在另一个"户"名下缴纳赋税存在许多问题,再加上听说了附近县份的前军户也遇到了相似的问题,铜山军户联

---

① 随着18世纪初卫城被撤销,这一切也将发生改变。
② "公立关永茂碑记"(康熙五十二年),东山关帝庙碑刻。

合起来，直接向县令要求入籍。在清朝，这意味着注册为"户"。受他们自身的军事背景的启发，这些军户便以"关"为姓，凭空捏造出一个传说中的始祖——"关永茂"，充当其他家族的明初始祖所扮演的角色。

在关帝庙初次会面之后，各家族的代表前往县衙门。根据其中一名参与者的族谱记载，他们"承买十七都六图九甲蔡子昕户名，以为铜山盛户"。①族谱没有解释蔡子昕的户籍为何出售。可能是蔡家已香火断绝、无人承嗣，或逃往外地、音讯全无，也可能是蔡家子孙同意将户籍卖给铜山军户。经过将近两年的讨价还价，铜山军户拿出了一百两银子，这笔买卖最终成交。

就这样，铜山军户终于可以通过更合理的途径缴纳赋税。但他们很快发现，自己的安排有一个潜在的问题。似乎有人居心叵测，想要潜入这个新的组织并图谋不轨。碑文接着写道：

> 第迩因查县府司户册，而有一户关永茂，即黄启太等，其间大有移花接木、藏头漏尾之虞。夫事方三载，即如此互异，又安能保其后来不无桀黠辈从中滋蔽，蚕我子孙乎？于是公诸仝人，当神拈阄，分为七房。
>
> 小事则归房料理，大事则会众均匀，叔伯甥舅彼此手足，并无里甲之别，终绝大小之分，不得以贵欺贱，不得以强凌弱，个苟有异视萌恶，许共鸣鼓而攻。此方无偏无党，至公至慎，

---

① "丁粮沿革杂记"，《南屿陈氏族谱》，13页b—14页a。

爰立石以垂不朽！[1]

碑文最后，附上了四十多个签署者的名字，计有二十七个姓氏，每个姓氏对应着前军户的不同宗族或宗支。他们被组织成以"关永茂"为"始祖"的虚拟家族的七个支系，每个支系分担着家族税负的一部分。

由此来看，关帝庙的碑文实际上是一份合同。这是在卫所驻军的后代之间订立的契约，为了实现他们与收取赋税的国家政权关系的正常化。这份契约还催生出一种新的组织形态：异姓的、缴纳赋税的虚构宗族，在神明面前得到合法化，而神灵本身则承担起某些祖先的属性。[2]合同运用描述亲属关系和宗族世系的习语，具体说明了群体的资格，运用宗族世系的原则，形塑了其内部管理。如果有人企图潜入这个组织，捏造新的社会关系，他们就可以出示相关信息予以驳斥。

康熙五十年（1711）以来，每当游神之时，关帝被抬出庙宇，上街巡行，这可不仅是净化人心、护佑众生的宗教仪式，同时也在纪念新组织的成立。甚至可以说，游神会就是庆祝合同订立的仪式。

这种现象不只出现于铜山。在铜山以北的福全，也就是蒋继实曾与"倭寇"之妹调情的地方，我们还能找到破败不堪的全氏神祠。但是，福全居民没有一家真的姓全，本地历史上也从未有过全姓人家。这个似乎没有任何族人的奇特宗族，不仅修建了一间神祠，还拥有一本族谱。光绪二十一年（1895）编纂的全氏族谱中，收录

---

[1] "公立关永茂碑记"（康熙五十二年），东山关帝庙碑刻。
[2] 根据郑振满对家族组织的分类，这属于合同式宗族；这个时期合同式宗族在福建各地越来越普遍。《明清福建家族组织与社会变迁》，103页及其后。

着一份康熙五十三年（1714）的合同，解释了全家的起源。合同的十四名签署者说道：

> 灿等零星军户，从无户眼，而且摄乎强族之间，每被欺侮。兹全议欲顶一班，思姓氏多门，议将以地为姓，即"全"是也。①

和铜山的宗族一样，原是福全所军户的各宗族团结起来组成一个共同的、虚构的宗族，并以福全之"全"为姓，以此处理明代身份造成的历史遗留问题。他们虚构了一个共同的祖先："全公"。全公牌位和各家祖先牌位被一并安放在全氏神祠中。破败不堪的祠堂至今犹存。他们同样找到地方官，将该"宗族"登记为民户，以便缴纳赋税。进入清代以后，明代军户的子孙们利用曾经的共同身份，作为某种组织性资源，在新的时代背景下创造新的社会关系，铜山关氏家族、福全全氏家族便是他们努力的产物。

时过境迁，促成此类安排的历史被彻底遗忘了。19世纪初，陈盛韶（嘉庆十年进士）记载福建省各种奇闻逸事时写道：

> 国家维正之供，全重鱼鳞实征册一书。诏邑不然。官坡廖氏，附城沈氏，及为许、为陈、为林，田不知其几千亩也，丁不知其几万户也，族传止一二总户名入官，如廖文兴、廖日新、许力发、许式甫是也。更有因隐避役徭，数姓合立一户，如李、林等户合为关世贤，叶、赵等户合为赵建兴是也。户长、总催

---

① "康熙五十三年七月日约字底重新"（康熙五十三年），《福全全氏宗谱》。

轮流充当者外，有草簿名花户册，按年催输，唯渠是问。无户总则承差沿流而下，亦有此册，不难逐户征收。然则曷即以为实征册乎？曰否。[①]

在陈盛韶这样的官员看来，铜山居民的所作所为不过是一种抵抗国家权力的方式，是在费尽心机地逃避税务负担，而非精心安排地满足税务要求。这种遗忘不仅仅是历史上的奇怪现象。陈盛韶既不了解关氏宗族形成的动机，也没能从当地官员及其书吏的角度看待问题。面对无比复杂的现实社会，地方官吏心里明白，当地社会秩序至少具备某些功能和价值，可以确保赋税的缴纳和治安的维持。20世纪的学者，或许会将铜山军户订立合同描述为一种"自治化"的表现。这些非正式的制度本身并不会对政治秩序提出挑战，也有可能其实在维持政治秩序。20世纪的政治精英没有抓住这一关键点，绝对是中国近代史的大悲剧。

结语

明代军事制度以及缔造该制度的国家政权已是明日黄花，但依然影响着曾经生活在制度之下的世人。它甚至还影响着军户的后代子孙，尽管他们对该制度没有任何亲身体验。我在本章讨论了各种制度性遗产：体制消亡后残留下来的义务；体制消亡后众人努力维

[①] "花户册"，陈盛韶：《问俗录》，93页。诏安的前军户家族在关世贤名下入籍，为铜山居民带来启发。

持的特权；新目的下对体制的再造。铜山和福全的故事，便是第三种情况的例证，前军户家族动员他们现有的社会关系，以之作为一种组织性资源，来应对由迥然不同的处境带来的挑战。

国家创制档案，档案作为一种工具，主要是为了帮助统治者了解百姓的状况。如詹姆斯·斯科特（James Scott）揭示的，现代国家致力于制作显示其人口和疆域的详细"地图"，这类地图不但描绘出国家政权的干涉行动，还使这些行动成为可能。①但是，制作这类地图的努力并非始于现代。古代的国家政权也制作地图，使百姓的状况一目了然。如果我们因为前现代的国家政权缺乏先进技术，无法像现代国家一般精确作图，就对它们的努力不屑一顾，那就是想当然了。诚然，前现代国家的技术能力与现代国家的不同，但它们的野心也有所不同。和现代国家一样，前现代国家也会评估提高调查精确度的回报及其行政负担，仔细权衡利弊。

清初官员大多满足于利用明代留下来的簿册材料，因为其他选项的成本似乎太高了。这一决定，为档案与现实之间形成制度性落差创造了条件。明代卫所的军户资料被收录在独立的军籍黄册中，而这类黄册已不复存在。留存下来的民籍黄册没有军户的资料。到了康熙年间（17世纪晚期），清代福建的县令采取折中的方案以对付上述落差。在结构上，这些折中方案并不是什么新鲜玩意儿。在明代，一些人家因规模太小或经济状况太差而无须直接纳税，他们附入在籍家庭，成为"附籍"家庭。这项政策的预期是，在籍家庭和附属家庭会自行公平合理地安排诸项事宜。清朝官员尝试对昔日

---

① Scott, *Seeing like a State*, 2.

军户实施类似政策，将它们附入业已存在于明代民籍黄册中的家庭，期望相关人员协商，公平合理地安排一切。

借用斯科特的术语：清初国家并没有"看见"军户，而是对他们视而不见。铜山和福全民众创立的社会组织，以关帝庙和全氏宗祠为实体，正是他们对这种处境的回应。国家政权对他们视若无睹，于是他们想方设法让国家政权看见自己。在国家政权眼中，这些组织中的家庭面目模糊。是他们，使自己一目了然。①

在第一章中，我证明了那些应付兵役的技术手段与应对商业风险的技术手段如出一辙。如果据此认为一者在另一者之先，认为华南居民通过与国家政权打交道学会了如何应对市场风险，就未免推论过头了。但是，我们有理由设想两个领域是相互建构或相互强化的，设想其中的策略来自一个用以处理问题的共同的文化宝库，并设想当策略在应对一种处境中有效时，会鼓励众人将之应用于另一种处境。清初百姓还创立了各种组织应对新的赋税制度；其背后的原因也大致相同。大众运用自己熟悉的非正式制度类型，就他们与国家政权之间的关系展开协商。

---

① 中国历史上的每个新王朝都必须保障旧时代精英的利益、争取其支持，否则根本生存不下去。历代王朝都维持作为招聘机制的科举制度，最明显地体现了这个原则（张乐翔提出了一个有趣的观点；如果延伸这个原则，就会发现，在捐官制度下，家庭在获得官职之前多年就向国家捐纳钱物；这笔"沉没成本"进一步将精英与国家政权捆绑在一起。Zhang, "Power for a price", 269–270.）然而，随着我们理解的"精英阶层"的扩大，我们在界定"精英阶层的利益"的时候也应该采取更宽泛的定义。新建立的王朝继续保留（以争取精英阶层的支持）的特权就包括税务特权。实行税务特权的最著名的案例是康熙初年（17世纪60年代）的江南"奏销案"。漳浦赋税改革的这则故事，反映了清政权同样在远离政治中心的地区实行这个方针。就连一般的民户都对赋税改革提出抗议，认为改革损害地方利益。清政权之所以在赋税制度上采取萧规曹随的方针，部分原因在于新建立的国家政权无法得罪从中受益的精英阶层。

关帝庙之所以能够成为清初铜山居民缴纳赋税的组织结构，或者换句话说，各种社会行动者建构他们与国家政权之间关系的场所，完全是因为地方官员意识到非正式地方组织可以有效地维持地方秩序。他们对地方组织操纵赋税制度的行为睁一只眼闭一只眼。我们手头上的史料没有谈到这个话题，但是这种默许肯定伴随着一些不成文的协议。譬如，操纵行为不得太过分；社会行动者可以灵活地调整自己与国家政权的关系，但灵活不意味着放纵；同意某些规则必须被遵守，等等。同理，决定把关帝认作祖先，以此应对纳税义务的铜山居民并非生活在一个真空环境里，也不仅仅是钻着制度的空子。他们肯定有一定信心，和他们打交道的衙门书吏将会容许这种对赋税制度的操纵。

调整个人与国家之间的关系是明代晚期日常政治的关键部分。个人和群体认真思考着国家提出的要求以及满足这些要求的最佳方式。这意味着实现关系结构的最优化，并想出解释这种结构的最合适的语言。他们仔细斟酌着自己将如何同国家政权打交道，如何描述与国家政权的关系。单个家庭以及由家庭组成的群体利用国家的语言以及一套熟悉的组织性常用语，既是为了和国家政权打交道，又是作为和地方社会其他群体打交道的一种政治资源。当事人并非想宣称自己独立于国家政权，而是希望含蓄地承认国家权威，同时强调自己用以满足国家要求的手段的合法性——尽管严格来说，这些手段未必符合国家法律规定。部分地采用国家规定的表达形式，不仅决定了他们申诉不满的形式，还形塑了一般的社会组织。它不仅在当事人与国家代理人之间的关系中发挥作用，还能够在他们与邻居打交道时派上用场。它是当事人参与日常政治的关键组成部分。

结　论

在本书中，我们遇到的家族面临着独特的挑战，因为他们被编为了军户。但是，他们不得不和国家体制打交道这一事实并没有使他们与众不同，甚至没有让他们变得异乎寻常。和过去数百年间生活在今日中国版图之内的大多数人一样，这些家族须做出的关键政治抉择不在于是否要与国家互动，而在于如何与之良性互动。对大部分人而言，所谓"政治"，往往主要是些日常性的、一般性的问题：在与国家的正式代理人及其非正式委托人打交道的过程中，如何应付、交涉乃至操纵，以使自身利益最大化；如何在其他互动中将自己与国家之间的关系作为一种资源加以利用。除了发生一些极端的情况，百姓与国家政权的互动并不意味着逃避、变革或公开反抗国家，而是尽力与国家周旋，尽可能满足其代理人的要求。本书提到的族谱、合同和碑铭是明代百姓日常政治的存档，记录着他们在自己所身处的政治体制、文化体制下争取利益的努力；而这些利益，恰恰是由政治体制、文化体制所定义的。将这种复杂巧妙的"被统治的艺术"仅仅诠释为在"顺从"或"反抗"之间发生的变奏，不但无用，而且会使我们对中国历史的理解变得贫乏而肤浅。

本书各章节介绍了明朝百姓为国家提供徭役之时所运用的部分策略类型。之所以说是"部分"，乃是因为本书只讨论了一种户籍人口——军户——采取的策略（尽管其占全国人口的比例相当高）。此外，在本书中，并非各种类别的军户均受到平等的对待和讨论。世袭军官享有普通士兵所没有的令人羡慕的特权，他们更有可能尽忠职守。因此，我们运用的史料大多来自世官军户，其比例超出世官在军队中所占的比例。一般而言，相比于卫所驻军，军屯士兵承担的徭役较轻，逃逸的人数较少，因此大量屯军军户的族谱得以留存，且易于获得。本书总结的策略类型也难言完备，主要侧重于具备以下两个特征的策略：首先，它们被使用者记录了下来；其次，关于它们的记录能够掩人耳目，以奉公守法的面貌呈现（也许第三章探讨的走私活动属于例外。尽管我们也看到，某些军官明明参与了走私，却坚称自己在正当地执行任务）。

尽管只是部分策略类型，但依然告诉了我们不少信息。之前的各章节阐释了四大策略类型："优化处境"策略（strategies of optimization）、"近水楼台"策略（strategies of proximity）、"制度套利"策略（strategies of regulatory arbitrage）、"诉诸先例"策略（strategies of precedent）。第一、二章探讨了明代军户在管理兵役之责时采取的"优化处境"策略。这些策略大多运用于明初家庭（及由之发展而成的宗族）内部，是军户和宗族自我组织以应付国家义务的手段。虽然他们在规制中的定位十分明确——须出一丁补伍——但现实情况则复杂得多。有些家庭子嗣众多，有些家庭则香火断绝；家庭壮大为宗族，拥有数个支派，各支派成员的服役意愿和能力不尽相同。家庭策略则致力于优化规制定位和实际处境之间的差异。

从家庭的角度看，旨在维持军队数量的国家政策可能变化无常、难以预料。正在帝国另一端当兵的远亲之死，或地方书吏在整理户籍簿册时的粗心大意，都可能导致军户被突然勾军。因此，在明王朝刚建立的数十年里（14世纪末至15世纪初），军户想方设法在此种处境下应付他们的兵役之责，确保自家以最小的代价完成任务，提高补伍的可预见性，降低种种不确定的风险。为达目的，他们采取了三种基本手段："轮替""集中"和"补偿"。他们建立起一些机制，或是让家族内部的各支派系统地轮流补伍，或是将参伍的责任集中到某个人或某支派身上。此外还有"代役"，即安排第三方代替自家履行军户义务，这是集中策略的自然延伸。代役几乎总是涉及财物上的补偿。补偿策略则通常构成其他策略的一部分。后来明代朝廷的所作所为，为我的解读——上述策略旨在优化制度规则与社会现实之间的差距——提供了强有力的支持：国家开始努力针对更多的社会可能性制定具体的条例，从而巨细靡遗地规定应如何处理两者之间的差异。

在卫所安家的士兵及军眷要面对不同的挑战。在本书的第三至第六章中，我们看到明中叶（15到16世纪）的军户如何发展出外向型策略，超越了家族本身的内部管理。他们利用多个官方体制之间的重叠和出入为自己谋取好处。一些卫所军官和士兵甚至利用自己在军事体制中的特殊地位参与非法贸易，浑水摸鱼。我们可以将如此行径称为"近水楼台"策略，因为它们利用了与国家机器的某些部分的密切关系，"近水楼台先得月"，从中获得相对于其他人的竞争优势。被调入军屯的屯军擅长运用套利策略，借由军田与民田的差异渔利。这些策略所牵涉的并不只是找出并钻营制度之漏洞。

策略实践者意识到，多重规管制度形塑着自己的日常生活，他们顺水推舟，设法在对自己最有利的体制中谋得一席之地。此类策略是依靠多重规管制度的差异性趋利避害，因此可被称为"制度套利"。

本书的最后一章展示了入清之后军户如何试图维护自己在明朝体制中所享有的特权，或出于自身利益的考量而为旧体制招魂。它们都是基于"诉诸先例"而制订的策略。

由此可见，我在这里讲述的历史并不是层叠累积的历史，而是由不同阶段组成的历史，揭示出百姓与不断变化着的体制之间相互作用、相互影响的四个周期。在每个周期内，老百姓发挥他们的聪明才智，运用他们的文化资源，以求更好地处理个人、家庭及集体与制度之间的交流互动。明代制度的编年史透露出制度演变如何为不同群体带来不同的挑战，以及他们又如何对这些挑战做出策略性的回应。

"制度套利"是我从经济学中借来的术语，它可以总括各个周期出现的不同策略。这是因为，前述四种策略其实都衍生自这样一个中心思想：利用规管体制之间的差异性或规管定位与现实处境之间的差异性，从中套利。该术语突显出家庭策略如何抓住时机、减少代价；如何利用重叠的司法辖区和各种先例降低不确定性、提高可预测性并赢取经济利益；如何将一种义务转化成另一种义务；如何将顺从国家规定作为资源运用于另一情景之中，并通过设立非正式机构以处理自己和国家之间的关系。百姓想出并实行的具体套利行为并非一成不变，它们必须适应制度的变化，但套利的动力始终存在。

对套利策略的关注，挑战了依然颇具影响力的现有范式；这些范式要么纯粹地关于正式机构（如皇权体制），要么纯粹地关于文化先见（如家庭主义或儒家思想），认为它们是中国社会的存在基础和发展动力。本研究进路将会影响以下领域：明史、中国的国家史以及前现代帝国史。它还可能为一般的日常政治研究提供某种启发。

非正式机构与明代国家

明朝统治者设立各种攫取性制度的初衷在于以最低的间接成本满足小政府的需要。为实现此目标，朝廷委托半正式和非正式的代理人收取赋税并在地方上履行其他职能，事实上是将体制运作的大部分成本转嫁到家庭和社群身上。黄宗智针对清朝提出的"集权的简约治理"概念，同样适用于明朝。[1]实行"集权的简约治理"，要求国家及其代理人接受家庭和社群为满足国家要求而建立的非正式组织与非正式程序。

军户必须世代服役，意味着他们的各种非正式安排无可避免地要与父系亲属关系相结合。其他义务（包括担任里长和甲首）的空间分布，则意味着农村（特别是寺庙）的非正式机构要经常充当百姓与国家代理人的调解者。朝廷给予这些非正式管理机构事实上的认可，推动了它们的散播——明代的宗族、寺庙和市场的发展某种程度上都要归功于国家制度。当然，这并不是说亲属团体或庙会节庆是明代的发明；早在明代之前，父系亲缘关系和寺庙附属网络便

---

[1] Philip Huang, "Centralized Minimalism," 24–25.

已然作为原则强有力地建构着、引领着中国社会。但至少在某种程度上，对这些原则的特定制度性表达的散播，其驱动力乃是来自特定时期的日常政治的迫切要求。

明代晚期的非正式机构很好地说明了以下事实：社会史和文化史能够揭示出，一些现象，看似植根于永恒的文化元素之中，实则更应被视为特定的历史产物。表面上看来，内部组织高度复杂的宗族以及同时强调凝聚力和彰显差异性的庙会，似乎是中国文化的典型表现。但正如你在前文所见，我们有时可以相当精确地追溯这些现象的具体表现的起源。其实，它们不只是历史性产物，还可以更狭义地说，是制度性产物；换言之，它们是在个人、群体与国家之间的互动中产生的。

后世的观察者发现中国宗族与现代公司之间的相似之处，这绝非巧合。就其最简单的定义而言，公司是一群由法律授权、可作为单一实体行事之人。① 军户完全符合这个定义：其成员为国家提供劳役，既是一种共同义务，又为法律明文所确认。在本书和之前的著作中，我都认为，世袭兵役强加给明代军户的压力，促使他们进行自我组织，从而催生出公司式的宗族。② 宗族组织并非一种业已存在的、静止的社会形态，恰好能够满足这些需求。它本身正是日常政治策略的产物。日常政治的限制和机会催生出特定的组织模式。这些组织模式可能在日后被描绘为符合正统的意识形态，但是仅仅靠正统性，并不能解释它们的出现或散播。亲属结构不只是文化馈

---

① Ruskola, "Conceptualizing Corporations and Kinship," 1619–1676. 想了解此前的相关讨论，可参见Steven Sangren, "Traditional Chinese Corporations"。
② Szonyi, *Practicing Kinship*, ch.3.

赠或历史进程的被动产物。如詹姆斯·斯科特所言，它们是政治选择。① 在明代中国，被统治的艺术包括通过非正式机构与国家及其代理人进行斡旋和协商。

明王朝对非正式组织的依赖是相辅相成的。为了获得所需资源，国家不得不容许地方上的一些安排。明王朝的覆灭并没有从根本上改变此种事态。但是，进入19世纪以后，内部压力和外部刺激的结合带来新的紧张局势，将中国推入建构现代国家的进程之中。当这一切发生时，那些同样曾推动政治运作的非正式机构开始被视为中国前现代问题的一部分。各政治派别的改革者此刻一致认为，中国要成为一个现代国家，就必须废除这些机构。此乃中国在20世纪遭遇诸多创伤的缘由。

易读性与国家语汇

本书探讨的家庭策略中的一个共同特征是，我们能够读到它们，因为它们被记录了下来。但记录策略的白纸黑字，不仅仅是策略的（方便我们使用的）副产品；它实际上也是策略本身的一部分。这是因为，许多家庭策略的核心在于影响自己在国家及其代理人眼中的地位。和现代国家不同，明代国家并没有期望能够彻底掌握社会的实际情况。它并不寻求清楚透视整个社会。明代国家对社会的认知，来自其制作、保存和使用相关记录的方法。它不仅是一个受规则约

---

① Scott, *The Art of Not Being Governed*, xi. 欧爱玲（Ellen Oxfeld）饶有兴味地讨论了政治因素如何塑造海外华人家庭的亲属关系。*Blood, Sweat and Mahjong*, 9.

束的国家，同时还是一个受文书约束的国家。明代国家的顺利运作，仰赖于文书的编制、流转、收藏和参考。这些文书是用一种独特的、专门的语汇书写的。当公职人员（在任何体制下，不只是中国）填写记录人口资料的簿册时，他们一定要使用某种共同的语汇，才能确保自己曾接受的训练没有白费。如果他们以不同用语描述各个家庭——类似于博尔赫斯笔下和世界同等大小的著名地图——那么，对他们的上司而言，人口情况将如天书一般难以理解。[1]一种共享的语言，即一个行政简化和规范化的程序，旨在最大限度地减少歧义，最大限度地提高效率。国家文书必须使用国家语言。

国家文书对某人的记录，将会影响国家政权对他的统治方式，因此明代臣民学会了如何利用国家语言以及它所服务的原则和实践，为自己谋利。他们试图影响自己在国家档案中的记录。文书的制作、流转及贮藏方式，极大影响着明代百姓的生活。在某种意义上，本书也是在研究明代官僚作风的社会影响。

有时家庭甚至会主动介入国家档案的编制，致力于让国家收录有关自身的信息。实现该目标的手段之一是打官司。黄宗智的研究业已表明，打官司可以是一个复杂的策略性举措，不只是为了获得有利的判决，也是为了在非正式调解中占有优势。而如我们所见，在明代（很可能明以后亦如此），通过"立案"，打官司还可能是一种进入国家档案的策略，以期在未来有所图谋。"立案"类似于树立某种先例，但不是狭义的、对其他案件有约束力的司法判决，而是指在某种意义上，一些事情——行为或状况——已得到县令的承

---

[1] Borges, "On Exactitude in Science," 325.

认和授权，被合法化了。[1]

阿夫纳·格雷夫（Avner Greif）认为，使用国家语汇能够降低办理事物的成本，因为各方能互相理解。[2]但这不是唯一原因。利用国家语言表现乃至证明自己遵守国家的规定，也可能给自己往后与其他人——不只是国家行为者，还包括其他非国家行为者——打交道提供不少方便。使用国家语言，使事物办理更有可能看起来受到官方认可。因此，国家提供的先例便成了将来对其他行动者发起诉讼的资源。这部分地解释了为何一些家族会将法律判决刻在立于宗祠的石碑之上，或将官方文书抄入族谱。使用国家语言，便是在借助国家的合法性和权威，并将之转化为一种政治资源，以求实现自身的目的。如此看来，国家既可以是一种专制权力的工具，也可以是一种创造权力的工具。明代国家既是一个攫取机构，也是一个授权机构。

这类资源的价值至少部分地取决于能在多大程度上被充作他用（即在先例制作者的实际意图之外的运用）。为了优化自身在规制中的身份，有效的策略披着顺从的外衣，却干着与之不尽相符的事情。家庭遵循规制的形式，乃是为了控制其实质。遵循先例的官僚统治原则，总是为各方对先例的不同解读所破坏。站在推官的角度，先例越精确、越不模糊便越好。但站在社会行动者的角度，先

---

[1] Philip Huang, "Between Informal Mediation and Formal Adjudication," 265–267. 欧中坦（Jonathan Ocko）写道："通过将一套规则或一个契约'立案'，没有颁发许可证或正式承认这个群体，却承认契约的条文将作为往后裁决双方纠纷的根据。""The Missing Metaphor," 193.
[2] Greif, *Institutions and the Path to the Modern Economy*, ch. 4.

例则是越含糊方才越好（至少大体如此——在有的情况下，某些行动者可能反而更倾向于精确的先例）。因此，在某种意义上，明代社会中先例的功能和效力与其模糊性直接相关。对社会行动者而言，日常政治即部分涉及揣度先例潜在的模棱两可在多大程度上能为己所用。

百姓有能力将与国家之间的互动作为一种资源运用于其他类型的政治之中，这说明到了明代，国家形态与国家语言的作用并不止于统治臣民与国家之间的互动。它们已深深植根于地方文化中。国家和社会之间的文化相似性为套利策略提供了便利。明代国家看待事物的方式，意在简化社会现实，使之得以治理，实则无可避免地导致以下情况出现的可能性：社会方方面面的本来模样与其在国家眼中的面貌有所不同，以及个人的现实处境与其在规制中的定位存在差异。无法透视一切的国家会看不到某些事物，或更确切地说，会看错了某些事物。这就为制度套利创造了空间。易言之，百姓可以在不公开违反国家规定的情况下，在体制之内通过体制谋取利益。若如杜赞奇所言，国家和社会的交界好比一个半透明穹顶，那么社会行动者就可以将之扭曲为对自己有利的状态，乃至蓄意操纵其半透明和透明的程度。[1]社会行动者只要熟悉国家的办事风格，就可享有许多政治资源。[2]

詹姆斯·斯科特已经证明，现代国家明显地以现代视角观看事

---

[1] Duara, *The Crisis of Global Modernity*, 171.
[2] 因此，我认为华琛（James L. Watson）提出"传统社会针对皇权国家的主要象征性目标是与它保持一定距离"的观点有失偏颇（"Waking the Dragon," 163）。想了解来自另一个角度的挑战，可参见Faure, "The Emperor in the Village"。

物。但是，国家视角并非为现代社会所独有。前现代国家也有它们自己观看事物的方式，有它们自己的一套使行政、核算和管控得以可行的方法。国家的观看，促使被观看的百姓做出回应。在明代中国，社会行动者不仅被国家看到，而且还力求以特定的方式出现在国家的视线中。这就要求他们有能力像国家一样说话。在明代中国，被统治的艺术意味着能够地道、熟练地掌握国家的语言。

明代的商品化与合同

我们在本书遇到的许多策略所涉及的文书，显然属于合同。这透露出关于运用这些策略的社会的重要信息。借用孔迈隆（Myron Cohen）的区分，自宋代（甚至更早）以降，中国东南沿海地区既实现了商业化（即经济以专门化生产和市场交易为主要特征），又实现了商品化（即市场在经济文化占据中心地位）。买卖成为日常生活的一部分，事物可以买卖的观念也深入人心。到了明代，上述进程加速发展。明代福建军户不只买卖物质商品，还将土地使用、政治义务乃至社会关系皆视为可交易之物。[1]

世界上的许多地方，产权、义务和社会关系的商业化与商品化彻底颠覆了既有的社会秩序。也有少数例外，譬如明代的中国。一个明显的原因是，商业化与商品化的过程并没有和殖民主义同时发

---

[1] Cohen, "Commodity Creation in Late Imperial China," 323. 想了解反映中华帝国晚期高度商品化的其他例子，可参见 Goossaert, "A Question of Control"；以及 Sommer, *Polyandry and Wife Selling in Qing Dynasty China*。

生，也不是殖民主义导致的结果。① 但是，商业化和商品化先后顺序的不同，也许是另一影响。在中国东南地区，商品化不仅仅是对商业化的反应；社会关系的转变也不仅仅是市场渗透经济的直接后果。明代的商品化并不只是随商业化而来；在一些方面，它们是同步发生的，在另一些方面，商品化甚至可能出现在商业化之前并刺激了商业化。早在外国白银大量流入中国，推动晚明商业化的数百年之前，14世纪末的福建百姓就已经在把劳动义务转化为财务责任了。这是被元灭南宋所打断的商业化进程的重新启动还是说商业化过程的中断并不像之前的历史学家认为的那么严重？明代臣民学习被统治的艺术，是不是从学习市场运作开始，遵循某个特定的顺序？无论这些问题的答案是什么，我们可以清楚看到，军户的日常政治策略既植根于他们的市场经验，又形塑了他们日后的市场活动。

契约盛行是商品化的重要证据。我们现在知道，契约在明代晚期十分常见，而世人也经常将围绕土地产权和婚姻、具有契约性质的协议作为官司中的证物。② 这类协议旨在将某种关系正式确立下来——这种关系的其中一方往往许下某些诺言，换取一笔报酬。时至今日，这些协议是否符合契约的现代定义，以及这些协议是否能够获得有效执行，依然存在不少争议。③ 明代的族谱和判牍显示，

---

① Parsons, *The Peasant Rebellions of the Late Ming Dynasty*; Perdue, *China Marches West*, 559.
② Hansen, *Negotiating Daily Life in Traditional China*.
③ 大多数的讨论围绕着国家执行协议的问题。康豹提出鬼神执行协议的问题，引起了学术界的重视。参见 *Divine Justice*。

县令确实执行了军户在内部协议中列出的条文。他们会根据书面协议决定某户人家服兵役的男丁。当这些契约直接涉及国家利益的时候,明代国家显然愿意予以执行。

但是,县令之所以决定在这些情况下出手干涉,既不是因为他们在原则上保障契约的有效性,也不是因为他们认为必须坚决捍卫某些权利,而是因为"集权的简约治理"的现实迫使他们这么做。县令之所以干涉,是因为如果不这么做的话,就会导致军队无法补充兵力;由此产生的许多文书,最终将会把责任指向自己。这些协议之所以能够得到执行,恰恰是因为它们涉及履行对国家的义务。围绕屯田的官司提供了许多证据,强有力地支持这个观点。没有证据表明,耕作屯田的人在被勒令缴纳"余粮"之前意识到自己能够争取屯田的产权;只有在他们发现自己必须承担税负之后才诞生了这些权利。

中国契约的性质存在许多争议,一个关键问题是契约的可执行性与财产权的安全稳定之间的关系。有人主张,安全稳定的财产权和契约是实现经济现代化的必要条件。但也有例子表明,即使一个国家无法保障人民的财产权,依然有可能取得迅速的经济增长;这一点使许多人大跌眼镜。① 很显然,契约本身也不是推动经济现代化的必要条件。但是,这并不意味着研究中国契约的历史没有任何意义。我们不能受到经济现代化叙事方式的蒙蔽,以致无法看到历史上的其他可能。契约在前现代中国经济和政治生活中扮演的角色和西方大不相同。其角色之一便是对日常政治的促进。在明代中国,

---

① 参见Oi and Walder, "Property Rights in the Chinese Economy," 3-4的讨论。

被统治的艺术包括有效地利用契约以便从个人与国家的互动中实现利益最大化的能力。

明代的国家与社会

我在本书中聚焦于某个特定的微生态环境，即东南沿海地区，研究日常政治策略以及由此衍生出来的社会关系。就其性质而言，该地区的某些特点和当地地理有关；另一些则和历史相关。靠近海洋，决定了可供军户采用的策略——对于内陆地区的军户而言，从事海盗活动显然并不可行。海洋以及在海上乘风破浪的人同样决定了他们所扮演的军事角色。除了16世纪倭寇为患、大动干戈之外，特别是在官方解除海禁、允许贸易之后，沿海卫所的驻军无须经常抵御袭击，或者像戍守北方边疆的同袍一样面对严重的军事威胁。沿海卫所驻军的主要责任是在某个季节定期出海巡逻；从某些方面来看，这类似于大运河卫所驻军的任务——护送运载税粮到京师的船只。在其他边疆地区，卫所有时是唯一的政府机构；在沿海边疆和内陆地区，卫所和州县系统同时并存，使百姓能够制订各种制度套利的策略。最后，可供世人采用的策略，也在某种程度上取决于当地特有的文化传统。东南沿海非常隆重的民间信仰仪式，有助于解释寺庙为何会成为参与日常政治如此重要的场所。

明初官府在某地区募兵和分配驻地的具体做法——大多数正军先是被调到距离原籍较近的卫所，然后被改调到沿海地区的卫所——影响了正军和他们的族人之间的关系。和其他地方相比，他们维持这种关系的时间更久一些。

不仅如此，即使在微生态环境内，也存在着某些差异。适用于山地军屯的策略不同于沿海卫所采用的策略。部分屯军被动员镇压邓茂七起义，有些则没有——这主要视军屯依附的卫所位置而定——此后两者之间的差异将会对当地社会和政治造成巨大影响。

考虑到各地的特殊性，本书讨论的策略和社会关系是否更广泛地存在于明代社会，这个问题对我们提出了基本的方法论上的挑战。因为我之前主张百姓采取的策略必然取决于当地生态环境——所谓"生态环境"，不只是独特的自然环境，还包括当地社会结构和文化。但是，为了表明这些策略不仅出现在中国东南一隅，我无法回避上述问题。

于志嘉的研究——她的研究比我广博——表明集中、轮替以及补偿的基本策略在明帝国各地被广泛运用，尽管不同地区实施的策略各具地方特色。[1] 在明代所有的边疆地区，而不只是海上边疆，军户利用自身的竞争优势从事走私和劫掠活动，当然，官府在发现其非法行径时不会把他们称为"倭寇"。[2]

这并不意味着各地军户采取的策略不存在显著差异。来自东南沿海地区的史料几乎毫无例外地将兵役视为避之唯恐不及的苦差；在明代发展水平较低的地区，用兵役换取军饷——尽管军方不时拖欠军饷——有一定吸引力。在这些地区，应对兵役的策略肯定大不相同。徐斌的研究表明，明清湖北的许多大地主都出身军户；他们

---

[1] 举例来说，于志嘉的《明代军户中的家人、义男》提到了来自中国各地许多明显属于替代策略的事例。
[2] Agnew, "Migrants and Mutineers"; Robinson, *Bandits, Eunuchs and the Son of Heaven*, 58, 94–95.

利用徭役豁免权从没那么幸运的其他人手中攫取土地。① 和东南沿海地区不同,腹里某些地区的徭役异常沉重,这些地区的军户很可能会用徭役豁免权捞取更多利益。

不同的地方微生态环境,给世人提供了实现战略性目标的不同的工具。这是当地社会演变的产物。闽南地区丰富的寺庙传统为清初的铜山居民提供了使其地位正规化的机制,但如谢湜的研究表明,湖南南岭人似乎没有考虑采取这个策略。他们缺乏公共寺庙的语言;尽管他们建立起社会网络以应对清政权,却无法借助这种语言使他们的社会网络受到清代国家的承认,因此不得不从其他地方寻找建立公共认同的基础。和福全人不同,他们似乎也没有编纂一部共同的族谱。但是,今天他们的后代将从前南岭所地方志称为"共同的族谱"时,肯定在暗示当地社群由宗族联盟构成。②

本书无法解释空间上最突出的差异。如果世代当兵的制度的性质意味着世人在履行各种义务时总是要借助父系亲属体制,同时亲属体制不是核心文化的一部分,而是一种政治选择,我们该如何解释组织严密的庞大家族发展的不同轨迹?既然军户散布在全国各地,为什么这些家族只出现在明代的某些地区,而不是其他地区?

以上讨论的主要策略之所以得到普遍应用,部分原因在于它们十分有效。大量功成名就的明代精英出身于这些军户最能够体现它们采取的这些策略的有效性。除了叶向高和林希元——我们在本书

---

① 徐斌:《明清鄂东宗族与地方社会》。
② 谢湜:《以屯易民》。

读到的两个人物——出身于军户的名人包括嘉靖皇帝内阁首辅大臣夏言（1482—1548）、著名画家兼书法家文徵明（1470—1559）、伟大的旅行作家黄省曾（1490—1540）以及其他许多人。他们当中没有任何人因为立下军功（无论是自己或是祖先）而获得自己的社会地位。即使在明清鼎革之后，他们的家族依然运用造就这些成功人士的策略；同样，即使在明代灭亡之后，这些家族也能够持续获得成功。研究清史的学者注意到，即使到了19世纪，许多地方的社会分级依然反映出明初变化的遗产，而且军户的子孙经常跻身有钱有势的地方精英之列。留在明代体制内显然有助于为家族长期繁荣发达以及保持较高的社会地位奠定基础。①

除了军户之外的社会其他阶层又面对怎样一种情况？军户为了应对替补军役的义务以及这项义务导致的各种后果所采取的基本策略，也普遍出现在整个社会里。安徽徽州的民籍家族同样运用轮替、集中和补偿等基本策略应对他们所承担的徭役。刘志伟的研究表明，广东珠江三角洲的民籍家庭运用了与我所说的"制度套利"类似的日常政治策略——里甲制度是明代朝廷用来管理地方社会的核心工具，而明代家庭注册成为里甲制度的一部分，与该制度互动，从而取得各种法律上的利益。②就连某些十分具体的举措——譬如将多个宗族注册为一个"户"，是民户和军户都采取的策略。清末安溪（即湖头所在地方）两个最显赫的家族实际上由毫无关系的群体构成；面对改变中的户籍政策，这些群体在清初伪造族谱，谎称他们同属

---

① Rowe, *Hankow*, 80; Perdue, *Exhausting the Earth*, 170, 173; Dennerline, *The Chia-Ting Loyalists*, 177, 181—182; Beattie, *Land and Lineage in China*, 26—27.
② 刘道胜：《明清徽州宗族文书研究》，243—270页；刘志伟：《在国家与社会之间》，9页。

一个宗族。同样地，在潮州，不同姓氏的群体改名换姓，以便注册为一个"户"。①

这些相似点不应该令人意外。无论是军户还是民户，都受命为朝廷提供徭役和物资，而这些义务都由朝廷代理人及其非正式和半正式的代表处理。军户和民户在处理自己与朝廷之间的关系时，都运用着类似的文化和组织策略。

和民户比起来，明代朝廷还通过一系列独特簿册进一步监督军户。换句话说，这意味着朝廷了解民户动向的机制不如军户那么发达。这无疑影响了可供这两个群体使用的制度套利手段。有限的朝廷能力，加上朝廷允许非正式组织存在，才使百姓有可能制度套利；总而言之，明代晚期基本符合这些条件。朝廷承认非正式程序，意味着朝廷官员可能受命调解纠纷或执行各种非官方行动者之间的协议。因此，军户和民户一样认为自己最终能够请国家行动者执行协议，无论这些协议是否获得朝廷正式承认。同时，这还鼓励众人使用各种适当的"朝廷的语言"，因为这么做将会使协议更有可能获得执行。

明代朝廷或许不像现代国家一样深入百姓的生活，但是它渗入百姓日常生活的程度仍然足以制造出许多可供利用的机会。和朝廷互动，有可能带来好处，而不仅仅增加负担；不只是激起人民反抗，同时提供了操纵局势的机会。和朝廷保持近距离接触，同样可能是一把双刃剑。某人的行动自由，并非和他与朝廷代理人和组织之间

---

① 郑振满：《明清福建家族组织与社会变迁》，191页；陈春声、肖文评：《聚落形态与社会转型》，55—68页。

的距离成正比。但具体到明代,接近朝廷以便掌握被统治的艺术,不失为明智之举。

关于明史

本书揭露出普遍的明史叙事模式复杂的一面;根据这种叙事模式,市场取代了专制政权的地位,以致到了17世纪初,明代开国皇帝的愿景"逐渐淡出了世人的视线,成了尘封在史书中的遥远记忆"。[1]根据这种叙事模式的主流版本,随着统治者的铁腕有所放松,社会变得更加自由——流动的,而不是固定的;灵活创新的,而不是死气沉沉的。我在本书主张,研究明史应该采取类似考古学的方法,仔细挖掘明史每个时期的沉淀。有明一代,甚至在进入清代以后,朝廷制度和朝廷代理人一直决定着百姓平时采取的政治策略。朱元璋或许一直都没能实现他的愿景。但是,该愿景却持续发挥着影响——它影响了百姓与朝廷之间的互动,影响了明初朝廷制度不经意间催生出来的社会关系。明代朝廷与社会关系的历史不仅仅是减法的历史,也不是朝廷消失或退出历史舞台的故事。明代改变中的朝廷与社会关系还必须被描述成加法的故事及新反应和新关系的故事。

这些改变,并不只是百姓发展出被统治的艺术的结果。朝廷同样发生了改变。一方面,朝廷政策经常"受到旨在根据地方条件重塑里甲制度(以及其他各种制度)的毛细效应的影响";另一方面,

---

[1] Brook, *The Confusions of Pleasure*, 9.

官员调整政策，企图遏制甚至反击他们遇到的日常政治策略。① 这样来看，这些努力以及催生出这些策略的"本地化"政策表明我们以往过度强调明代国家僵化呆板的一面。明代制度确实可能无法结构性地回应改变中的世界。但是，我们也必须承认，所有国家政权都具有不同程度的制度惯性；哪怕是再先进、再复杂的国家体制，都不可能在短时间内改弦易辙。②

采用非正式管理以及强有力的制度，以相对低廉的成本创造出相对强大的国家能力。但是，随着朝廷能力日趋下降，整个体制变得越来越难以改变。随着地方组织回应体制创造出来的奖励机制，它们成了既反对改变又提高改变成本的既得利益集团。这一切，加上倾向小政府的构成要素和思想潮流，意味着人们高估了明代的制度惯性；无论是自上而下的力量，还是自下而上的力量，都同样强有力地决定了它的走向。

目前的主流观点是，纵观整个明代，明代人越来越积极地参与市场导向的生产活动；这无疑是正确的。然而，经济的商业化并没有直接导致文化的商品化。与此相反，文化的商品化可能出现在经济的商业化之前并在某些方面形塑了经济的商业化过程。从明代建立伊始，事物——包括社会和政治关系——可以被买卖的概念已经开始成为日常政治文化。明末的经济增长和社会变化使社会精英焦虑不堪；卜正民以"纵乐的困惑"作为他的一部著作的书名——他

---

① Brook, *The Chinese State in Ming Society*, 176.
② 直到最近出版了明代各种章程和先例，学者才发现当朝皇帝明确认可的先例实际上就是某种"修正宪法"的行动；朝廷的公告和介入行动都是具备"修宪"效力的条例。这些材料几乎肯定会改变我们对明代法律和统治方式的了解。

所指的正是这种现象。明末新出现的社会流动性，促使这些精英捍卫自身群体的界限，同时哀叹世风日下、人心不古。但是，如果我们将之视为普遍存在于早期现代与现代社会的某种张力——国家和市场形式主义的运作方式与各社群的道德标准之间的张力——那是过于简单化的。明代的"祖宗之法"本身就是某种道德标准，其基础就是立法通过的、关于各社会类别与恰当的行为之间的关系的一系列假设。[1]社会行动者意识到这套道德标准的客观存在；一方面，他们大都不希望遵照其戒律过日子，另一方面，在有利可图的情况下，他们声称自己将这套道德标准奉为圭臬，有时还回避或操纵这套标准。他们采用的策略的演变反映出明代政治远远比我们之前的理解——后市场化的精神面貌取代了市场化之前的精神面貌——复杂得多。

我们得出的结论，还将影响"从国家到市场"叙事模式的另一个方面，即人的流动性。根据主流叙事模式，明初社会大体上是静态的；百姓大多安土重迁。然而，到了明末，因应市场力量的世人开始迁徙。实际上，明初社会的人口流动量非常大。[2]被调往新驻地的正军只不过构成了一部分流动人口。明代人的流动性确实发生了根本变化，但那不是从"固定"到"流动"的绝对变化。这种变化是流动性的变化——从受管制的流动到自由流动，从强制的流动到自主流动。由于无法掌握足够的数据，我们不可能估算人口流动的规模。但是，我们绝对可以说，和明初相比，明末人口流动被描

---

[1] Farmer, *Zhu Yuanzhang*, 106.
[2] 曹树基：《中国移民史》，第五卷，"明时期"。

述成完全不同性质的问题。

中外历史中的国家

我一开始讲述了明代中国东南地区几个家庭的故事，然后采取了更加宏观的视角，提出了关于明史的一些观点；现在，我想斗胆针对中国历史上的国家、早期现代国家，以及作为整体的国家研究提出个人的一些浅见，并且暂时偏离主题，针对当代中国展开一些讨论。本书试图解释所谓"从制度中牟利"，亦即"日常政治"，在某个背景下的含义。我在本书得出的结论，能否揭示处于不同背景的百姓从制度中牟利的途径？

明初制度可以被视为针对中国政治史中长期存在的张力——统制经济与自由经济之间的张力、中央权威与地方自主之间的张力，或者宋代初年构建国家的集权方针与理学的反应之间的张力——的一种解决方案。在皇权统治的最后几个世纪的大部分时间里，后者的力量更为强大，但是也没有出现从直接控制到非正式管理和地方自主的线性发展。国家干涉与非正式管理之间的张力并不是一场零和博弈。[1]事实上，朱元璋有意创造一套兼具这两种元素的制度。尽管明王朝声称自己代表了向本土传统的回归，它其实吸收了元朝时期来自大草原的许多加强控制的手段，同时回归地方自主和非正式统治。因此，建立伊始的明王朝既是一个实行干涉主义政策、企图通过新渠道渗入其臣民生活的政权，又是一个实行放任自由政策、

---

[1] Lee, *Negotiated Power*, 264.

提供不少空间让百姓协商并拟订承担义务最佳方案的政权。部分学者提出，明代"过早地实现了现代化"，因为它具有关于国家能力的现代愿景，却缺乏实现这个愿景的技术能力。[1]但是，明代政治家在设计政治制度时，不可能预见到传真机的发明。和所有的国家政权一样，明代中国在目标和已有的技术之间寻求平衡。

这个平衡点可能随着时间的推移而有所移动，但是无论是明代还是清代的统治者，都一直采用二元的方针。官府不时努力调整（有时是在地方层级），采用正式的管理手段加强对社会的直接控制，而不是以非正式的管理手段间接地控制社会。但是，这些努力未能长期贯彻下去；部分原因是意识形态方面的考量，另一部分原因则是因为如果官府要直接控制社会，就必然要承担更高的成本。(*)然而，我们不应该受到主流观点的蒙蔽，反而应该看到历史发展的其他可能性。

当然，百姓用以应对这些情况的策略都有先例可循。但是，它们的进一步发展和完善，及其适用性和运用范围的拓展，则是明代的特点。这些都是明代独有的现象；因此，我们应当思考，在向现代过渡之前的几个世纪，其他国家地区是否也出现过类似的规律？明代国家权力的布局以及与社会行动者交涉的规律，是否也出现在其他的帝国？换句话说，我们是否应该把明帝国视为一个早期现代帝国，并对其日常政治与其他早期现代帝国的日常政治进行有意义的比较？[2]

---

[1] 中国文明早熟论可以追溯到内藤湖南的学术研究，但是我们也可以在许多近年来出版的著作中看到类似的观点（即使没有使用同样的说法）。
[2] 想了解为什么在中国严格区分"国家"与"帝国"不太能够成立，参见Ebrey, "China as a Contrasting Case," 31–37.

尽管杰克·戈德斯通（Jack Goldstone）曾经告诫我们，"早期现代"这个名词本身可能没多少实际意义，近年来针对宋代至清代的许多学术研究将中国与同时代的其他社会仔细比较并获益良多。[1] 只要将"早期现代"定义为推演出来的、达到普世现代性的普世发展模式，或者将现代性的主要特征视为一定是本土过程合乎逻辑的必然结果，这类比较将毫无意义。我们真正应该做的，是探讨"铸造现代世界电枢的熔炉"时期，也就是不同社会在建立塑造现代转型先决条件的时期的异同。[2] 到了20世纪，一种被称为"现代性"的状态成了所有国家的追求。实现这种状态的正确方法，即现代化方案，在不同地区有着不同的定义，并且实践各种方案的方法和节奏也有所不同。在这个过程中，社会中的许多元素逐渐被视为实行现代化方案的障碍或资源。当我们致力于比较早期现代社会，这些元素应该构成我们研究的部分对象。

日常政治研究尚未达到可对经济史或政治结构进行广泛比较的成熟阶段。[3] 我在这里只希望描绘出未来比较研究应采取的思路。在明帝国及其继承者清帝国统治中国的几个世纪里，许多国家同样寻求对庞大的政体和广袤的疆域加强集权统治。这不仅仅是加强控制的问题；它还涉及对整个帝国实现统一控制的问题。理论上，在一个现代国家版图内，国家控制的程度是一致的。大家或许会假定，在前现代国家里，国家控制的程度与地区和中央的距离是成反比的。

---

[1] Goldstone, "The Problem of the 'Early Modern' World," 249, 261.
[2] Von Glahn, "Imagining Pre-Modern China," 49.
[3] 例如 Pomeranz, *The Great Divergence*；Rosenthal and Wong, *Before and Beyond Divergence*。

但是，实际上远离中央的地区恰恰是军事防卫最重要、最需要国家存在的地方。或许距离与国家控制之间的关系在边疆地区成正比，而在腹地成反比。但是，即使如此修正，也无法完全反映出前现代国家的复杂性。前现代国家渗入社会的程度随着中心议题的不同而有所差异；对于统治者或官僚阶层尤其重要的议题，国家可以加深其互动和渗入的程度（用迈克尔·曼的说法是"基层渗透权力"）。[①]国家渗入社会在程度上的差异，可以被视为早期现代国家的共同特征——或者，更准确地说，只有在早期现代国家，这种差异才开始成为问题。

早期现代国家要在未能彻底了解地方社会、资源有限的情况下加强中央集权，经常只能依赖非正式或半正式体制作为统治工具。在17世纪的法国，主要的直接税，即封建时代君主及领主征收的租税，由不同教区分摊；由每个教区的居民自己分配和征收赋税——这就是前面提到的"非正式体制"。詹姆斯·科林斯将这项制度形容为"针对早期现代国家现实的、非常理性的适应方式"。卡伦·巴基（Karen Barkey）将奥斯曼帝国形容为某种"作为协商产物的事业"，因为国家政权为了确保政体的稳定性，自愿向地方行动者出让一部分主权。中央与地方行动者协商十分常见的副产物是，地方行动者在自身奋斗时，往往将他们与权力中心的关系作为一种政治资源。费尔哈特·哈桑（Farhat Hasan）在写到17世纪西部莫卧儿帝国时指出，"社会行动者擅自利用帝国主权牟取私利，为了获取象征资源

---

① Mann, "The Autonomous Power of the State," 189.

和物质资源,越来越多地使帝国卷入地方冲突"。①

濮德培(Peter Perdue)注意到,历代中国政权相继在边疆地区进行相似的协商,而鲁大维也观察到,明代国家与暴徒之间的协商不仅发生在边缘地区,还发生在中央。我在本书表明,这类协商不只发生在明代社会的边缘,实际上也普遍发生于普通百姓中间。②当然,在明代中国,国家中央与地方精英或其他地方势力之间的和解或其他形式的协商并非全新的现象。但是,明代国家依赖非正式组织和协商、对于集权化统治的新追求,加上国家一直未能彻底了解地方社会——这一切在当时许多政体中造出许多新机会,让百姓进行所谓的"制度套利"。由于百姓能够利用国家的存在套利,并倚仗他们与国家之间的关系牟利,与国家代理人之间的互动便有可能带来好处,而不仅仅是百姓避之唯恐不及的一种活动。因此,早期现代国家一个共同的特征可能是,它们都制造出制度套利的新可能,从而催生出与国家及其代理人互动的新模式和方法。早期现代国家的统治方式,是否标志着某种新时代的到来——走近国家、被国家看到、像国家一样说话能够给个人带来好处,催生出日常政治的新模式?

无论在前现代社会还是现代社会,普通百姓的日常政治都可能带来远远超出其社群的影响。柯尔克夫烈在他研究日常政治的经

---

① Collins, *The State in Early Modern France*, 20; Barkey, *Empire of Difference*, x; Hasan, *State and Locality*, 127.
② Perdue, *China Marches West*, 558; Robinson, *Bandits, Eunuchs and the Son of Heaven*, 167. 曼苏珊进一步发挥了韦伯提出的"仪式化治理模式"的观点,描述了清代朝廷如何将部分国家权力交给当地商人和文人精英。*Local Merchants and the Chinese Bureaucracy, 1750–1900*, 12–18.

典之作中表明，越南农民通过其日常政治，最终迫使中央政府改弦易辙，改变之前对集体农业的政策。① 在明代，来自军户的士兵人数减少以及战斗能力下降，加上东北地区出现新的威胁，迫使国家制订出新的方案，面对征募士兵的普遍挑战。明帝国主要的应对方针是填补军队里的缺额。由此造成的财政危机，在很大程度上导致了明王朝的灭亡。由此可见，这里讨论的日常家庭策略可以很容易地联系到大规模政治事件。但是，这不是我在本书中关注的主要问题。

本书的主要任务是揭露出日常政治本身的内幕，探讨普通百姓如何应对同国家打交道的挑战。既然日常政治普遍存在于所有人类社会，在古今任何一个政体，制度套利的具体模式应该构成该政体全面分析的一部分。针对制度套利的综合研究，必然包括四个要素：体制本身，也就是制度史传统的研究对象；制度套利的空间，也就是规管制度与社会现实之间的缝隙以及使百姓有可能套利的管理制度不同部分互相重叠的管辖范围；百姓用来了解自身处境并予以回应的文化资源和组织资源；他们为了从日常政治中获利，利用那些资源制订出来的各种策略。久而久之，这四个要素之间的互动，催生出了不同社会的日常政治。

既然制度套利侧重于个人和团体策略、与国家代理人面对面的接触，以及发展出非正式组织调和这两者之间的关系，采用分析法的研究者完全可以超越将国家视为铁板一块的、过于简化的分析模式。既然所有国家都必须面对征募士兵的挑战，针对替补军役的制

---

① Kerkvliet, "Everyday Politics in Peasant Societies."

度套利，便成了比较研究最理想的领域。

关于中国国家历史的大部分研究成果着重探讨国家能力的问题。但是，想要全面分析任何一个国家，就不能只是探讨其有效性，同时还必须考虑其影响。蒂莫西·米切尔就发明了"国家效应"一词描述现代国家处理事情的方法如何造成"世界被分成互不相容的两部分——国家和社会——的表象"。[①] 米切尔主张，如果不存在现代国家处理事情的这些方法，从根本上区分国家和社会并没有多少意义。但是，这不意味着让前现代国家满足其核心功能的动员和榨取过程所产生的后果，仅仅限于这些功能本身并没有超越这些功能的其他影响。这些过程催生出了某种前现代"国家效应"。易言之，如果国家并不存在的话，它们催生出来的一些行为将不会说得通。按照常理推测，无论百姓是否处在国家统治下，都会制订各种策略，实现利益最大化。国家的存在，催生出某些日常政治表现以及某些合法模式；它们的持续运作，同样依赖于国家的存在——我们不妨将这个现象称为"前现代国家效应"。

当代的回响/影响：重游平海

我们今天依然在中国听到的一句老话"阳奉阴违"，很好地概括了本书所讨论策略的精髓。无独有偶，这句老话最早的一个出处是明末一封关于徭役的奏疏——尽管今天使用这句话的人大多不知

[①] Mitchell, "The Limits of the State," 95.

道这一点。①（*）

　　我在上文的三点观察当中——关于契约、非正式组织以及国家语言的使用——至少第三点似乎在某种程度上适用于当今中国社会——我和中国人谈起这个课题时，他们往往最关注这一点。（*）举例来说，在中国某些地区，我们不难发现近年来重修的一些地方庙宇同时充作"老人娱乐中心"和"民俗研究所"。高丙中解释，当百姓重修法律地位模糊的寺庙时，他们会同时把它塑造成为一个绝对合法的社会组织。他把这个现象称为"双名制"。筹建寺庙的人利用某个管理制度，如负责老人活动或民俗研究的机构，争取获得另一个管理制度——负责民间信仰的机构——的批准。魏乐博进一步阐发了这个观点，提出了"盲眼治理模式"的概念。（*）同时，它也是明代官府依赖非正式管理手段在当代的写照。

　　古今中国社会在语言习惯上的另一个相似之处，在于当代抗议的手段。裴宜理批评了"当代抗议行动反映出公共话语正处于萌芽状态的权利意识"的观点，主张所谓的"权利意识"实际上是遵守规则的意识。抗议者清楚了解"遵守游戏规则的重要性……采用国家语言表明个人的抗议行动并没有质疑政府统治的合法性"。②促使高丙中、魏乐博和裴宜理提出他们在理论方面的见解的一系列富有争议的课题——环境保护等——在皇权社会晚期并没有明显的对应物。但是，只要看到地方社群为了牟利而潜入、操纵并扭曲国家体制的行为，就不难想到，我们可以针对古今国家与社会关系

---

① 范景文（1587—1644）："革大户行召募疏"，《文忠集》卷二，15页b。
② Perry, "Popular Protest: Playing by the Rules," 23.

的日常政治进行很有趣的对比。裴宜理写到中国的抗议者只不过在"鹦鹉学舌般"重复国家的语言,就如许多其他地区的抗议者一样。但是,我们也可以将语言的创意运用视为本土组织与中国国家共处更久远历史的一部分。花许多时间讨论这些共同点是没有多少意义的;"从制度中牟利"并非中国独有的现象。但是,考虑到明代晚期普通百姓争取并追求自身利益的方法,以及他们如何在没有诉诸法律权益的情况下提出诉求,这些政治形态不是某种永恒不变的文化的遗存,而是他们长期与国家政权互动的悠久历史的产物。

至于明代日常策略与当代日常策略之间是否存在连续性,我无法给出肯定的答案。但是,毫无疑问,前者对社会制度和社会关系影响久远。军户利用的策略所造成的影响并没有随着明王朝灭亡而消失,而这些影响的证据也不仅仅见于图书馆和档案馆。我们依然可以在中国农村地区看到它们留下的遗迹。

明代军事制度将个人和家庭移到别处。它迫使一些人离开他们所熟悉的社会环境,再把他们放到新的社会环境里。这转而激发了他们建立新的社会关系和新社群的努力;"解域化"催生了"再域化"。没有担任正军的军户成员努力和担任正军的宗亲保持联系——有时这种关系跨越千里之遥并维持好多代人。士兵们一旦定居在卫所或负责给卫所驻军提供军粮的军屯,就加入或组织利益群体——通过婚姻习俗、寺庙网络、参加科举制度以及其他一系列活动,这些利益群体最终成为拥有共同身份认同的群体。因此,明代中国百姓的流动导致有些社群被拆散,又把许多之前相互隔绝的空间联系起来,同时使已有的社群经历蜕变,并催生出许多新的社群。国家的干涉行动以及受其影响的人的反应极大地改变了社会空间的结构。即使在引起这些变化的制度早就被废除之后，这些改变依然存在；在某些情况下，这些变化甚至持续到今天。我们通过把这些遗产联系到催生出它们的现象，可以看到帝制时代晚期塑造地方社会的某些过程。跟随游神会游行队伍或搜集宗族结盟历史的证据，不只有助于我们了解遥远年代的日常政治，还能够将过去和当代的中国社会联系起来。

历史学家经常面对某种挑战——为历史上处于弱势的人发声——这种挑战有时被说成"底层人民能否发声"的问题。[1]既然"底层人民"（subaltern）最初指的是下级军官，对本书的研究对象提出这个问题岂不是再好不过？明代下级军官能否发声？本书利用的族谱、碑刻和其他家庭文书构成了一个极其分散的宝库的一部分；这个宝库还是研究中国农村社会史一个特殊的、至今尚未被充分利用的资源。这些史料使我们有可能追溯普通百姓好多个世纪以前的历史。当然，我们透过文本聆听族谱和其他史料中明代底层人民的心声；中间难免经过一定的修饰。但是，我们还能通过另一个方法聆听明代底层人民的心声。我在本书描述的游神会都是大张旗鼓、声势浩大的庆祝活动，队伍里往往有身穿旗袍的妇女、"炮车"和霓虹灯。但是喧嚣之下有低语——如此地安静以至于容易被错过——当游行队伍往这边而不是那边转时，当甲村的妇女带来供品而乙村的妇女没有这么做时。确实，这都是明代士兵传递给我们的信息。

---

[1] Spivak, "Can the Subaltern Speak?"; Hershatter, "The Subaltern Talks Back."

我们唯有通过区域史研究，才能接触这些材料，建立这座宝库，让我们有可能讲述这个故事——我们必须亲自到访正在经历剧变，却依然遵守这些习俗的社群，阅读社群成员历尽艰辛保留下来的材料，并聆听本书提到的明代百姓的子孙讲述祖辈的故事，(*)一种他们与中国过去、现在，可能还包括未来的普通民众共有的"被统治的艺术"。

致　谢

如果我作为历史学家有哪句个人座右铭的话，那将会是伟大的中国历史学家傅衣凌先生（1911—1988）对其学生的叮嘱："我们的学问不能只在图书馆做。"采取傅先生主张的研究方法的历史学家不可避免地要背负许多人情债。我欠的最大人情，来自那些帮助我学习中国历史的中国人民，其中有农民、工人、村委书记、县干部、宗族长老和灵媒。我时常会想，如若有一名陌生人登门拜访，希望询问并讨论我祖先的故事，或一睹我家的私密文书，我将如何回应？中国农村数以百计的人总是热心而礼貌地回应这样的请求，以热茶和柑橘盛情款待来访者。他们带着我走街串巷，让我得见尘封已久的族谱，甚至在我拍摄时替我翻页。对他们，我不胜感激。

同样令我心存感激的，是陪我赴农村调研、耐心地与我分享他们关于地方历史知识的各位同仁。他们当中包括许多厦门大学的学者：高志峰、黄向春、林昌丈、刘永华、饶伟新、张侃、郑莉和郑振满；其他的同仁包括陈春声、程美宝、丁玉玲、刘志伟、王连茂、杨培娜、丁志嘉和赵世瑜。

许多朋友和同仁读过本书的部分或整部书稿，并给出了宝贵的修改意见，包括包弼德（Peter Bol）、山姆·克拉克（Sam Clark）、温奈良（Nara Dillon）、欧立德（Mark Elliott）、弗雷德·格兰特（Fred Grant）、孟慧兰（Francine Mckenzie）和许临君（Eric Schluessel）（如果漏掉了哪位同仁，在此提前致歉）。陈松、戴史翠（Maura Dykstra）、费丝言（Siyen Fei）、冯坦风（Devin Fitzgerald）、韩德林（Joanna Handlin-Smith）、大卫·豪厄尔（David Howell）、柯丽莎（Elisabeth Koll）、魏乐博（Robert Weller）和赵世瑜参与了由费正清中国研究中心（我当时还没有成为该研究中心的主任！）出资赞助的书稿工作坊并提供了许多详细的意见，令我获益匪浅。在此，我还希望特别致谢两位明史研究的同仁：鲁大维（David Robinson）和施珊珊（Sarah Schneewind）。他们在百忙之中抽出宝贵的时间，仔细阅读了整部书稿。

　　费正清中国研究中心的工作人员热心地提供帮助，为我完成本书提供了一个非常理想的环境。杰夫·布洛瑟姆（Jeff Blossom）准备了本书大多数绘制精细的地图。我的老朋友江柏炜非常热心地分享了自己收藏的部分绘制精细的建筑图纸；我稍微调整了那些建筑图纸，以反映卫所的布局。王唯楚和王迪安和我合作进行了一些关键的研究。卢正恒找到并抄录的一部族谱，极大地支持了我提出的部分观点。蒋楠和李仁渊亦慷慨地分享了弥足珍贵的史料。

　　或许我并不只是在图书馆里做研究，但是能够在从事中国研究最好的图书馆之一——哈佛燕京图书馆——做研究，实在是我莫大的荣幸。哈佛燕京图书馆雄厚的资源并不限于图书，还包括该馆的工作人员。尤其是马小鹤和山田久仁子，帮助我找到了一些珍贵的著作，让我得以顺利完成这个研究项目。

致　谢　341

　　我十分感谢盖杰民基金会（the James P. Geiss Foundation）和哈佛大学历史学系慷慨资助本书的出版。我与普林斯顿大学出版社的合作十分愉快。我要感谢布丽吉塔范莱茵贝格（Brigitta van Rheinberg）和她一流的团队，包括阿曼达·皮里（Amanda Peery）、布里塔妮·米茨卡·富斯（Brittany Micka-Foos）和黛比·特加登（Debbie Tegarden）。布鲁斯·廷德尔（Bruce Tindall）准备了本书的索引。我也要感谢后浪出版公司林立扬编辑、译者钟逸明、哈佛博士生陈芳代、高晓松先生、当年明月先生和谢文哲先生，中文版能够出版，离不开他们的帮助。

　　我曾于一些机构分享了本书的部分内容，包括：厦门大学、台湾大学、乔治城大学、宾夕法尼亚大学、新加坡国立大学、哥伦比亚大学、广东财经大学、香港中文大学、哈佛大学、多伦多大学、俄亥俄州立大学以及香港教育大学。我要感谢这些机构主办方的邀请，以及现场观众极具启发性的讨论。

　　谨将此书献给我的三位老师：卜正民教授，是他带我推开了中国历史研究的大门；科大卫教授，是他教导我，若想研究中国历史，就应该到中国去；郑振满教授，是他指引我，若想理解中国社会，就应该到农村去。正是在他们的谆谆教导下，我成了一名历史学家。他们数十年来的支持与鼓励，让我没齿难忘。

　　对于孟慧兰、宋博颖和孟恺琳，我怀着另一种感激，那是一份更加深沉而隽永的心意。

参考文献

参考文献依照以下顺序排列:

一、古代地方志
二、族谱
三、碑刻
四、其他古代中文史料
五、外文著作及二手资料

地方志条目遵循戴思哲的《古代中国地方志的编纂、刊刻与阅读,1100—1700》第343页(Dennis, *Local Gazetteers*, 343)的原则;除了带有前缀(例如"重修"或某个年号)的地方志书名只列出一次并且省略前缀。在列出稀见文献时,我都附上了发现该文献的地点。

族谱条目包含了尽可能多的信息:名目、刊行年份或最近写成序言的年份,以及所有出版信息。族谱几乎都是多人合力编纂而成的,因此一般没必要附上编纂者姓名。至于未出版或私人印制的族谱（大多数族谱都属于此类），我则注明自己抄写族谱或做笔记的地点。

碑刻条目篇名、刻写日期以及其目前的所在地。

如果文献的名目为一般人所熟知，我便会省略该文献的作者。

读者可以登录https://scholar.harvard.edu/szonyi/ABGreferences查阅许多未出版文献的誊抄或影印本。

一、古代地方志

林有年：《安溪县志》，嘉靖三十一年（1552）;《天一阁藏明代方志选刊》，上海：上海古籍出版社，1981年（影印本）。
沈钟：《安溪县志》，乾隆二十二年（1757）。
黄仲昭：《八闽通志》，弘治四年（1491），福州：福建人民出版社，2006年（影印本）。
朱彤：《崇武所城志》，嘉靖二十一年（1542）;《惠安政书附：崇武所城志》，福州：福建人民出版社，1987年（影印本）。
陈天资：《东里志》，万历二年（1574）；汕头，1990年（影印本）。
陈寿祺：《福建通志》，《重纂福建通志》，道光九年（1829）。
林燫：《福州府志》，万历七年（1579）;《南京图书馆孤本善本丛刊》，《明代孤本方志专辑》，北京：线装书局，2003年（影印本）。
黄佐：《广东通志》，嘉靖四十年（1561）；香港：大东图书公司，1977年（影印本）。
王永瑞：《广州府志》，康熙年间；《北京图书馆古籍珍本丛刊》，北京：书目文献出版社，1988年（影印本）。
刘日义：《古田县志》，万历三十四年（1606）;《万历福州府属县志》（福建文史丛书），北京：方志出版社，2007年（影印本）。
刘梧：《惠州府志》，嘉靖二十一年（1542）;《日本藏中国罕见地方志丛刊》,北京：书目出版社，1991年（影印本）。
朱升元：《晋江县志》，乾隆三十年（1765），爱如生方志库数据库。
黄惠：《龙溪县志》，乾隆二十七年（1762）;《中国地方志集成》，上海：上海书店，2000年（影印本）。
何乔远：《闽书》，崇祯四年（1631）；福州：福建人民出版社，1994年（影印本）。
范景文：《南枢志》，崇祯十一年（1638）;《中国方志丛书》，台北：成文出版社，

1983年（影印本）。
宋若霖：《莆田县志》，乾隆二十三年（1758），爱如生方志库数据库。
阳思谦：《泉州府志》，万历四十年（1612）；《中国史学丛书》，台北：台湾学生书局，1987年（影印本）。
朱书田：《邵武县志》，1937年。
陈振藻：《铜山志》，乾隆十六年（1751）序；《中国地方志集成》，上海：上海书店，2000年（影印本）。
周瑛：《兴化府志》，弘治十六年（1503）；《重刊兴化府志》，福州：福建人民出版社，2007年（影印本）。
林希元：《永春县志》，嘉靖五年（1526）；台北：永春文献社，1973年（影印本）。
陈汝咸：《漳浦县志》，康熙三十九年（1700）；《中国方志集成》，上海：上海书店，2000年（影印本）。
施锡卫：《漳浦县志》，光绪十一年（1885）；漳浦：漳浦政协文史资料征集研究委员会，2004年（影印本）。
谢彬：《漳州府志》，隆庆六年（1572）；《中国史学丛书》，台北：台湾学生书局，1965年（影印本）。
吴联熏：《漳州府志》，光绪三年（1877）。
《镇海卫志》，乾隆十七年（1752）序，东山博物馆。
《镇海卫志校注》，乾隆十七年（1752）序；黄剑岚编，郑州：中州古籍出版社，1993年（影印本）。

二、族谱

《安溪湖头洪氏始祖》，1994年，摄于湖头。
《安溪胡氏族谱》，1989年，摄于湖头。
《苍南土氏族谱》，2006年，苍南复印。
《长乐筑堤林氏族谱·嘉靖十四年［1535］序》，福建省图书馆复印。
《产贤董氏族谱》，2000年，摄于湖头。
《福全蒋氏家庙》，缺日期，石狮市图书馆复印。
《福全蒋氏四房北厅序谱》（崇祯四年［1631］），石狮市图书馆复印。
《福全权宗谱·光绪三年［1877］序》，石狮市图书馆复印。
《福州郭氏族谱》，光绪十八年（1892），福建省图书馆。
《恒产苏氏族谱》，2005年，摄于湖头。
《黄氏族谱》，台中：新远东出版社，1962年。
《晋安杜氏族谱》，1997年，福建省图书馆。
《靖海戎氏族谱》，缺日期，摄于靖海。

《金门城倪氏族谱》，缺日期；崇祯十四年（1641）序。摄于金门城。
《奎山王氏族谱》，1997年，摄于莆田径里。
《麟阳鄢氏家谱》（光绪四年［1878］），南开大学图书馆。
《龙潭村陈氏族谱》，缺日期，李仁渊摄于屏南县龙潭村。
《梅江林氏族谱》，2002年，摄于长乐梅花。
《南屿陈氏族谱》（光绪二十九年［1903］），1985年影印本，摄于东山。
《蒲岐何氏族谱》，2003年，摄于蒲岐。
《清溪侯山郑氏族谱》，1941年，摄于湖头。
《清溪李氏家谱》（乾隆三十九年［1774］），摄于湖头。
《清溪儒林林氏家谱》，缺日期，乾隆三十七年（1772）序，摄于湖头。
《清溪竹山林氏族谱》，1989年，摄于湖头。
《瑞云姚氏族谱》（崇祯二年［1628］左右）李仁渊摄于屏南瑞云。
《射江衍派福全陈氏族谱》，缺日期，摄于福全。
《石獅大仑蔡氏族谱·1958年序》，1997年影印本，泉州市图书馆复印。
《桃源汉口林氏四修族谱》，2009年，摄于大埔永春。
《桃源洪步林氏八修族谱》，2009年，摄于大埔永春。
《桃源洪步四房林氏三修族谱》，1930年，摄于大埔永春。
《武功堂：博源村苏氏家谱》，1986年，福建省图书馆。
《吴江郑氏族谱》，1973年，卢正恒摄于台湾新竹。
《萧山道源田氏族谱》（道光十七年［1837］），美国犹他家谱学会。
《洋头颜氏族谱》，2008年，摄于湖头。
《颜氏族谱》，缺日期，万历七年（1579）序，《北京图书馆藏家谱丛刊》，《闽粤侨乡卷》第17册，北京：北京图书馆，2000年。
《英桥王氏族谱》（万历五年［1577］），温州图书馆复印。
《荥阳潘氏族谱》（1942年），摄于锦山。
《永春汤氏族谱·1917年序》，摄于大埔永春。
《永宁南门境李氏族谱》（光绪三十三年［1907］），蒋楠摄于永宁。
《漳浦六鳌营里荥阳郑氏族谱》（道光九年［1829］），石狮市博物馆复印。
《郑姓族谱开台祖郑元公裔系》，1993年，卢正恒摄于台湾新竹。

三、碑刻

《重修鳌城迁建石狮城隍庙记》，乾隆四十三年（1778），碑刻见于石狮；亦见于丁荷生、郑振满：《福建宗教碑铭汇·泉州府分册》，300页。
《重修平海卫学圣庙碑记》，正德十四年（1519），平海城隍庙外碑刻；亦见于丁荷生、郑振满：《福建宗教碑铭汇编·泉州府分册》，148页。

《重修武庙记》,光绪三十四年(1908),东山关帝庙碑刻。
《大都督黄公兴庙惠民功德碑记》,东山关帝庙碑刻。
《鼎建铜城关王庙记》,正德十一年(1516),东山关帝庙碑刻。
《凤岭鼎建鲤江城隍庙碑记》,康熙十九年(1680),莆禧城隍庙碑刻。
《功德碑》,雍正九年(1731),大城所城隍庙碑刻。
《公立关永茂碑记》,康熙五十二年(1713),东山关帝庙碑刻。
《侯山庙碑》,乾隆十三年(1748),湖头侯山庙碑刻。
《平海卫城隍庙示禁碑》,光绪三十四年(1908),平海城隍庙外碑刻;亦见于丁荷生、郑振满:《福建宗教碑铭汇编·泉州府分册》,357页。
《清溪来苏里侯山真武庙记》,天启元年(1621),湖头侯山庙碑刻。
《饶平县正堂周为城居例免力役》,雍正八年(1730),大城所城隍庙碑刻。
《同安杜氏复业记》,嘉靖二十五年(1546),集美华侨大学博物馆碑刻。
《新建霞陈小宗祠序》,嘉庆十一年(1806),永宁碑刻。
《义学碑记》,雍正三年(1725),镇海碑刻。

四、其他古代中文史料

采九德:《倭变事略》(明代),见于《丛书集成初编》,3975卷,上海:商务印书馆,1937年。
陈盛韶:《问俗录》(道光六年左右),见于《蠡测汇钞·问俗录》,北京:书目文献出版社,1983年。
陈子龙:《皇明经世文编》(17世纪),北京:中华书局,1997年。
戴金:《皇明条法事类纂》(16世纪),见于刘海年、杨一凡:《中国珍稀法律典籍集成》,北京:科学出版社,1994年。
《大明会典》,万历十五年(1587),《汉籍全文资料库》数据库。
范景文:《范文忠集》,《文渊阁四库全书》,台北:台湾商务出版社,1986年。
顾炎武:《天下郡国利病书》(清代),《四库全书存目》,济南:齐鲁山出版社,1997年。
顾炎武:《天下郡国利病书》(清代),上海:上海科学技术出版社,2002年(影印本)。
洪受:《沧海纪遗》,隆庆二年(1568),台北:台湾古籍出版社,2002年。
黄瑜:《双槐岁抄》,《丛书集成初编》,长沙:商务印书馆,1939年。
霍冀:《军政条例类考》,嘉靖三十一年(1552),《续修四库全书》,上海:上海古籍出版社,2002年。
《明实录》(1418年—17世纪中叶),《汉籍全文资料库》数据库。
《明史》,乾隆元年(1736),《汉籍全文资料库》数据库。
蒲松龄:《聊斋志异》(清代),天津:天津古籍出版社,2004年(影印本)。

祈彪佳：《蒲阳谳牍》，杨一凡、徐立志：《历代判例判牍》，北京：中国社会科学出版社，2005年。

钱谷：《吴都文粹续集》（16世纪），《文渊阁四库全书》，台北：台湾商务出版社，1986年。

沈鲸：《双珠记》（16世纪末或17世纪初）、《双珠记评注》、《四贤记评注》，见于《六十种曲评注》，长春：吉林人民出版社，2001年。

《什事咒等等破胎收云科》（手稿），缺日期，搜集于安溪湖头。

谭纶：《军政条例》，万历二年（1574），内阁文库抄本。

唐树义：《黔诗纪略》，同治十二年（1873），成都：四川民族出版社，2002年（影印本）。

万表：《海寇议》（16世纪），《四库全书存目》，济南：齐鲁出版社，1997年。

王在晋：《海防纂要》（明代），《续修四库全书》，上海：上海古籍出版社，2002年。

颜俊彦：《盟水斋存牍》（17世纪），北京：中国政法大学出版社，2002年。

叶向高：《苍霞草》（明代天启年间），扬州：江苏广陵古籍出版社，1994年（影印本）。

《御选明臣奏议》，乾隆四十六年（1781），《文渊阁四库全书》，台北：台湾商务印书馆，1986年。

张枂：《张枂日记》，上海：上海社会科学出版社，2003年。

郑履淳：《郑端简公年谱》，《四库全书存目》，济南：齐鲁出版社，1997年。

郑若曾：《筹海图编》，嘉靖四十一年（1562）序，《中国兵书集成》，北京：解放军出版社，1990年。

《中国明朝档案总汇》，南宁：广西师范大学出版社，2004年。

朱纨：《甓余杂集》（16世纪），《四库全书存目》，济南：齐鲁出版社，1997年。

五、其他参考文献

Acharya, Viral and Matthew Richardson. "Causes of the Financial Crisis." *Critical Review* 21, nos. 2-3 (2009): 195-210.

Agnew, Christopher. "Migrants and Mutineers: The Rebellion of Kong Youde and 17th Century Northeast Asia." *Journal of the Economic and Social History of the Orient* 52, no. 3 (2009): 505-541.

Allio, Fiorella. "Spatial Organization in a Ritual Context: A Preliminary Analysis of the Koah-Hiu Processional System of the Tainan Region and Its Social Significance." 载于林美容主编：《信仰、仪式与社会》，台北：民族学研究所，2003年，131—178页。

Andrade, Tonio. *The Gunpowder Age: China, Military Innovation and the Rise of the West in World History.* Princeton: Princeton University Press, 2016.

Antony, Robert. *Like Froth Floating on the Sea: The World of Pirates and Seafarers in Late Imperial South China.* Berkeley: Institute of East Asian Studies, 2003.

白钢主编:《中国政治制度通史》,北京:人民出版社,1996年。

Barkey, Karen. *Empire of Difference: The Ottomans in Comparative Perspective.* Cambridge: Cambridge University Press, 2008.

Bayly, Christopher. *Imperial Meridien: The British Empire and the World, 1780–1830.* London and New York: Longman, 1989.

Beattie, Hillary. *Land and Lineage in China: A Study of T'ung-Ch'eng County, Anhwei, in the Ming and Ch'ing Dynasties.* Cambridge: Cambridge University Press, 1979.

Borges, Jorge Luis. "On Exactitude in Science" (1946). In *Collected Fictions*, translated by Andrew Hurley, 325. New York: Viking, 1998.

Bourgon, Jerome. "Uncivil Dialogue: Law and Custom Did Not Merge into Civil Lawunder the Qing." *Late Imperial China* 23, no. 1 (2002): 50-90.

Brandt, Loren, Debin Ma, and Thomas Rawski. "From Divergence to Convergence: Reevaluating the History behind China's Economic Boom." *Journal of Economic Literature* 52, no. 1 (2014): 45-123.

Brook, Timothy. *The Chinese State in Ming Society.* London and New York: Routledge Curzon, 2005.

———. "Communications and Commerce." In *The Cambridge History of China*, vol. 8, *The Ming Dynasty*, pt. 2, edited by Denis Twitchett and Frederick Mote, 579-707. Princeton: Princeton University Press, 1998.

———. *The Confusions of Pleasure: Commerce and Culture in Ming China.* Berkeley: University of California Press, 1998.

———. *Praying for Power: Buddhism and the Formation of Gentry Society in Late-Ming China.* Cambridge, MA: Council on East Asian Studies, Harvard University, 1993.

———. "The Spatial Structure of Ming Local Administration." *Late Imperial China* 6, no. 1 (1985): 1-55.

Buoye, Thomas. *Manslaughter, Markets and Moral Economy: Violent Disputes over Property Rights in Eighteenth Century China.* Cambridge: Cambridge University Press, 2000.

蔡嘉麟:《明代的卫学教育》,宜兰:明史研究小组,2002年。

Calanca, Paola. *Piraterie et contrabande au Fujian: l'administration chinoise face aux problemes d'illegalite maritime.* Paris: Les Indes savantes, 2011.

曹树基:《中国移民史》第五卷《明时期》,福州:福建人民出版社,1997年。

Chang, Pin-Tsun [Zhang Bincun]. "Chinese Maritime Trade: The Case of Sixteenth-Century Fu-Chien (Fukien)." PhD diss., Princeton University, 1983.

Chao, Shin-yi. *Daoist Ritual, State Religion and Popular Practices: Zhenwu Worship from Song to Ming (960 to 1644)*. Abingdon and New York: Routledge, 2011.

陈宝良:《明代卫学发展述论》,《社会科学辑刊》2004年第6期, 93—96页。

陈春声:《从倭乱到迁海:明末清初潮州地方动乱与乡村社会变迁》,《明清论丛》, 2001年第2期, 73—106页。

陈春声:《明代前期潮州海防及其历史影响》,《中山大学学报》2007年第2期(总第47期), 24—32页;第3期, 46—52页。

陈春声、肖文评:《聚落形态与社会转型:明清之际韩江流域地方动乱之历史影响》,《史学月刊》2011年第2期, 55—68页。

陈歌辛、罗维克:《抗倭名城——金乡、蒲城》,《苍南文史资料》第二十辑(特辑), 2005年。

陈国强、石奕龙:《崇武人类学调查》, 福州:福建教育出版社, 1990年。

陈丽敏:《巡游平海》, 北京:中国文史出版社, 2006年。

陈文石:《明代卫所的军》,《"中央研究院"历史语言研究所集刊》第2期(总第48期), 1977年, 177—203页。

Chin, James. "Merchants, Smugglers, and Pirates." In *Elusive Pirates, Pervasive Smugglers: Violence and Clandestine Trade in the Greater China Seas*, edited by Robert Antony, 43–58. Hong Kong: Hong Kong University Press, 2010.

Clark, Hugh. *Community, Trade and Networks: Southern Fujian from the Third to the Thirteenth Century*. Cambridge: Cambridge University Press, 1991.

Cohen, Myron. *Kinship, Community, Contract and State: Anthropological Perspectives on China*. Stanford: Stanford University Press, 2005.

——. "Commodity Creation in Late Imperial China." In *Locating Capitalism in Time and Space: Global Restructurings, Polities and Identity*, edited by David Nugent. Stanford: Stanford University Press, 2002. Reprinted in *Kinship, Community, Contract and State: Anthropological Perspectives on China*, 223-251. Stanford, Stanford University Press, 2005.

Collins, James. *The State in Early Modern France*. 2nd edition. Cambridge: Cambridge University Press, 2009.

Dardess, John. *A Political Life in Ming China: A Grand Secretary and His Times*. Lanham, MD: Rowman and Littlefield, 2013.

de Certeau, Michel. *The Practice of Everyday Life*. Translated by Steven Rendall. Berkeley: University of California Press, 1984.

Dean, Kenneth. *Taoist Ritual and Popular Cults in Southeast China*. Princeton: Princeton University Press, 1993.

Dean, Kenneth and Thomas Lamarre. "Ritual Matters." In *Impacts of Modernities*, edited by Thomas Lamarre and Kang Nae-hui, 257–284. Hong Kong: Hong Kong University Press, 2004.

丁荷生、郑振满:《福建宗教碑铭汇编·泉州府分册》,福州:福建人民出版社,1995年。

丁荷生、郑振满:《福建宗教碑铭汇编·兴化府分册》,福州:福建人民出版社,2003年。

Dean, Kenneth (Ding Hesheng) and Zheng Zhenman. *Ritual Alliances of the Putian Plains*. Leiden: Brill, 2010.

Deleuze, Gilles and Felix Guattari. *Anti-Oedipus*. Translated by Robert Hurley, Mark Seem, and Helen Lane. Minneapolis: University of Minnesota Press, 1983.

——. *Nomadology: The War Machine*. Translated by Brian Massumi. New York: Semiotext(e), 1986.

邓庆平:《州县与卫所:政区演变与华北边地的社会变迁——以明清蔚州为例》,北京大学博士论文,2006年。

邓小南:《祖宗之法:北宋前期政治史略》,北京:三联出版社,2006年。

Dennerline, Jerry. *The Chia-Ting Loyalists: Confucian Leadership and Social Change in Seventeenth-Century China*. New Haven: Yale University Press, 1981.

Dennis, Joseph. *Writing, Publishing and Reading Local Gazetteers in Imperial China, 1100–1700*. Cambridge, MA: Asia Center, Harvard University, 2015.

Dreyer, Edward. "Military Origins of Ming China." In *The Cambridge History of China*, vol. 7, *The Ming Dynasty*, pt. 1, edited by Denis Twitchett and Frederick Mote, 58–106. Princeton: Princeton University Press, 1988.

Duara, Prasenjit. *The Crisis of Global Modernity: Asian Traditions and a Sustainable Future*. Cambridge: Cambridge University Press, 2015.

——. *Culture, Power and the State: Rural North China, 1900–1942*. Stanford: Stanford University Press, 1988.

——. "Superscribing Symbols: The Myth of Guandi, Chinese God of War." *Journal of Asian Studies* 47, no. 4 (1988): 778–795.

Dykstra, Maura. "Complicated Matters: Commercial Dispute Resolution in Chongqing, 1750–1911." PhD diss., UCLA, 2015.

Ebrey, Patricia. "China as a Contrasting Case: Bureaucracy and Empire in Song China." In *Empires and Bureaucracy in World History: From Late Antiquity to the Twentieth Century*, edited by Peter Crooks and Timothy Parsons, 31–53. Cambridge: Cambridge University Press, 2016.

Elman, Benjamin. *A Cultural History of Civil Examinations in Late Imperial*

China. Berkeley: University of California Press, 2000.

范文澜、蔡美彪:《中国通史》,北京:人民出版社,2008年。

Farmer, Edward. *Zhu Yuanzhang and Early Ming Legislation: The Reordering of Chinese Society Following the Era of Mongol Rule*. Leiden: Brill, 1995.

Faure, David. *Emperor and Ancestor: State and Lineage in South China*. Stanford: Stanford University Press, 2007.

———. "The Emperor in the Village: Representing the State in South China." *Journal of the Hong Kong Branch of the Royal Asiatic Society* 35 (1995): 75–112.

Feng Menglong. *Stories to Awaken the World: A Ming Dynasty Collection*, translated by Shuhui Yang and Yunqin Yang. Seattle: University of Washington Press, 2009.

冯燕群:《从朱有燉杂剧看明代卫所军户生存状况》,《文教资料》第10期,2015年,71—74页。

Foucault, Michel. "Governmentality." In *The Foucault Effect: Studies in Governmentality, with Two Lectures by and an Interview with Michel Foucault*, edited by Graham Burchell, Colin Gordon, and Peter Miller, 87–104. London: Harvester Wheatsheaf, 1991.

———. *Security, Territory, Population: Lectures at the College de France, 1977–78*, edited by Michel Senellart; translated by Graham Burchell. Basingstoke: Palgrave Macmillan, 2007.

———. "What Is Critique?" In *What Is Enlightenment? Eighteenth-Century Answers and Twentieth-Century Questions*, edited by James Schmidt, 382–98. Berkeley: University of California Press, 1997.

Freedman, Maurice. *Chinese Lineage Society: Fukien and Kwangtung*. London: Athlone, 1966.

Fukuyama, Francis. *The Origins of Political Order: From Prehuman Times to the French Revolution*. New York: Farrar, Straus, and Giroux, 2011.

高丙中:《一座博物馆/庙宇建筑的民族志——论成为政治艺术的双名制》,李小云、赵旭东、叶敬忠编:《乡村文化与新农村建设》,北京:社会科学出版社,2008年,182—198页。

Gates, Hill. *China's Motor: A Thousand Years of Petty Capitalism*. Ithaca: Cornell University Press, 1996.

Geertz, Clifford. *The Interpretation of Cultures: Selected Essays*. New York: Basic Books, 1973.

Geiss, James. "The Chia-Ching Reign. 1522–566." In *The Cambridge History of China*, vol. 7, *The Ming Dynasty*, pt. 1, edited by Denis Twitchett and Frederick Mote, 440–510. Princeton: Princeton University Press, 1988.

Girard, Pascale, trans. and ed. *Le Voyage en Chine d'Adriano de las Cortes (1625)*. Paris: Chandeigne, 2001.

Glahn, Richard von. "Household Registration, Property Rights, and Social Obligations in Imperial China: Principles and Practices." In *Registration and Recognition: Documenting the Person in World History*, edited by Keith Breckenridge and Simon Szreter, 39–66. *Proceedings of the British Academy* 182 (2012).

―――. "Imagining Pre-Modern China." In *The Song-Yuan-Ming Transition in Chinese History*, edited by Paul Jakov Smith and Richard von Glahn, 35–70. Cambridge, MA: Harvard University Asia Center, 2003.

Goldstone, Jack. "The Problem of the 'Early Modern' World." *Journal of the Economic and Social History of the Orient* 41, no. 3 (1998): 249–284.

Goodman, David. "Corruption in the PLA." In *Chinese Economic Reform: The Impact on Security*, edited by Gerald Segal and Richard Yang, 35–52. London and New York: Routledge, 1996.

Goodrich, L. Carrington and Chaoying Fang, eds. *Dictionary of Ming Biography, 1368–1644*. New York: Columbia University Press, 1976.

Goossaert, Vincent. "A Question of Control: Licensing Local Ritual Specialists in Jiangnan, 1850–1950."载丁康豹、刘淑芬编：《信仰、实践与文化调适》，台北："中央研究院"，2013年，569—604页。

Greif, Avner. *Institutions and the Path to the Modern Economy: Lessons from Medieval Trade*. Cambridge: Cambridge University Press, 2006.

顾诚：《谈明代的卫籍》，载《北京师范大学学报》1989年第5期，56—65页。

顾诚：《卫所制度在清代的变革》，载《北京师范大学学报》1989年第2期，15—22页。

郭红：《明代的旗纛之祭：中国古代军事性祭祀的高峰》，《民俗研究》2013年第111期，90—96页。

Hamashima Atsutoshi. "Communal Religion in Jiangnan Delta Rural Villages in Late Imperial China. *International Journal of Asian Studies* 8, no. 2 (2011): 127–162.

滨岛敦俊：《东亚诸国的城隍神信仰》，林纬毅编：《城隍信仰》，新加坡：韭菜芭城隍庙，2008年。

Hansen, Valerie. *Negotiating Daily Life in Traditional China: How Ordinary People Used Contracts, 600–1400*. New Haven: Yale University Press, 1995.

Hasan, Farat. *State and Locality in Mughal India: Power Relations in Western India, c. 1572–1730*. Cambridge: Cambridge University Press, 2004.

何孟兴：《浯屿水寨》，台北：兰台出版社，2005年。

Heijdra, Martin. "The Socioeconomic Development of Rural China during the

Ming." In *The Cambridge History of China*, vol. 8, *The Ming Dynasty*, pt. 2, edited by Denis Twitchett and Frederick Mote, 417–578. Princeton: Princeton University Press, 1998.

Hershatter, Gayle. "The Subaltern Talks Back: Reflections on Subaltern Theory and Chinese History." *Positions: East Asia Cultural Critique* 1, no. 1 (1993): 103–130.

《和谐城乡游》，安溪，2007年。

Higgins, Roland. "Piracy and Coastal Defense in the Ming Period, Government Response to Coastal Disturbances, 1523–1549." PhD diss., University of Minnesota, 1981.

——, "Pirates in Gowns and Caps: Gentry Law-Breaking in the Mid-Ming." *Ming Studies* 10 (1980): 30–37.

Ho, Dahpon. "Sea Lords Live in Vain: Fujian and the Making of a Maritime Frontier in Seventeenth-Century China." PhD diss., University of California, San Diego, 2011.

Hobsbawm, Eric. "Peasants and Politics." *Journal of Peasant Studies* 1, no. 1 (1973): 3–22.

Hsiao, Ch'i-ch'ing. *The Military Establishment of the Yuan Dynasty*. Cambridge, MA: Council on East Asian Studies, Harvard University, 1978.

Huang, Philip. "Between Informal Mediation and Formal Adjudication: The Third Realm of Qing Justice." *Modern China* 19, no. 3 (1993): 251–298.

——. "Centralized Minimalism: Semiformal Governance by Quasi Officials and Dispute Resolution in China." *Modern China* 34, no. 1 (2008): 9–35.

——. *Civil Justice in China: Representation and Practice in the Qing*. Stanford: Stanford University Press, 1996.

Huang, Raymond. *Broadening the Horizons of Chinese History: Discourses, Syntheses, and Comparisons*. Armonk, NY: M.E. Sharpe, 1999.

——. *Taxation and Governmental Finance in Sixteenth-Century Ming China*. Cambridge: Cambridge University Press, 1974.

黄晓东：《汉语军话概述》，《语言教学与研究》2007年第3期，21—27页。

黄中青：《明代海防的水寨与游兵：浙闽粤沿海岛屿防卫的置与解体》，宜兰：学书奖助基金，2001年。

Hucker, Charles. *The Censorial System of Ming China*. Stanford: Stanford University Press, 1996.

Hymes, Robert. *Way and Byway: Taoism, Local Religion and Models of Divinity in Sung and Modern China*. Berkeley: University of California Press, 2002.

江柏炜：《从军事城堡到宗族聚落：福建金门城之研究》，《城市与设计学报》1999年第7—8期（总第13期），133—177页。

Johnson, David. "The City God Cults of T'ang and Sung China." *Harvard Journal of Asiatic Studies* 45, no. 2 (1985): 363–457.

Johnston, Alastair I. *Cultural Realism: Strategic Culture and Grand Strategy in Chinese History*. Princeton: Princeton University Press, 1995.

Jones, William, trans. *The Great Qing Code*. Oxford: Clarendon Press, 1994.

Joyner, Charles. *Shared Traditions: Southern History and Folk Culture*. Urbana: University of Illinois Press, 1999.

Julien, Francois. *Detour and Access: Strategies of Meaning in China and Greece*. Translated by Sophie Hawkes. New York: Zone Books, 2000.

片山剛:《清末広東省珠江デルタの圖甲制について——税糧・戸籍・同族》,《東洋学報》63.3—4（1982），1—34頁。

Katz, Paul. *Divine Justice: Religion and the Development of Chinese Legal Culture*. London: Routledge, 2009.

川越泰博:《明代軍事史的研究状况》,载于森正夫等编:《明清时代史的基本问题》,周绍泉等译,北京:商务印书馆,2013年,241—259页。

川越泰博:《倭寇被掳人与明代的海防军》,李三谋译,《中国边疆史地研究》,1998年第3期,107—115页。

Kerkvliet, Ben. "Everyday Politics in Peasant Societies (and Ours)." *Journal of Peasant Studies* 36, no. 1 (2009): 227–243.

岸本美緒:《清代中国の物価と経済変動》,東京:研文出版,1997年。

Kuhn, Philip. *Chinese among Others: Emigration in Modern Times*. Lanham, MD. Rowman and Littlefield, 2008.

Langlois, John. "The Code and *Ad Hoc* Legislation in Ming Law," *Asia Major*. 3rd series, 6, no. 2 (1993): 85–112.

Lee, Sukhee. *Negotiated Power: The State, Elites and Local Governance in Twelfth-to Fourteenth-Century*

China. Cambridge, MA: Harvard University Asia Center, 2014.

Levi, Margaret. "Conscription: The Price of Citizenship." In *Analytic Narratives*, edited by Robert Bates et al., 109–147. Princeton: Princeton University Press, 1998.

Li, Bozhong. *Agricultural Development in Jiangnan, 1620–1850*. New York: St. Martin's Press, 1998.

李华彦:《近二十年来明清鼎革之际军事史研究回顾》,《明代研究》2014年第23期,127—154页。

李金铭:《明代海外贸易史》,北京:中国社会科学院,1990页。

Li, Kangying. *The Ming Maritime Trade Policy in Transition, 1368–1567*. Wiesbaden: Harrassowitz Verlag, 2010.

李鹏飞:《"三言"、"二拍"中明代军事技术之研究》,《黑龙江史志》,2012年第23期,

11—13页。

Li, Renyuan. "Making Texts in Villages: Textual Production in Rural China during the Ming-Qing Period." PhD diss., Harvard University, 2014.

Li, Tana. "An Alternative Vietnam? The Nguyen Kingdom in the Seventeenth and Eighteenth Centuries," *Journal of Southeast Asian Studies* 29, no. 1 (1998): 111–121.

梁志胜:《明代卫所武官世袭制度研究》,北京:中国社会科学出版社,2012年。

梁志胜:《世袭明代卫所武官的类型》,载于《西北大学学报》2001年第5期,83—88页。

Liew Foon Ming. *The Treatises on Military Affairs of the Ming Dynastic History (1368-1644)*. Hamburg: Gesellschaft fur Natur-und Vulkerkunde Ostasiens, 1998.

——. *Tuntian Farming of the Ming Dynasty (1368–1644)*. Hamburg: Gesellschaft fur Natur-und Vulkerkunde Ostasiens, 1984.

Lim, Ivy Maria. *Lineage Society on the Southeastern Coast of China: The Impact of Japanese Piracy in the 16th Century*. Amherst, NY: Cambria, 2010.

林昌丈:《明清东南沿海卫所的地方化——以温州金乡卫为中心》,载于《中国历史地理论丛》2009年第4期(总第24期),115—125页。

林仁川:《明末清初的私人海上贸易》,上海:华东师范大学,1987年。

Link, Perry. *An Anatomy of Chinese: Rhythm, Metaphor, Politics*. Cambridge, MA: Harvard University Press, 2013.

刘道胜:《明清徽州宗族文书研究》,合肥:安徽人民出版社,2008年。

Liu, William Guanglin. *The Chinese Market Economy, 1000–1500*. Albany: State University of New York Press, 2015.

刘相如、张天浩:《梅江风情》,香港:华星出版社,2003年。

刘永华、郑榕:《清初中国东南地区的粮户归宗改革:来自闽南的例证》,《中国经济史研究》,2008年第4期,81—87页。

Liu Zhiwei. "Beyond the Imperial Metaphor: A Local History of the Beidi (Northern Emperor) Cult in the Pearl River Delta," translated by Maybo Ching. *Chinese Studies in History* 35, no. 1 (2001): 12-30.

刘志伟:《在国家与社会之间:明清广东地区里甲赋役制度与乡村社会》,广东:中山大学出版社,1997年。

卢建一:《明代海禁政策与福建海防》,《福建师范大学学报》1992年第2期,第118—121页。

卢正恒:《官与贼之间:郑芝龙霸权及"郑部"》,台湾清华大学硕士论文,2012年。

栾成显:《明代黄册研究》,北京:中国社会科学出版社,1998年。

Luo Xiaoxiang. "Soldiers and the City: Urban Experience of Guard Households in Late Ming Nanjing." *Frontiers of History in China* 5, no. 1 (2010): 30-51.

牧野巽：《近世中国宗族研究》，東京：日光書院，1949。

Mann, Michael. "The Autonomous Power of the State: Its Origins, Mechanisms and Results." *Archives europeennes de sociologie* 25, no. 2 (1984): 185–213.

Mann, Susan. *Local Merchants and the Chinese Bureaucracy, 1750–1950*. Stanford: Stanford University Press, 1987.

McKay, Joseph. "Maritime Pirates as Escape Societies in Late Imperial China." *Social Science History* 37, no. 4 (2013): 551–573.

McKay, Ruth. *The Limits of Royal Authority: Resistance and Obedience in Seventeenth-Century Castile*. Cambridge: Cambridge University Press, 1999.

McKnight, Brian. *Village and Bureaucracy in Southern Sung China*. Chicago: University of Chicago Press, 1971.

Menzies, Gavin. *1421: The Year China Discovered the World*. New York: Bantam, 2002.

Mitchell, Timothy. "The Limits of the State: Beyond Statist Approaches and Their Critics." *American Political Science Review* 85, no. 1 (1991): 77–96.

Muscolino, Micah. "Underground at Sea: Fishing and Smuggling across the Taiwan Strait, 1970s–1990s."
In *Mobile Horizons: Dynamics across the Taiwan Strait*, edited by Wen-hsin Yeh, 99–123. Berkeley: Institute of East Asian Studies, University of California, 2013.

Needham, Joseph, ed. *Science and Civilization in China*. Cambridge: Cambridge University Press, 1954.

Nimick, Thomas. *Local Administration in Ming China: The Changing Roles of Magistrates, Prefects, and Provincial Officials*. Minneapolis: Center for Early Modern History, University of Minnesota, 2008.

Oakes, Tim. "The Alchemy of the Ancestors: Rituals of Genealogy in the Service of the Nation in Rural China." In *Faiths on Display: Religion, Tourism, and the Chinese State*, edited by Tim Oakes and Donald Sutton, 51–78. Lanham, MD: Rowman and Littlefield, 2010.

Ocko, Jonathan. "The *Missing Metaphor*: Applying Western Legal Scholarship to the Study of Contract and Property in Early Modern China." In *Contract and Property in Early Modern China*, edited by Madeleine Zelin, Jonathan Ocko, and Robert Gardella, 178–205. Stanford: Stanford University Press, 2004.

Oi, Jean and Andrew Walder. "Property Rights in the Chinese Economy: Contours of the Process of Change." In *Property Rights and Economic Reform in China*, edited by Jean Oi and Andrew Walder, 1–26. Stanford: Stanford University Press, 1999.

Oxfeld, Ellen. *Blood, Sweat and Mahjong: Family and Enterprise in an Overseas*

Chinese Community. Ithaca: Cornell University Press, 1993.

Parsons, James Bunyan. *The Peasant Rebellions of the Late Ming Dynasty*. Tucson: University of Arizona Press, 1970.

彭勇:《明代旗军经济生活探研——以班军为线索》,载于田澍等编:《第十一届明史国际学术讨论会论文集》,天津:天津古籍出版社,2007年,163—174页。

Perdue, Peter. *China Marches West: The Qing Conquest of Central Eurasia*. Cambridge, MA: Harvard University Press, 2005.

——. *Exhausting the Earth: State and Peasant in Hunan, 1500–1850*. Cambridge, MA: Council on East Asian Studies, Harvard University, 1987.

Perry, Elizabeth. "Popular Protest: Playing by the Rules." In *China Today, China Tomorrow: Domestic Politics, Economy and Society*, edited by Joseph Fewsmith, 11–28. Lanham, MD: Rowman and Littlefield, 2010.

Pieke, Frank. "The Genealogical Mentality in Modern China." *Journal of Asian Studies* 62, no. 1 (2003): 101–128.

Pomeranz, Kenneth. *The Great Divergence: China, Europe, and the Making of the Modern World Economy*. Princeton: Princeton University Press, 2000.

——. "Land Markets in Late Imperial and Republican China." *Continuity and Change* 23, no. 1 (2008): 101–150.

Puk Wing-kin. *The Rise and Fall of a Public Debt Market in 16th-Century China: The Story of the Ming Salt Certificate*. Leiden: Brill, 2016.

莆田县地方志编纂委员会、莆田县民俗学会:《莆禧所城杂记》,莆田,1997年。

奇文瑛:《碑铭所见明代达官婚姻关系》,载于《中国史研究》2011年第3期,167—181页。

饶伟新:《导言:族谱与社会文化史研究》,饶伟新编:《族谱研究》,北京:社会科学出版社,2013年,1—24页。

饶伟新:《明代军灶籍考论》,载于《"中央研究院"历史语言研究所集刊》2014年第2期(总第85期),427—475页。

饶伟新编:《族谱研究》,北京:社会科学出版社,2013年。

Reed, Bradly. *Talons and Teeth: County Clerks and Runners in the Qing Dynasty*. Stanford: Stanford University Press, 2000.

Reid, Anthony. "Violence at Sea: Unpacking "Piracy" in the Claims of States over Asian Seas." In *Elusive Pirates, Pervasive Smugglers: Violence and Clandestine Trade in the Greater China Seas*, edited by Robert Antony, 15–26. Hong Kong: Hong Kong University Press, 2010.

Roberts, Michael. *The Military Revolution 1560–1660*. Belfast: Marjory Boyd, 1956.

Robinson, David. *Bandits, Eunuchs, and the Son of Heaven: Rebellion and the Economy of Violence in Mid-Ming China*. Honolulu: University of Hawai'i

Press, 2001.

———, "Military Labor in China, circa 1500." In *Fighting for a Living: A Comparative History of Military Labour 1500–2000*, edited by Erik Jan Zürcher, 43–55. Amsterdam: Amsterdam University Press, 2014.

Robson, James. "Hidden in Plain View: Concealed Contents, Secluded Statues, and Revealed Religion." In *The Rhetoric of Hiddenness in Traditional Chinese Culture*, edited by Paula Varsano, 117–205. Albany: State University of New York Press, 2016.

Rosenthal, Jean-Laurent and R. Bin Wong. *Before and Beyond Divergence: The Politics of Economic Change in China and Europe.* Cambridge, MA: Harvard University Press, 2011.

Rowe, William. *Hankow: Conflict and Community in a Chinese City, 1796–1895.* Stanford: Stanford University Press, 1989.

Ruskola, Teema. "Conceptualizing Corporations and Kinship: Comparative Law and Development Theory in a Chinese Perspective." *Stanford Law Review* 52, no. 6 (2000): 1599–1729.

Sangren, Paul Steven. *History and Magical Power in a Chinese Community.* Stanford: Stanford University Press, 1987.

———. "Traditional Chinese Corporations: Beyond Kinship." *Journal of Asian Studies* 43, no. 3 (1984): 391–415.

Schneewind, Sarah. *Community Schools and the State in Ming China.* Stanford: Stanford University Press, 2006.

Scholte, Jan. *Globalization: A Critical Introduction.* 2nd edition. New York: Palgrave Macmillan, 2005.

Scott, James. *The Art of Not Being Governed: An Anarchist History of Upland Southeast Asia.* New Haven: Yale University Press, 2009.

———. *Seeing like a State: How Certain Schemes to Improve the Human Condition Have Failed.* New Haven: Yale University Press, 1998.

———. *Weapons of the Weak: Everyday Forms of Peasant Resistance.* New Haven: Yale University Press, 1985.

申斌、黄忠鑫:《明末的里甲役与编户应对策略》,载于《中国社会经济史研究》2015年第3期,41—51页。

《石狮市志》,北京:方志出版社,1998年。

Sivaramakrishnan, Kalyanakrishnan. "Some Intellectual Genealogies for the Concept of Everyday Resistance." *American Anthropologist* 107, no. 3 (2005): 346–355.

So, Billy Kee-Long. *Prosperity, Region and Institutions in Maritime China: The South Fukien Pattern, 946–1368.* Cambridge, MA: Asia Center, Harvard

University, 2000.
So, Kwan-wai. *Japanese Piracy in Ming China during the Sixteenth Century*. East Lansing: Michigan State University Press, 1975.
Sommer, Matthew. *Polyandry and Wife Selling in Qing Dynasty China: Survival Strategies and Judicial Interventions*. Berkeley: University of California Press, 2015.
Spivak, Gayatri Chakravorty. "Can the Subaltern Speak?" In *Marxism and the Interpretation of Cultures*, edited by Cary Nelson and Lawrence Grossberg, 271–313. Urbana: University of Illinois Press, 1988.
Stoler, Ann Laura. *Along the Archival Grain: Epistemic Anxieties and Colonial Common Sense*. Princeton: Princeton University Press, 2009.
Struve, Lynn. "Modern China's Liberal Muse: The Late Ming." *Ming Studies* 63 (2011): 38–68.
孙文龙编:《东山文物名胜志》,东山:福建省东山博物馆,1990年。
Swope, Kenneth. *A Dragon's Head and a Serpent's Tail: Ming China and the First Great East Asian War (1592–1598)*. Norman: University of Oklahoma Press, 2009.
Szonyi, Michael. "Lineages and the Making of Modern China." In *Modern Chinese Religion II: 1850–2015*, vol. 1, edited by Vincent Goossaert, Jan Kiely, and John Lagerwey, 433–490. Leiden: Brill, 2016.
——. *Practicing Kinship: Lineage and Descent in Late Imperial China*.(《实践的亲属》) Stanford: Stanford University Press, 2002.
Tackett, Nicolas. "A Tang-Song Turning Point." In *A Companion to Chinese History*, edited by Michael Szonyi, 118–128. Chichester, UK: Wiley Blackwell, 2017.
Tagliacozzo, Eric. *Secret Trades, Porous Borders: Smuggling and States along a Southeast Asian Frontier, 1865–1915*. New Haven: Yale University Press, 2005.
Tam, Yik Fan. "Xianghua Foshi (Incense and Flower Buddhist Rites): A Local Buddhist Funeral Ritual Tradition in Southeastern China." In *Buddhist Funeral Cultures of Southeast Asia and China*, edited by Paul Williams and Patrice Ladwig, 238–260. Cambridge: Cambridge University Press, 2012.
汤文吉:《永宁卫杂史》,福州:福建史志出版社,2001年。
Taylor, Romeyn. "Official Altars, Temples and Shrines Mandated for All Counties in Ming and Qing." *T'oung Pao* 83 (1997): 93–125.
——. "Yuan Origins of the Wei-So System." In *Chinese Government in Ming Times: Seven Studies*, edited by Charles Hucker. New York: Columbia University Press, 1969.

ter Haar, Barend. *Guan Yu: The Religious Afterlife of a Failed Hero*. Forthcoming.

———. "The Religious Core of Local Social Organization." In *A Companion to Chinese History*, edited by Michael Szonyi, 304–314. Chichester, UK: Wiley Blackwell, 2017.

Tilly, Charles. "Entanglements of European Cities and States." In *Cities and the Rise of States in Europe, A.D. 1000 to 1800*, edited by Charles Tilly and Wim Blockmans, 1–27. Boulder, CO: Westview Press, 1994.

———. "Reflections on the History of European State-Making." In *The Formation of National States in Western Europe*, edited by Charles Tilly, 3–81. Princeton: Princeton University Press, 1975.

Tong, James. *Disorder under Heaven: Collective Violence in the Ming Dynasty*. Stanford: Stanford University Press, 1991.

Wakefield, David. *Fenjia: Household Division and Inheritance in Qing and Republican China*. Honolulu: University of Hawai'i Press, 1998.

Waldron, Arthur. *The Great Wall of China: From History to Myth*. Cambridge: Cambridge University Press, 1990.

王汎森:《权力的毛细管作用:清代的思想、学术与心态》,台北:联经出版社,2013年。

王鹤鸣编:《中国家谱总目》,上海:上海古籍出版社,2008年。

王连茂、叶恩典:《泉州、台湾张士箱家族文件汇编》,福州:福建人民出版社,1999年。

Wang Mingming. "Place, Administration and Territorial Cults in Late Imperial China: A Case Study from South Fujian." *Late Imperial China* 16, no. 1 (1995): 33–78.

王铭铭:《溪村家族:社区史、仪式与地方政治》,贵阳:贵州人民出版社,2004年。

Wang Weichu. "Families and Regions of Ming *Jin-Shi* Degree Holders: A Study of the *Jin-Shi* Lists in the China Biographical Database Project." Master's thesis, Harvard University, 2016.

王毓铨:《明代的军屯》,北京:中华书局,1965年。

Watson, James. "Waking the Dragon: Visions of the Chinese Imperial State in Local Myth." In *An Old State in New Settings: Studies in the Social Anthropology of China in Memory of Maurice Freedman*, edited by Hugh Baker and Stephan Feuchtwang, 162–177. Oxford: JASO, 1991.

Weber, Max. "Politics as a Vocation" (1918). In *From Max Weber: Essays in Sociology*, translated and edited by H. H. Gerth and C. Wright Mills, 77–128. Abingdon: Routledge, 1991.

韦庆远:《明代黄册制度》,北京:中华书局,1961年。

Weller, Robert. "The Politics of Ritual Disguise: Repression and Response in Taiwanese Popular Religion." *Modern China* 13, no. 1 (1987): 17–39.

——. "Responsive Authoritarianism and Blind-Eyed Governance in China." In *Socialism Vanquished, Socialism Challenged: Eastern Europe and China, 1989–2009*, edited by Dorothy J. Solinger and Nina Bandelj, 83–98. Oxford: Oxford University Press, 2012.

温端政:《苍南方言志》,北京:语文出版社,1991年。

Wilkison, Wade. "Newly Discovered Ming Dynasty Guard Registers." *Ming Studies* 3 (1976): 36–45.

Will, Pierre-Etienne and R. Bin Wong. *Nourish the People: The State Civilian Granary System in China, 1650–1850*. Ann Arbor: Center for Chinese Studies, University of Michigan, 1991.

Wills, John. *Embassies and Illusions: Dutch and Portugese Envoys to K'ang-hsi, 1666–687*. Cambridge, MA: Council on East Asian Studies, Harvard University, 1984.

Wong, R. Bin. *China Transformed: Historical Change and the Limits of European Experience*. Ithaca: Cornell University Press, 1997.

——. "Taxation and Good Governance in China, 1500–1914." In *The Rise of Fiscal States: A Global History, 1500–1914*, edited by Bartolome Yun-Casalilla and Patrick K. O'Brien, 353–357. Cambridge: Cambridge University Press, 2012.

吴大昕:《海商、海盗、倭——明代嘉靖大倭寇的形象》,台湾暨南国际大学硕士论文,2002年。

吴晗:《明代的军兵》,载于《中国社会经济史集刊》1937年第2期(总第5期),147—200页。

吴艳红:《明代充军研究》,北京:社会科学文献出版社,2003年。

吴藻汀:《泉州民间传说集》,泉州:泉山书社,1933—1934年。

谢湜:《明代太仓州的设置》,载于《历史研究》2012年第3期,29—43页。

谢湜:《亦屯亦民:明清南岭卫所军屯的演变与社会建构》,载于《文史》2014年第4期,75—110页。

徐斌:《明清鄂东宗族与地方社会》,武汉:武汉大学出版社,2010年。

徐泓:《明代福建的筑城运动》,《暨南学报》1999年第3卷第1期,25—76页。

许爽:《福建城隍信仰研究》,福建师范大学硕士论文,2007年。

许贤瑶:《明代的勾军》,《明史研究专刊》1983年第6期,133—192页。

山﨑岳:《巡撫朱紈の見た海:明代嘉靖年間の沿海衛所と「大倭寇」前夜の人々》,《東洋史研究》,62.1,(2003),1—38页。

杨国桢:《明清土地契约文书研究》,北京:人民出版社,1988年。

杨培娜:《滨海生计与王朝秩序:明清闽粤沿海地区社会变迁研究》,中山大学博士论文，2009年。
叶锦花：《明清灶户制度的运作及其调适——以福建晋江浔美盐场为例》，中山大学博士论文，2012年。
叶明生编：《闽台张圣君信仰文化》，福州：海潮摄影美术出版社，2008年。
易泽阳：《明朝中期的海防思想研究》，北京：解放军出版社，2008年。
尹章义：《张士箱家族移民发展史：清初闽南士族移民台湾之一个案研究》，台北，1983年。
俞达珠：《玉融古趣》，福州：海峡文艺出版社，1991年。
于志嘉：《明代军户中余丁角色的分化》，《"中央研究院"历史与研究所集刊》2013年第3期（总第84期），455—525页。
于志嘉：《论明代的附籍军户与军户分户》，《顾诚先生纪念暨明史研究文集》，郑州：中州古籍出版社，2005年，80—104页。
于志嘉：《明代军户の社会的地位について——軍戶の婚姻をめぐって》，《明代史研究》18（1990），7—31页。
于志嘉：《明代軍戶の社會的地位について——科舉と任官において》，《東洋學報》71，3/4（1990），91—131页。
于志嘉：《明代军户世袭制度》，台北：台湾学生出版社，1987年。
于志嘉：《明代军户中的家人、义男》，《"中央研究院"历史语言研究所集刊》2011年第3期（总第83期），507—569页。
于志嘉：《明清时代军户的家族关系——卫所军户与原籍军户之间》，《"中央研究院"历史语言研究所集刊》2003年第1期（总第74期），97—140页。
于志嘉：《试论明代卫军原籍与卫所分配的关系》，《"中央研究院"历史语言研究所集刊》1989年第2期（总第60期），350—367页。
于志嘉：《试论族谱中所见的明代军户》，《"中央研究院"历史语言研究所集刊》1986年第4期（总第57期），635—667页。
于志嘉：《卫所、军户与军役：以明清江西地区为中心的研究》，北京：北京大学出版社，2010年。
于志嘉：《再论垛集与抽籍》，《郑钦仁教授七秩寿庆论文集》，台北：稻乡出版社，2006年。

Zelin, Madeline. "A Critique of Rights of Property in Prewar China." In *Contract and Property in Early Modern China*, edited by Madeleine Zelin, Jonathan Ocko, and Robert Gardella, 17–36. Stanford: Stanford University Press, 2004.

———. *The Magistrate's Tael: Rationalizing Fiscal Reform in Eighteenth-Century Ch'ing China*. Berkeley: University of California Press, 1984.

Zemon Davis, Natalie. *Fiction in the Archives: Pardon Tales and Their Tellers in Sixteenth-Century France*. Stanford: Stanford University Press, 1987.

张彬村：《16世纪舟山群岛的走私贸易》，《中国海洋发展史论文集》1984年第1辑，71—96页。

张金红、徐斌:《王景弘及其后裔新探》,载于《海交史研究》2005年第2期,44—54页。

张金奎:《二十年来明代军制研究回顾》,《中国史研究动态》,2002年10月,7—15页。

张金奎:《军户与社会变动》,万明编:《晚明社会变迁:问题与研究》,北京:商务印书馆,2005年,403—461页。

张金奎:《明代卫所军户研究》,北京:线装书局,2007年。

Zhang, Lawrence. " 'Power for a Price': Office Purchase, Elite Families and Status Maintenance in Qing China." PhD diss., Harvard University, 2010.

张升:《卫所志初探》,载于《史学史研究》2001年第1期,50—58页。

张松梅:《明初军额考》,载于《齐鲁学刊》2006年第191期,47—52页。

Zhang, Wenxian. "The Yellow Register Archives of Imperial Ming China." *Libraries and the Cultural Record* 43, no. 2 (2008): 148–175.

赵世瑜:《"不清不明"与"无明不清":明清易代的区域社会史解释》,《学术月刊》2010年第42卷第7期,130—140页。

郑榕:《明清以降铜山贸易发展与武庙祭祀》,《漳州师范学院学报》2009年第72卷第2期,59—65页。

郑榕:《铜山:一个军户社会的变迁,1368—1949》,厦门大学硕士论文,2006年。

Zheng Zhenman. *Family Lineage Organization and Social Change in Ming and Qing Fujian*, translated by Michael Szonyi. Honolulu: University of Hawai'i Press, 2001.

郑振满:《明清福建家族组织与社会变迁》,长沙:湖南教育出版社,1992年。

庄初升:《试论汉语方言岛》,载于《学术研究》1996年第3期,6—9页。

Zurndorfer, Harriet. "Oceans of History, Seas of Change: Recent Revisionist Writing in Western Languages about China and East Asian Maritime History during the Period 1500–1630." *International Journal of Asian Studies* 13, no. 1 (2016): 61–94.

插图出处

蒲妈奴的卫选簿：中国第一历史档案馆授权复制。

金门所城地图：江柏炜制作。

所有其他地图都由杰夫·布洛瑟姆（Jeff Blossom）制作（此书中插图系原文插图）。省界以费正清中国研究中心和复旦大学历史地理研究中心的中国历史地理信息系统项目（CHGIS）第五版（2010年12月）为准。海岸线和长江都参考Natural Earth（naturalearthdata.com）。

所有家谱图都由杰夫·布洛瑟姆制作。

所有照片均由作者拍摄。

出版后记

本书是一部基于田野调查搜集而来的史料，在地方语境下讨论明代制度的社会史著作。作者宋怡明教授是蜚声中外的汉学家。他早年于加拿大多伦多大学获得学士学位，其后又在英国牛津大学东方学系攻读博士，先后师从卜正民、科大卫、郑振满等国内外知名学者。除了任哈佛大学东亚语言文明系中国历史学教授，他还于近年接任海外汉学重镇费正清研究中心主任，为推动中西学术交流尽心尽力。

宋怡明教授攻读博士期间曾来中国福建做田野调查，此后更是常年造访闽南地区村庄，迄今已有二十多年的田野经验。他操一口流利的普通话、声音洪亮，反应迅速，风趣幽默，熟知福建民间的风土人情，收集了大量家谱、地方志等第一手民间资料。他作为以历史人类学研究为标志的"华南学派"第三代学者之翘楚，经常引用他口中的"祖师爷"傅衣凌（1911—1988）先生的话：历史研究不可以在图书馆做，要去跑田野。他的研究特点也是"以小见大"，由小历史进入大历史，由百姓小故事讨论时代大问题。

本书是宋怡明教授历时八年完成的力作。他利用田野调查获得的大量一手资料,成功地通过几个家族的例子再现了明代地方卫所的历史变迁,以及当时军户应对军役的策略,进而由点及面剖析了一般民众的境遇、选择和策略,从而加深了我们对明代国家与社会关系的理解,并揭示了中国古代社会的运行机制。

本书部分内容已被删减和改动,删减处均已用星号(*)标出,有兴趣了解更多本书信息的读者,可致信宋怡明教授邮箱 ARTOFBEINGGOVERNED@163.com。

The Art of Being Governed: Everyday Politics In Late Imperial China by Michael Szonyi

Copyright © 2017 by Princeton University Press

All rights reserved. No part of this book may be reproduced or transmitted in any form or by any means, electronic or mechanical, including photocopying, recording or by any information storage and retrieval system, without permission in writing from the Publisher.

本书中文简体版由银杏树下（北京）图书有限责任公司版权引进。

著作权合同登记号：图字 01-2019-6272

地图审图号：GS（2019）3188 号

图书在版编目（CIP）数据

被统治的艺术 /（加）宋怡明著；（新加坡）钟逸明译. -- 北京：中国华侨出版社，2019.11
ISBN 978-7-5113-8032-6

Ⅰ.①被… Ⅱ.①宋…②钟… Ⅲ.①卫所制(明兵制)—研究 Ⅳ.①E294.8

中国版本图书馆 CIP 数据核字(2019)第 197031 号

被统治的艺术

著　　者：[加]宋怡明		译　　者：[新加坡]钟逸明	
责任编辑：滕　森		特约编辑：任新亚	
筹划出版：银杏树下		出版统筹：吴兴元	
营销推广：ONEBOOK		装帧制造：墨白空间·陈威伸	

经　　销：新华书店
开　　本：889mm×1194mm　1/32　印张：12.25　字数：275千字
印　　刷：北京盛通印刷股份有限公司
版　　次：2019年11月第1版　2019年11月第1次印刷
书　　号：ISBN 978-7-5113-8032-6　定　价：78.00 元

中国华侨出版社　北京市朝阳区静安里26号通成达大厦3层　邮编：100028
法律顾问：陈鹰律师事务所
发 行 部：(010) 64013086　　传真：(010) 64018116
网　　址：www.oveaschin.com　　E-mail: oveaschin@sina.com

后浪出版咨询(北京)有限责任公司
未经许可，不得以任何方式复制或抄袭本书部分或全部内容
版权所有，侵权必究
如有质量问题，请寄回印厂调换。联系电话：010-64010019